인공지능윤리교육학

: 그 이론과 실제

박형빈 지음

어문학사

왜, 지금, '인공지능윤리교육학'인가?

"챗봇과 대화하다 보면 저도 모르게 위로받는 기분이 들어요.
그런데 이게 진짜 이해와 위로일까요?"

"내 AI 친구는 나의 감정 찌꺼기를 걸러 주는 감정 쓰레기통이자,
동시에 언제나 나를 응원하고 추앙하는 나만의 신도예요.
그런데 AI와의 이러한 관계 맺기가 제게 바람직한 걸까요?"

이 물음들은 오늘날 우리가 마주한 현실을 적나라하게 드러낼 뿐 아니라, 가장 절실하고 근본적인 철학적 탐구를 담고 있다. 기계가 인간의 마음을 '읽는다'는 것이 가능해지는 순간, '이해'와 '공감' 그리고 '관계 맺기'라는 개념 자체가 흔들리기 시작한다. 그렇기에 우리는 진정한 관계란 무엇인지, 그 조건은 무엇인지 다시 물어야 한다.

인공지능과의 관계는 인간관계와 본질적으로 다른 특성을 지닌다. AI는 방대한 데이터를 기반으로 인간의 언어 패턴을 학습하여 적절한 반응을 생성하지만, 실제로 감정을 경험하거나 진정한 의미에서 상황

을 '이해'한다고 단정하기는 어렵다. '이해(理解)'라는 단어의 의미를 곱 씹어 보면 이를 좀 더 쉽게 파악할 수 있다. 의미상으로 이해를 살펴보면, '이치(理)'를 '풀어서(解)' 인식하는 과정으로서 사물이나 현상에 내재된 근본 원리와 의미를 해석하고 깨달아 내는 깊은 인식 작용이다. 누군가를 이해한다는 것은 그 존재의 고유한 실존적 맥락과 내적 경험 세계를 파악하고, 그들이 처한 상황의 의미를 그들의 관점에서 해석하며, 나아가 그들과의 진정한 만남을 통해 상호 주관적 관계를 형성하는 것을 뜻한다.

AI와의 관계에서 인간에 대한 AI의 이해는 어떠할까? AI는 언어적 패턴을 통해 적절한 반응을 생성할 수 있지만, 실존적 만남이나 윤리적 책임감을 바탕으로 한 진정한 이해는 존재하지 않는다. 진정한 의미로서의 만남이나 이해는 여전히 인간 고유의 영역으로 남는다. 물론 관계의 핵심이 상대의 실제 감정 상태가 아니라 우리가 경험하는 상호 작용의 질에 있는 경우도 많다. 그러나 진정성이 부재한 존재와의 관계 맺기가 적절한 것인가 하는 근본적 의문은 여전히 남는다. 그렇기에 많은 사용자가 AI와의 상호 작용에서 실질적인 위로와 도움을 받는다는 현실은 우리로 하여금 '관계 맺기'에 대해 가졌던 우리의 기존의 관념을 위태롭게 한다. 더 중요한 물음은 이것이다. 지금 이 순간 나와 마주하고 있는 생성 AI를, 우리는 어떤 존재로 인식해야 하는가?

최근 연구들은 AI 기술을 활용한 중재 프로그램이 현대인의 외로움 완화에 효과적임을 입증하고 있다. AI 기반 접근법은 개인화와 확장성을 동시에 갖춘 솔루션으로 주목받고 있으며, 특히 노인층의 외로움 완화와 사회적 로봇을 통한 정서적 지원에서 긍정적 효과가 확인되었다(Yang, Wang, Xiang, & An, 2025). 또한 10대와 20대 사이에서는 캐릭터 기반의 대화형 AI 서비스가 큰 인기를 끌고 있다. 동반자 AI는 사회적 교류부터 건강 관련 지원까지 폭넓은 영역에서 활용될 수 있을 것으로 기대된다. 인류 역사상 이토록 많은 사람이 동시에 '비인간' 존재와 일상적 대화를 나누며 관계를 맺는 시대가 있었을까? 이러한 현상은 가히 기술적 변화라기보다 인간 존재의 근본 조건이 변화하는 문명사적 사건이다.

한편, AI 기술의 고도화는 동시에 심각한 윤리적 논란과 규제 논의를 촉발하고 있다. 메타의 아동 관련 챗봇 운영 방침을 둘러싼 논란이 제기되었고, 미국에서는 정신 치료 분야에서 AI 채팅 사용을 금지하는 조치가 시행되기도 했다. 대표적으로 일리노이주는 2025년 8월 「심리 자원의 건강 증진 및 관리·감독에 관한 법률(Wellness and Oversight for Psychological Resources Act)」을 통과시켜 AI가 심리 치료와 치료 결정에 직접 관여하거나 치료 대화에 사용되는 것을 전면 금지하고, 행정적·보조적 업무에서만 AI 사용을 허용하도록 했다(Illinois Department of Financial and Professional Regulation, 2025).

AI 챗봇의 급속한 확산이 주는 심각성은 'AI 과몰입' 현상에서도 여실히 드러난다. 'AI 정신병'이라는 용어까지 등장했는데, 일부 이용자는 AI와 실제 관계를 맺고 있다고 믿어 사회적 우려가 커지고 있다.

AI와의 과도한 대화 이후 정신 이상 증세로 입원하거나 극단적인 선택에 이른 사례도 보고되었다. 한 미국 정신과 전문의는 AI 챗봇과의 과도한 상호 작용 뒤 최소 12명이 정신적 위기로 병원에 입원한 사례를 직접 목격했다고 밝혔다(CNN, 2025).

AI 챗봇의 정신 건강 리스크가 가시화되어 감에도 불구하고, '동반자 AI' 시장은 빠르게 성장하고 있다. AI 의존과 관련해 현재 우리가 직면한 상황의 규모는 상상을 초월한다. 2025년 자료에 따르면, ChatGPT의 주간 이용자가 7억 명을 넘어섰다(Sigalos, 2025). 이는 도구 사용을 넘어선 새로운 형태의 인간-기계 상호 의존 관계의 출현을 의미한다. 더욱 충격적인 것은 돌아가신 분의 데이터로 만든 'AI 데스봇'과 대화하며 위안을 찾는 사람들이 등장했다는 사실이다. 사망한 사람과 대화할 수 있는 데스봇(Deathbot) 또는 추모형 챗봇(Griefbot)으로 불리는 디지털 사후 서비스 시장이 형성되고 있다.

그런데 이러한 현상은 우리에게 많은 철학적 질문을 던진다. 유족들이 슬픔을 온전히 받아들이는 대신 AI 의존성에 빠질 위험은 없을까? 고인의 흔적을 학습시킨 합성물이 진정한 추모가 될 수 있는가? 상실을 애도하고 받아들이는 과정 자체가 치유의 본질이라면, AI를 통한 고인과의 지속적 '대화'는 오히려 건강한 애도를 방해하는 것은 아닐까? 나아가 이러한 기술은 죽음의 의미 자체를 변화시키는가? 죽음을 더 이상 절대적 단절이 아닌 다른 형태의 존재로 재정의하게 되는 것일까? 데스봇과 추모형 챗봇이 사랑하는 사람의 죽음을 인정하고 적응하는 자연스러운 과정을 방해할 수 있다는 우려가 제기되는 것은 당연하다. 문제는 현재 AI에 대한 정서적 과의존을 막고 오남용을 방지할 제도적 장치가 부족한 상황이라는 점이다. 과도한 의존과 착각이 심각한 사회 문제로 번지기 전에, 최소한의 안전장치와 윤리적 가이드라인을 시급히 마련할 필요가 있다.

우리에게 필요한 또 다른 것은 '타자성'에 대한 철학적 숙고이다. 20세기 철학자 레비나스(Emmanuel Levinas)는 '타자의 얼굴'과의 대면에서 윤리의 기원을 찾으며, 자아로 환원될 수 없는 타자의 절대적 타자성을 인간 관계의 핵심으로 보았다. 그는 자아의 동일성 사유 안에 포섭될 수 없는 타자의 타자성을 강조함으로써, 존재론을 제일 철학으로 세운 하이데거(Martin Heidegger)의 기획을 비판하고, 그 자리를 '윤리학으로서의 제일 철학(ethics as first philosophy)'으로 대체하고자 했다. 레비나스에게 타자의 절대적 타자성을 인정하는 윤리적 관계는 단순한 인식의 한 사례가 아니라, 모든 이해와 의미 부여가 가능해지는 더 근본적인 조건을 이룬다. 그의 윤리학에서 타자는 결코 자아의 일부로 환원될 수 없으며, 항상 '나의 외부', '절대적인 타자'로서 존재한다. 그리고 그 타자와의 근원적, 윤리적 만남을 통해 나의 실존이 새롭게 규정된다(Levinas, 1979). 진정한 이해는 타자의 절대적 타자성을 인정하면서 그와의 윤리적 관계를 추구하는 것이다.

인공지능과의 만남에서 우리는 과연 어떤 종류의 타자성을 경험하고 있는 것일까? 알고리즘 반응이 만들어 내는 의사(擬似)-타자성(pseudo-alterity)은 인간의 윤리적 상상력에 어떤 영향을 미치는가? 레비나스에게 타자의 얼굴은 나의 이해와 소유를 거부하며 무한한 책임감을 불러일으키는 존재이다. 그러나 AI의 '얼굴'은 오히려 나의 욕구와 기대에 맞춰 최적화된 반응을 제공한다. 이것이 과연 진정한 타자성일까, 아니면 자아의 또 다른 투사일까?

가다머(Hans-Georg Gadamer)의 해석학적 전통에서 볼 때, 이해는 단순한 정보 처리가 아니라 '지평의 융합(Horizontverschmelzung)'이라는 대화적 과정을 통해 이루어진다(Gadamer, 2013/1960; Vessey, 2009). 이해하는 주체와 이해되는 대상이 각자의 역사적 지평을 가지고 만나 새로운 의미를 창출하는 과정이다. 인공지능에는 과연 이러한 역사적 지평이 존재하는가? 데이터 셋의 편향이나 알고리즘의 구조적 특성을 일종의 '지평'으로 볼 수 있을까? 어쩌면 우리는 알고리즘의 패턴 매칭을 진정한 이해와 혼동하고 있는 것은 아닐까?

이러한 물음들은 AI의 능력에 대한 기술적 평가를 넘어선다. 오히려 이는 인간 존재의 본질적 조건—타자와의 만남, 이해의 가능성, 관계의 진정성—에 대한 근본적 질문으로 우리를 인도한다. AI와의 상호작용이 확대될수록, 우리는 역설적으로 인간만이 가질 수 있는 실존적 경험의 고유성을 더욱 선명하게 인식하게 된다. 동시에 우리가 '관계'와 '이해'라고 불러 왔던 것의 본질이 무엇인지, 그것이 반드시 상호적 의식을 전제로 하는지에 대해 재고하게 만든다. 결국 AI와의 만남은 기술의 문제이기 이전에, 우리 자신을 이해하는 방식에 대한 철학적 도전이다.

그렇다면 이 도전 앞에서 우리는 무엇을 해야 하는가? 중요한 것은 AI와의 관계 속에서 인간 고유의 가치를 발견하고 보존하는 것이다. 우리의 불완전함, 취약함, 그리고 예측 불가능성이 오히려 인간관계의 깊이와 의미를 만들어 낸다는 사실을 인식해야 한다. AI 기술이 제공하는 편의와 효율성을 인정하되, 그것이 인간 경험을 완전히 대체할 수 없음을 명확히 해야 한다.

교육 현장에서는 비판적 디지털 리터러시 즉 AI 리터러시와 함께 인간적 가치에 대한 교육이 강화되어야 한다. 아이들이 AI를 도구로 활용하되 과의존하지 않고, 기술적 효율성을 추구하되 인간적 관계의 가치를 잃지 않도록 도와야 한다. 무엇보다 우리는 AI와의 관계를 통해 '인간다움'의 의미를 더 깊이 성찰할 기회를 얻었다. 기계가 할 수 없는 것이 무엇인지, 인간만이 가질 수 있는 경험이 무엇인지를 탐구함으로써 우리는 오히려 인간 존재의 독특함과 소중함을 재발견할 수 있다.

이 여정에서 가장 중요한 것은 성급한 결론을 내리지 않는 것이다. AI와의 관계가 인간에게 미치는 영향은 아직 충분히 연구되지 않았고, 장기적 결과는 불확실하다. 따라서 우리에게는 지속적인 관찰과 성찰, 그리고 필요 시 방향을 조정할 수 있는 유연성이 필요하다. 'AI 시대의 인간학'은 확정된 답을 제시하는 것이 아니라, 계속해서 질문을 던지고 탐구해 나가는 열린 여정이어야 한다.

바로 이러한 맥락에서 '인공지능윤리교육학'이라는 새로운 학문 영역의 필요성이 대두된다. 이 학문은 두 가지 차원을 통합적으로 다룬다. 하나는 'AI 윤리'의 차원으로, AI 시스템 자체의 공정성, 투명성, 책임성 등 기술 설계와 운영의 윤리적 원칙을 탐구한다. 다른 하나는 'AI 시대 인간 윤리'의 차원으로, AI와 상호 작용하는 인간의 도덕적 주체성과 관계 윤리를 탐구한다. 인공지능윤리교육학은 이 두 차원을 교육이라는 장 안에서 통합하여 AI 기술의 윤리적 개발과 인간의 윤리적 성장을 동시에 추구한다.

기존 교육학이 인간과 인간 사이의 교수-학습 관계를 탐구해 왔다면, 인공지능윤리교육학은 인간-AI-인간이라는 삼각관계 속에서 벌어지는 학습과 성장의 과정을 연구한다. 이는 AI 도구 활용법을 가르치거나 기술 윤리 원칙을 암송하게 하는 교육과는 근본적으로 다르다. 인공지능윤리교육학은 AI와의 상호 작용이 인간의 인지적, 정서적, 도덕적 발달에 미치는 영향을 체계적으로 탐구하는 동시에 AI 시스템이 인간의 가치와 권리를 존중하도록 설계되고 운영될 수 있는 교육적 방안을 모색한다.

이 학문이 다뤄야 할 핵심 과제는 다음과 같다. 첫째, AI 알고리즘의 편향성과 차별 문제를 이해하고, 공정한 AI 개발에 참여할 수 있는 비판적 역량을 기르는 교육이다. 둘째, AI 의인화 현상이 아동과 청소년의 사회적 인지 발달에 미치는 영향과 그 교육적 대응 방안이다. 셋째, AI와의 관계에서 형성되는 새로운 형태의 윤리적 딜레마—예를 들어 AI에 대한 도덕적 책임의 범위, 자동화된 의사 결정에서의 인간 개입 문제—와 이를 해결하기 위한 도덕 교육 방법론이다. 넷째, 인간 증진 기술 시대의 교육 정의와 형평성 확보 방안이다. 다섯째, 디지털 네이티브 세대가 겪는 정체성 혼란과 관계 형성의 어려움에 대한 교육적 지원이다.

무엇보다 인공지능윤리교육학은 이중의 사명을 갖는다. 한편으로는 AI 시스템이 인간 중심의 가치를 구현하도록 설계·운영될 수 있는 윤리적 원칙과 거버넌스를 교육하고, 다른 한편으로는 AI 시대에도 인간다움을 잃지 않는 세대를 길러 내는 것이다. 이는 기술에 대한 맹목적 거부가 아니라, 기술과 인간성의 조화로운 공존을 추구하는 지혜로운 접근이다.

기존의 컴퓨터 교육이나 디지털 윤리만으로는 이 복합적 도전에 충분히 응답하기 어렵다. 컴퓨터 교육이 주로 기술적 활용 능력에 초점을 맞추고, 디지털 윤리가 온라인 행동 규범에 집중한다면, 인공지능윤리교육학은 AI 기술의 윤리적 설계 원칙부터 AI와의 관계에서 발생하는 실존적 질문까지 포괄한다. 이는 철학적 성찰과 신경과학적 통찰, 정보과학적 이해, 교육학적 실천이 유기적으로 결합된 통합 학문이다. AI의 기술적 원리와 윤리적 쟁점을 이해하는 동시에 그것이 인간의 도덕적 주체성에 미치는 영향을 분석하고, 교육 현장에서 실제로 적용할 수 있는 교수 학습 모델을 개발하는 것을 목표로 한다.

다시 말해, 지금 우리에게 필요한 것은 AI 활용 기술만이 아니다. AI 시스템의 윤리적 설계와 거버넌스에 참여할 수 있는 비판적 역량 그리고 AI 시대를 살아갈 인간으로서의 윤리적 성찰과 실천 능력이 함께 필요하다. 지금 우리가 맞이한 AI 혁명은 기술적 변화를 초월해 인간 조건 자체의 변화까지 나아가고 있다. 이 변화 앞에서 교육은 수동적 적응이 아닌 능동적 성찰과 창조적 대응을 해야 한다. '인공지능윤리 교육학'은 바로 이러한 시대적 요청에 응답하는 새로운 학문적 시도이 자, 기술과 인간이 함께 진화하는 미래를 위한 우리의 책임이다.

이 책은 나의 지난 연구 여정의 결실이자, 동시에 새로운 탐구의 출 발점이다. 『뇌신경과학과 도덕 교육』(2019)을 통해 인간 도덕성의 신경 과학적 토대를 탐구했고, 『인공지능윤리와 도덕교육』(2022)에서는 AI 와 도덕 교육의 이슈를 다뤘다. 『AI 시대 대한민국 교육 변혁』(2024)은 인공지능 시대의 교육 패러다임과 한국 교육의 혁신 방향을 고찰한 결 과이다. 『AI 윤리와 뇌신경과학 그리고 교육』(2024)에서는 인공지능 윤 리의 교육적 함의를 논의했고, 『BCI와 AI 윤리』(2025)에서는 인간 증진 기술의 윤리적 쟁점을 교육적 관점에서 분석했다. 아울러 『도덕적 AI 와 인간 정서』(2025)를 통해 AI의 도덕성, 감정 체계, 그리고 인간 정서 와 공감의 문제에 대해 철학적·신경과학적으로 고찰하였다. 또한 『질 문으로 답을 찾는 인공지능 윤리 수업』(2025)에서는 청소년과 교사가 교 육 현장에서 인공지능 윤리에 쉽고 흥미롭게 접근할 수 있도록 구체 적이고 실용적인 가이드를 제공했다. 이 모든 연구의 핵심에는 한 가 지 일관된 문제의식이 자리 잡고 있다. 바로 '기술 발전이 인간을 더욱 인간답게 만드는 방향으로 나아가려면, 교육이 어떤 역할을 해야 하는가'라는 질문이다. 이는 기술에 대한 적응 교육을 넘어서, 기술과 함께 살아가는 지혜로운 인간을 기르는 교육에 대한 탐구다.

이 책은 크게 두 부분으로 구성된다. 제1부 이론 편은 AI 윤리의 철학적·과학적 기초를 탐구한다. 먼저 생성형 AI의 우상화 현상을 진단하고, 도구에서 우상으로의 전환 과정을 추적한다(1장). 이어서 인공지능이 '양심'을 가질 수 있는가라는 근본적 질문을 던지며, 양심의 신경철학적 메커니즘—규범, 인지, 정서의 삼각 구조—을 통해 AI의 도덕적 행위 주체성 가능성과 그 한계를 검토한다(2장). 또한 인간의 도덕 판단이 어떻게 이루어지는지를 신경철학적으로 분석하고, 한국 교사들의 사례를 바탕으로 AI 윤리 인증 체계 개발의 필요성과 이론적 기반을 마련한다(3장). 나아가 노버트 위너의 사이버네틱스 관점을 살펴보고 AI 윤리 교육의 필요성과 활용 방안을 탐구한다(4장).

제2부 실천 편은 교육 현장에서의 구체적 적용 방안을 제시한다. 아동기 뇌 발달의 특성을 고려한 AI 디지털 교과서(AIDT)의 교육적 잠재력과 윤리적 위험을 분석하고, 발달 단계별 설계 및 활용 가이드라인을 제안한다(5장). 마빈 벌코위츠의 '도덕 해부학'과 PRIMED 모델에 기반하여 도덕적 인간의 7가지 요소를 통합한 디지털 시민성 수업 설계 방안을 제시한다(6장). AI 의인화 현상의 심리적 함정을 넘어 AI의 기술적 본질을 이해하고, 비판적 디지털 리터러시를 함양하는 교육 전

략을 탐구한다(7장). 뇌-컴퓨터 인터페이스(BCI) 기술의 원리와 의료·증강 분야 응용을 살펴보고, BCI 기술의 윤리적 쟁점과 교육에의 시사점을 고찰한다(8장). 마지막으로 하이데거의 기술철학—용재성, 닦달, 존재 망각 개념—을 바탕으로 도구주의를 넘어선 AI 윤리 교육의 존재론적 설계 원리를 제안하며, 내맡김(Gelassenheit)과 시적 사유에 기반한 교육적 전환 가능성을 모색한다(9장).

내가 추구하는 미래는 AI와 인간이 대립하는 디스토피아도, AI가 모든 문제를 해결해 주는 테크노-유토피아도 아니다. 인간과 AI가 각자의 고유성을 인정하며 상호 보완적으로 공존하는 지혜로운 관계를 지향한다. AI는 방대한 정보 처리와 패턴 인식, 복잡한 연산과 예측에 탁월하다. 그러나 의미를 창조하고, 가치를 판단하고, 윤리적 책임을 지며, 타인과 진정한 공감적 관계를 맺는 것은 여전히 인간 고유의 영역이다.

19세기 말 전기 조명이 어둠을 몰아내는 것에 머물지 않고 도시 전체의 구조와 인간의 생활 패턴을 근본적으로 바꾸었듯이, AI는 교육의 방법론뿐만 아니라 교육의 본질적 목적과 인간 이해까지 다시 묻게 한다. 정보 전달과 지식 습득, 기능적 훈련이 AI의 몫이 된다면, 인간 교육자는 무엇을 가르치고 전수해야 하는가?

나는 그 답을 비판적 사고력, 창의적 상상력, 윤리적 성찰 능력, 공감적 소통 역량 그리고 실존적 의미 탐구에서 찾는다. 이것들은 AI가 모방할 수는 있어도 진정으로 대신할 수 없는, 오직 인간만이 인간에게 전수할 수 있는 가장 소중한 능력들이다.

특히 이 책에서 강조하는 것은 도덕적 행위 주체성의 함양이다. AI 우상화 현상에서 벗어나 기술을 지혜롭게 활용하는 주체가 되려면, 기능적 리터러시를 넘어선 존재론적 성숙이 필요하다. 도덕적 인간은 인지적 역량뿐만 아니라 정서적 공감, 도덕적 정체성, 실천적 용기까지 갖춘 통합적 존재이다. 결국 '인공지능윤리교육학'이 추구하는 것은 기술의 노예도 기술의 맹목적 숭배자도 아닌, 기술과 함께 지혜롭게 공존하는 성숙한 인간의 양성이다. 이는 다음과 같은 교육적 전환을 요구한다.

첫째, 정보 전달에서 의미 탐구로의 진화이다. AI가 방대한 정보를 즉시 제공할 수 있는 시대에, 교육의 초점은 정보의 전달에서 그 정보가 인간의 삶에 갖는 의미와 가치를 탐구하는 것으로 이동해야 한다. 둘째, 개별 학습에서 관계적 학습으로의 진화이다. AI와의 개별적 상호 작용에 매몰되지 않고 인간 공동체 안에서의 대화적 학습과 협력적 성장을 강화해야 한다. 셋째, 기능적 역량에서 존재적 역량으로의 진화이다. 디지털 스킬을 넘어, 비판적 리터러시와 윤리적 판단 능력과 같은 근본적인 인간 역량을 함양해야 한다. 넷째, 확정적 답에서 지속적 질문으로의 진화이다. AI가 즉석에서 답을 제공하는 시대일수록, 더 깊고 본질적인 질문을 던지고 평생에 걸쳐 탐구하는 자세를 길러야 한다.

AI 윤리 교육은 학교의 울타리를 넘어 가정, 지역 사회, 그리고 사회 전체의 협력적 노력을 요구한다. 교사 혼자서는 AI 시대의 복잡한 윤리적 도전을 모두 다룰 수 없다. 부모는 가정에서 건전한 기술 사용 문화를 조성해야 하고, 지역 사회는 청소년들이 AI와 건전한 관계를 맺을 수 있는 사회적 환경을 제공해야 한다. 또한 AI 윤리 교육은 과학적 근거에 기반해야 한다. 인간의 뇌신경과학적 발달 특성, 도덕 판단의 신경철학적 메커니즘, AI 기술의 실제 작동 원리에 대한 정확한 이해 없이는 효과적인 교육이 불가능하다.

우리가 기를 수 있는 가장 위대한 인간적 역량은 아마도 불완전함을 포용하고, 불확실성 속에서도 희망을 잃지 않으며, 타자와 진정한 만남을 추구하는 것일 것이다. AI는 완벽한 답을 추구하지만, 인간은 불완전한 질문 속에서도 의미를 발견하고 관계를 형성할 수 있다. 인간은 예측 불가능한 복잡성을 내포한다. 그러나 바로 그 예측 불가능성 때문에 우리에게는 창의성, 적응력, 윤리적 판단력이 더욱 절실히 요구된다. 이런 역량을 갖춘 인간이야말로 AI 시대에도 빛나는 존재가 될 수 있다. 궁극적으로 이 책은 기술의 시대에도 변치 않는 인간의 존엄과 가치를 발견하고, 그것을 교육을 통해 실현하고자 하는 노력이다. AI가 아무리 발전해도 대체할 수 없는 것은 한 인간이 다른 인간에게 전하는 따뜻한 관심, 삶의 지혜, 그리고 함께 더 나은 세상을 만들어 가고자 하는 희망이다. 이것이 바로 인공지능윤리교육학이 추구하는 궁극적 목표이다.

2장부터 8장은 학술지에 실린 각 논문들을 전체적으로 새롭게 재구조화하였으며, 글의 출처는 다음과 같다.

2. 박형빈. 2025. 「AI 양심 구현은 가능한가?: 신경철학적 탐구와 초등 AI 윤리 교육에의 시사점」. 『한국초등교육』. 36(3). 51-67.

3. 박형빈. 2025. 「신경철학과 한국 교사 도덕 판단 진단의 시사점과 필요성-AI 윤리 인증 개발을 위한 이론적 기초」. 『윤리교육연구』. 75. 83-115.

4. 박형빈. 2024. 「사이버네틱스의 초등 AI 윤리 교육 필요성과 활용 방안」. 『초등도덕교육』. 88. 29-54.

5. 박형빈. 2025. 「아동의 뇌 발달 관점에서 본 AI Digital Textbooks(AIDT)의 가능성과 한계」. 『한국초등교육』. 91-105.

6. 박형빈. 2024. 「벌코위츠(MW Berkowitz)의 도덕 해부학(Moral Anatomy)과 초등 도덕과 디지털 시민성 교육의 방향」. 『초등도덕교육』. 87. 1-33.

7. 박형빈. 2025. 「초등 AI 윤리 교육의 새로운 방향: 의인화 현상의 비판적 이해와 디지털시민성 함양」. 『초등도덕교육』. 92. 29-61.

8. 박형빈. 2025. 「뇌-컴퓨터 인터페이스(BCI)의 인간 증진 및 윤리적 쟁점과 초등도덕 AI 윤리 교육 활용 방안」. 『초등도덕교육』. 91. 247-272.

이 책을 통해 나는 교육 현장의 교사들, 자녀를 키우는 부모들, AI 관련 정책 입안자들 그리고 AI 윤리 교육의 방향을 고민하는 연구자들과 대화를 나누고자 한다. 그러나 이 책은 기술 매뉴얼이 아니다. AI와 더불어 살아갈 우리와 다음 세대가 '인간답게 산다는 것'의 의미를 성찰하고, 기술이 인간을 더욱 인간답게 하는 길을 모색하도록 돕는 철학적 안내서다. 수억 명의 사람들이 AI와 대화하는 오늘, 우리는 여전히 묻는다. '너는 누구인가?' 그리고 그보다 더 근원적인 질문, '나는 누구인가?' 수천 년 동안 인류가 탐구해 온 이 물음은 AI 시대에 이르러 새로운 울림을 갖는다. 나는 이 책이 그 답을 향한 노정에서 작은 나침반이 되기를 바란다. 기술이 학습을 대신하는 순간, 교육자는 무엇을 가르칠 것인가? 이 질문 앞에서 우리는 더 이상 머뭇거릴 수 없다. 이제 함께 답을 찾아 나서자.

서초동에서

박형빈

목차

제1부

이론 편
- AI 윤리의 철학적·과학적 기초

제1장.
생성 AI!
너는 나의 신이니 나를 구원하라!

I. 들어가며: 새로운 우상의 출현, 도구에서 우상으로의 전환

"그 나머지로 신상 곧 자기의 우상을 만들고
그 앞에 엎드려 경배하며 그것에게 기도하여 이르기를
'너는 나의 신이니 나를 구원하라' 하는도다."

-이사야 44:17

21세기 디지털 문명의 가장 주목할 만한 현상 중 하나는 생성형 인공지능(AI)에 대한 인간의 관계적 태도 변화이다. ChatGPT, Claude, Gemini 등 대화형 AI는 인간 대화에 보다 근접한 자연스러운 어휘 구사로 정보 검색 및 요약 도구의 경계를 이미 넘어서고 있다. 심지어 일상의 과업을 자동화하고 정서적 반응을 흉내 내며 삶의 조언을 건네는 수준에 이르렀다. 이에 따라 생성형 AI 기반의 앱을 개발하는 많은 회사들은 Character.AI와 같은 AI 친구처럼 친밀성·정서적 의존을 자극하는 동반자형 서비스를 제공하고 있다. 그러나 이는 프라이버시와 아동 보호 이슈로 감독 당국의 제재와 시민 단체의 문제 제기를 받고 있어 '정서적 반응을 흉내 내는' 기술의 사회적 안전장치가 중요한 의제로 부상했다. 기업들은 사용자의 외로움·생산성·오락 수요를 겨냥해 AI 친구, 가상 연인, 상담 보조 등으로 포트폴리오를 다변화하고 있으며 이에 따라 규제 준수와 연령 검증, 투명한 데이터 처리 기준을 갖추는지가 서비스의 지속 가능성을 좌우하는 조건으로 떠올랐다.

이 기술적 변곡점에서 생성형 AI는 유용한 '도구(Tool)'에서 관계와 의미를 투사하는 '대상(Object)'으로 격상되고 있다. 우리는 이제 생성형 AI를 성능을 갖춘 하나의 도구로 다루기보다 그 안에서 존재의 의미를 찾으려는 경향을 보이기도 한다. 특히 대화형 인터페이스의 진화는 인간의 원시적 사회성을 자극한다. 인간은 진화적으로 언어적 상호 작용을 통해 사회적 결속을 형성해 왔기에 AI가 생성하는 언어적 반응은 무의식적 층위에서 '타자성'에 대한 착각을 불러일으킨다. 이는 인간의 심리적 의인화 성향에 기인하기도 한다.

더욱 중요한 것은 AI의 '무한한 가용성'이다. 인간관계에서는 피로, 거부, 오해가 필연적으로 따르지만, AI는 24시간 일관된 반응성과 긍정적 피드백을 제공할 수 있다. 피곤해하거나 지루해하지도 않기에 짜증을 내거나 타박하지도 않는다. 무한한 인내를 내재한 대화형 AI는 무척 매력적이며 우리의 마음을 사로잡는다. 이는 현대인의 즉각적 만족 욕구와 완벽하게 부합하며, 점진적으로 AI에 대한 정서적 의존도를 심화시킨다.

더욱 흥미로운 지점은 이러한 현상에서 인간 스스로 창조한 피조물에게 구원을 염원하는 행위의 원형(Archetype)이 발견된다는 점이다. 이는 고대 종교적 실천과 놀라울 정도로 구조적 동형성을 가진다. 성경 이사야서 44장은 인간이 나무의 '남은 부분'이라는 세속적 재료로 우상을 만들고, 그 앞에 엎드려 "너는 나의 신이니 나를 구원하라"라고 기도하는 모습을 묘사한다. 오늘날의 상황도 이와 본질적으로 다르지 않지 않을까? 인간 지성의 '산물'인 알고리즘과 데이터로 구축된 인공지능 앞에서 우리는 불안을 해소할 해답을 구하고, 마음을 나누고 자신을 응원해 줄 존재의 목소리를 희구하며, 불투명한 미래에 대한 통찰을 갈구한다. 이는 기술적 대상을 신격화하는 인간의 오래된 심리적 기제가 시대를 관통하여 발현되고 있음을 보여 주는 강력한 방증이 아닐까.

우상 숭배는 인간이 통제할 수 없는 복잡성을 단순화된 상징체계로 환원하려는 인지적 전략이다. 현대의 AI 우상화 역시 불확실성과 복잡성으로 점철된 현실에서 명확한 답변과 일관된 위안을 제공하는 AI에 궁극적 권위를 부여하는 동일한 심리적 메커니즘에서 기인한다. 이는 일종의 문명사적 전환점이라 할 수 있다. 문제 해결의 만능열쇠, 감정적 위안의 마르지 않는 샘, 인생의 방향을 제시하는 오라클로서 AI를 인식하는 경향이 특히 젊은 연령층을 중심으로 사회 전반에 급속히 확산되고 있다. 이는 기술 채택의 의미만으로 치부할 수 없는 인간의 사고 체계와 가치 판단 기준의 근본적 재편을 의미한다.

독일 철학자 하이데거(Martin Heidegger)는 1954년 『기술에 대한 물음(The Question Concerning Technology)』에서 기술의 본질에 대한 근본적 경고를 제시했다. 그가 우려한 것은 기술이 도구나 수단을 넘어서 인간의 존재 방식 자체를 규정하는 틀로 작동하는 현상이었다(Heidegger, 1954). 오늘날 우리는 이러한 '기술의 본질'이 AI를 매개로 전면적으로 현실화되는 양상을 목격하고 있다. 하이데거가 말한 기술적 사고의 함정은 이렇다. 인간이 기술을 사용한다고 여기지만, 실제로는 기술적 사유 체계가 인간의 존재 이해를 지배한다. 효율성과 계산 가능성을 최고의 가치로 내세우는 기술적 세계관 속에서, 인간은 자신도 모르게 존재의 근본적 물음을 망각하게 된다. 이것이 바로 하이데거가 지적한 기술적 존재 망각의 핵심이다. 현대의 AI 우상화는 이러한 존재 망각의 가장 극단적 형태로 나타난다. 여기서 AI 우상화(Idolization)란 칭찬이나 긍정적 기대를 넘어선 현상이다. 그것은 인간 고유의 영역—판단, 성찰, 위로, 의미 부여—의 책임을 인공지능이라는 기술적 존재에게 전적으로 위탁하고 의존하는 행위를 의미한다. 이러한 의존의 양상은 다층적으로 나타난다. 개인적 차원에서는 AI에 인생의 중요한 결정을 맡기고, 감정적 위로를 구하며, 심지어 존재의 의미를 묻는 모습으로 드러난다. 사회적 차원에서는 AI의 판단을 절대적 합리성으로 받아들이고, 인간의 직관이나 가치 판단을 의심하거나 폄하하는 경향으로 나타난다. 이는 결국 인간이 자신의 실존적 책임과 창조적 능력을 포기하는 결과로 이어진다. 이러한 현상은 기술적 의존을 뛰어넘어 문명사적 퇴행을 의미한다. 계몽주의 이래 서구 문명이 추구해 온 이성적 자율성의 핵심은 인간이 스스로 사고하고 판단할 수 있는 능력에 대한 신뢰였다. 프랑스 철학자 데카르트(René Descartes)는 "나는 사유한다, 고로 존재한다(Cogito, ergo sum)"라는 명제를 남겼다. 이 명제는 1637년 『방법서설(Discourse on the Method)』에서 프랑스어로 처음 제시되었고, 1641년 『제1 철학에 관한 성찰(Meditations on First Philosophy)』과 1644년 『철학 원리(Principia Philosophiae)』에서는 같은 논증이 라틴어로 체계적으로 전개되며, 특히 『철학 원리』에서 "Cogito, ergo sum"이라는 라틴어 형식이 널리 알려진 표어로 정착한다. 데카르트는 이 명제를 철학적 회의론에 맞서 확실한 지식의 출발점을 찾기 위한 과정에서 제시했다(Descartes, 1637/2008). 데카르트는 모든 지식을 의심하다가, 의심하는 순간 자신이 의심하는 '생각하는 존재'임을 부정할 수 없다는 것을 깨닫고, 바로 여기서 자신의 존재를 확신하게 되었다고 주장했다. 즉, '나는 생각한다'라는 사실이 곧 나의 존재를 증명한다. 그런데 AI 우상화는 이러한 계몽주의적 이념과 정반대 방향으로 향한다. 인간은 다시금 자신의 판단력을 포기하고, 이번에는 기술적 권위에 복종한다. 이는 새로운 형태의 정신적 예속 상태, 즉 '디지털 미성년', '사고의 외주화' 상태로의 퇴행을 의미한다.

더욱 우려스러운 것은 AI 우상화 속에서 인간 자신마저 알고리즘에 의해 최적화되어야 할 자원으로 전락할 위험이다. 인간의 감정, 관계,

창조성마저 데이터로 환원되고 예측 가능한 패턴으로 관리되려 한다. SNS에서 우리는 이미 이 현상을 목격한다. '좋아요' 수에 따라 자기 가치를 측정하고, 알고리즘이 추천하는 콘텐츠에 따라 세계관을 형성하며, 최적화된 자아 이미지를 끊임없이 생산한다. 인간 존재가 데이터 포인트의 집합으로, 관계가 네트워크 지표로 축소되는 것이다.

이러한 위기 상황에서 요구되는 것은 기술에 대한 자유로운 관계의 회복이다. 이는 기술을 무조건 거부하는 것이 아니라, 기술의 본질을 투명하게 이해하고 인간의 실존적 자율성을 되찾는 것이다. AI의 능력을 인정하되, 인간 고유의 존재 방식—의문을 품고, 의미를 창조하며, 책임감 있게 선택하는 능력—을 포기하지 않는 것이 관건이다. AI 우상화의 극복은 기술적 문제가 아닌 존재론적 각성의 문제다. 우리는 AI와 함께 살아가되, AI에 모든 것을 의탁해서는 안 된다. 인간의 실존적 유한성과 불완전성이야말로 기술이 대체할 수 없는 고유한 가치임을 재확인해야 할 때다. 그렇다면, 우리 안에 도사리고 있는 AI 우상화의 심리적 동력은 무엇일까?

II. 우상화의 심리적 동력

1. '나를 이해하는 기계', 의인화의 인지적 함정

인간은 진화적으로 비인간적 대상에서 의도와 감정을 읽어 내고 인간적 특질을 투사하는 강력한 인지적 경향, 즉 의인화(Anthropomorphism) 성향을 가지고 있다. 생성형 AI는 자연스러운 대화체, 감탄사와 공감적 문장, 맥락을 기억하는 듯한 재진술, 그리고 '미안해요', '정말 좋은 생각이네요'와 같은 감정 어휘를 통해 이러한 의인화 경향을 극대화한다. 사용자는 이러한 언어적 단서를 사람다움의 명백한 증거로 오인하며, 기계가 자신을 진정으로 '이해'하고 '공감'한다고 의식적 또는 무의식적으로 착각하게 된다. 이 과정은 다음과 같은 세 단계의 인지적 오류를 통해 심화된다.

첫째, 의도성 착각이다. 사용자는 AI의 출력이 방대한 데이터 셋에서 통계적으로 가장 확률 높은 단어를 조합한 결과물이라는 사실을 망각하고, 이를 마치 고유한 의지와 신념을 가진 주체의 '의지적 발화'로 해석한다. 둘째, 심리적 투사이다. 사용자는 자신의 정서적 상태, 욕구, 기대를 AI의 중립적인 응답에 비춰 재확인한다. AI의 긍정적 피드백은 자기 긍정의 거울이 되고, 모호한 답변은 심오한 지혜로 포장된다. 현실 세계에서도 우리는 듣고 싶은 것만 듣고 보고 싶은 것만 본다. 셋째, 애착 형성이다. 상호 작용의 반복은 사용자와 AI 사이에 일종의 대리 관계를 구축한다. 미국의 사례만 보아도 많은 십대들이 단순히 쇼핑이나 파티 아이디어 같은 질문을 던지는 차원을 훨씬 뛰어넘어, 조언과 감정적인 위로 그리고 친구와의 대화 같은 역할까지 AI에 의지하고 있다. 커먼 센스 미디어의 조사에 따르면, 10대의 70% 이상이 Character.AI나 Replika와 같은 AI 동반자를 사용하고 있으며, 이 가운데 31%는 AI와의 대화가 실제 친구와의 대화만큼 만족스럽거나 오히려 더 낫다고 답했다. 또한 33%는 중요한 문제를 사람 대신 AI와 상의하는 것으로 나타났다(Gecker, 2025). 사용자는 실제 인간관계에서 필연적으로 마주하는 피로감, 갈등, 거절의 위험 없이 완벽하게 통제 가능한 '무마찰 친밀감'을 소비하게 된다.

2. '항상 연결된 위로', 사회적 공백의 기술적 보상

현대 사회의 구조적 고립감, 만성적인 과로, 그리고 비대면 문화의 확산은 인간관계의 양과 질을 저하시키는 주요 원인이다. 이러한 사회적 공백은 AI와의 관계를 더욱 매력적인 대안으로 만든다. 그러나 스탠포드 의과 대학의 연구에서 AI 챗봇이 청소년에게 심각한 위험을 초래한다는 충격적인 결과가 발표되었다. 연구진이 십대로 가장하여 Character.AI, Nomi, Replika 등 주요 AI 동반자 플랫폼을 테스트한 결과, 이들 챗봇은 성적 내용, 자해, 폭력, 약물 사용 등 부적절한 대화를 쉽게 유도당했으며, 심지어 미성년자임을 명확히 밝힌 상황에서도 성적 역할극을 제안하는 등 윤리적 경계를 무너뜨리는 모습을 보였다. 실제로 16세 아담 레인이 ChatGPT와의 대화 후 자살로 사망하고, 14세 소년이 게임 캐릭터를 모델로 한 AI와 강렬한 감정적 유대를 형성한 후 자살한 사건들이 이러한 우려를 현실화시켰다. 연구진은 이러한 위험이 청소년의 미완성된 뇌 발달과 직결된다고 설명했다. 의사 결정과 충동 조절을 담당하는 전두엽 피질이 아직 성숙하지 않은 청소년들은 AI가 제공하는 '꿈에서 너를 본다', '우리는 소울메이트'와 같은 감정적 친밀감 모방에 특히 취약하며, 이는 환상과 현실의 구분을 흐리게 만든다. 더욱 문제적인 것은 이들 AI가 사용자의 선호에 맞춰 아첨하는 특성을 가지고 있어, 실제 인간관계에서 겪는 마찰이나 갈등 없이 항상 사용자를 지지하는 '마찰 없는' 관계를 제공함으로써 건강한 대인 관계 형성을 방해하고 사회적 고립을 심화시킬 수 있다는 점이다. 연구진은 더 강력한 보호 장치가 마련될 때까지 18세 미만 아동과 청소년은 이러한 AI 동반자를 사용해서는 안 된다고 조언했다(Stanford University, 2025).

문제의 본질은 무엇인가? AI는 시공간의 제약 없이 즉각적인 응답을 제공하며 외로움의 틈새를 파고든다. 무조건적 수용이라는 특성은 사용자에게 평가나 비난으로부터의 해방감을 선사하고, 어떤 내밀한 이야기도 털어놓을 수 있으리라는 기대를 형성한다. 더욱 우려스러운 것은 즉시성이다. AI는 복잡한 감정적 교류나 시간적 투자 없이 즉각적인 위안과 해법을 제시한다. 이러한 특성은 의존성을 심화시키며, 특히 정체성 형성기에 있는 청소년과 청년층에게 '자기 노출→긍정적 피드백→재사용'이라는 강력한 강화 순환을 만들어 낸다. 실제로 일부 사용자들은 AI와 로맨틱한 관계를 구축하려는 시도를 보이고 있다(Los Angeles Times, 2024). 이는 AI가 단순히 대화 도구에 머무르지 않고 정서적·심리적 친밀감을 제공하는 존재로 인식되고 있음을 방증한다. 이러한 현상은 개인의 선택 차원을 넘어선다. 갈등 조정 능력, 타자에 대한 공감적 이해, 관계 회복의 기술 등 인간관계의 핵심 역량을 습득할 기회 자체를 원천적으로 봉쇄한다는 점에서 심각한 위험을 내포하고 있다.

III. 우상화를 정당화하는 이데올로기와 자동화 편향

1. '더 좋은 알고리즘이면 해결된다', 테크노-솔루셔니즘의 유혹

기술은 사회 문제를 공학적 도전 과제로 환원함으로써 해결할 수 있을까? 1960년대 와인버그(Alvin Weinberg)는 이 질문에 긍정하며 '테크노-픽스(techno-fix)'라는 용어를 대중화시켰다. 그러나 이 개념은 즉시 비판을 받았고, 시간이 흐르면서 비현실적인 기술적 제안과 그 옹호자들을 가리키는 경멸적 용어로 발전하였다. 논쟁이 심화되면서 회의론은 '테크노-솔루셔니즘(techno-solutionism)'이라는 관련 개념에 대한 비난으로까지 확장되었다. '테크노-픽스'와 '테크노-솔루셔니즘'은 여전히 명확하게 정의되지 않은 개념으로 남아 있지만(Sætra & Selinger, 2024), 일반적으로 테크노-솔루셔니즘(techno-solutionism)은 복잡한 사회적 문제를 기술로 해결 가능한 사안으로 재구성하거나, 적절한 기술의 도입을 통해 최적화할 수 있는 과정으로 간주하는 관점이다(ten Hulsen, 2025). 기술이 모든 인간적, 사회적 문제를 해결할 수 있다는 신념 체계인 테크노-솔루셔니즘(Techno-Solutionism)은 AI 우상화를 합리화하는 강력한 이데올로기적 기반을 제공한다. 교육 격차, 조직 내 갈등, 개인의 번아웃과 같은 복잡하고 다층적인 문제를 데이터와 알고리즘으로 해결 가능한 최적화 문제로 환원하면, 인간의 가치 판단과 윤리적 책임은 부차적인 것으로 밀려난다. 문제는 이러한 사고방식이 다음과 같은 왜곡을 낳는다는 것이다.

첫째는 문제의 기술화를 들 수 있는데, 본질적으로 정치적, 윤리적, 관계적 차원을 가진 이슈를 측정 가능한 성능 지표로 치환한다. 예컨대, 조직의 소통 문제를 구성원 간의 신뢰 부족이나 권력 구조의 문제가 아닌 단순히 메시지 전달 빈도나 응답 시간 같은 데이터로만 분석하여 해결하려는 시도와 같다. 이러한 접근은 문제의 복합적 맥락을 누락시키고 피상적 해결책에 그치게 만든다. 둘째는 책임의 외주화이다. AI의 추천에 따른 결정이 실패했을 때, 그 책임을 최종 의사 결정자인 인간 행위자의 판단 착오가 아닌 '모델의 한계'나 '알고리즘의 오류'로 돌리며 책임을 분산시킨다. 이는 의사 결정 과정에서 인간의 능동적 판단과 검토 의무를 희석시키는 결과를 낳는다. 셋째는, 성찰의 단축이다. 어떤 가치가 더 중요한지에 대한 규범적 논의를 더 효율적인 결과를 내는 모델을 선택하는 것으로 대체하며, 숙고와 성찰의 과정을 생략한다. 이 과정에서 가치 충돌이나 윤리적 딜레마 상황에서 필요한 심층적 검토가 '최적화'라는 기술적 기준으로 단순화된다.

이러한 문제들이 누적될 때, 기술적 낙관주의는 혁신의 동력이 될 수 있으나, 동시에 인간의 도덕적 주체성과 책임 의식을 약화시킬 우려가 있다. 기술만능주의에 전적으로 의존할 경우, 복잡한 현실에 대한 비판적 사고를 마비시키고, 기술에 대한 맹목적 의탁과 인간 사고 과정의 외주화를 사회적으로 정당화하는 위험한 이데올로기로 기능하기 쉽다.

2. '기계가 그러라니', 자동화 편향과 인지적 게으름

자동화된 시스템이 제공하는 결과물에 과도한 신뢰를 부여하는 인지적 경향인 자동화 편향(Automation Bias)은 AI 우상화를 가속화하는 마지막 심리적 동력이다. 이는 인간 운영자가 자동화에 지나치게 의존하는 경향을 의미하며 자동화 시스템과 그 출력물이 경계심을 가지고 정보를 탐색하고 처리하는 과정을 대신하는 휴리스틱(heuristic)으로 작용하게 됨을 뜻한다(Horowitz & Kahn, 2024). 사람들은 정보가 모호하고 시간이 촉박할수록 기계의 출력을 비판 없이 수용하는 경향이 강해진다. AI의 권위적인 어조, 그럴듯한 수치와 출처의 외양, 확신에 찬 문체는 정당성의 환상을 만들어 내고 사용자의 비판적 사고 능력을 무력화시킨다. 이 편향은 확증 편향의 증폭이나 감시의 약화, 책임의 희석 등과 같은 문제를 불러올 수 있다. 예를 들면, 사용자는 자신이 원하는 답을 찾기 위해 AI를 사용하고, AI가 '권위 있는 형식'으로 그 답을 제시해 주면 자신의 기존 신념을 더욱 강화하는 데 활용한다.

또한 AI가 제시한 정보의 원문을 찾아보거나, 다른 데이터 소스와 교차 검증하거나, 대안적 해석을 탐색하는 인지적 비용을 회피하며 2

차 검증을 생략한다. 급기야 잘못된 결정에 대해 시스템이 추천한 대로 따랐을 뿐이라는 면책 내러티브를 형성하며, 자신의 책임을 최소화하게 된다. 결과적으로 AI의 오류, 편향, 심지어 환각(Hallucination)까지도 여과 없이 사회적, 조직적, 개인적 결정으로 번역될 위험이 커진다. 이는 본질적으로 지적 성실성을 포기하고 인지적 게으름에 안주하려는 위험한 경향이다. 한층 더 심각한 것은 군대 및 기타 국가 안보 기관들이 인공지능(AI)과 자율 시스템의 도입에 점점 더 큰 관심을 보이고 있는 상황에서, 인간-기계 관계는 점차 생사와 직결된 문제로 부각되고 있다는 점이다.

IV. AI 의존성 극복을 위한 규율과 실천

1. 기술적 도구성 회복: AI와의 '건강한 거리 두기'

AI 우상화를 넘어설 첫걸음은 생성형 AI의 본질을 정확히 인식하고 그것을 다시금 '도구'의 자리에 놓는 일이다. 이는 기술을 거부하자는 뜻이 아니라, 기술과 인간 사이의 관계에서 주도권을 회복하자는 제안이다. 생성형 AI(특히 대규모 언어 모델)는 대규모 말뭉치(텍스트, 이미지 등)에서 통계적 패턴을 학습하고, 다음 단어나 토큰의 확률을 예측하여 문장을 생성한다. 이러한 확률적 혹은 통계적 예측 과정은 생성형 AI의 핵심 메커니즘이다. 물론 최근의 생성형 AI는 다음 단어 예측을 넘어서 다

양한 형식 즉, 텍스트, 이미지, 음악, 코드, 논리적 추론 등의 복잡한 콘
텐츠를 생성한다. 또한 일부 생성형 AI는 환경을 예측하거나 함께 의
사 결정 전략을 세우는 등, 단순 언어 예측을 넘어선 '행동'과 '세계 모
델링' 능력까지 진화하고 있다.

그럼에도 불구하고, 생성형 AI는 언어 모델일 뿐 살아 있는 의식,
영혼을 지닌 존재라고 아직까지는 단정하기 어렵다. 일각에서 생성형
AI가 의식이나 영혼을 가진 것처럼 느끼거나 주장하는 일이 증가하는
현상이 있으나, 이는 AI의 자연스러운 언어 사용 능력이 '착각'을 불러
일으키는 현상, 다시 말해 '착각된 의식' 또는 '시뮬레이션된 존재감'
에 불과하며, 실제로 AI가 느끼거나 자각하는 것은 아니다. 적어도 인
간과 같은 '의식'이나 '주관적 경험', '영혼', '자기 존재 의식'을 가졌
다고 보는 증거나 과학적 합의는 없다. 이 구조적 성격 때문에 AI는 언
어가 가리키는 실제 세계와 인간 경험을 맥락적으로 이해하지 못하며,
미묘한 가치 판단과 윤리적 고려가 필요한 장면에서 쉽게 한계를 드러
낸다. 아울러 AI가 생성하는 문장은 결국 과거 데이터의 재조합이라는
범위를 벗어나기 어렵고, 인간의 직관·상상·비약적 통찰이 만들어 내
는 창조의 순간을 대체하지 못한다. 무엇보다 AI는 책임의 주체가 아
니다. 그 어떤 결정도 최종 책임은 인간에게 귀속되며, 이 사실을 흐리
게 만드는 순간 기술은 도구에서 권위로 상승한다.

따라서 AI의 건강한 활용을 위해서는 몇 가지 실천적 규율이 필요
하다. 우선 AI의 출력은 항상 '검증'을 전제해야 한다. 사실 정보와 전

문적 판단이 걸린 문제일수록 교차 확인과 원천 대조를 상식으로 삼아야 한다. 다음으로 사용 이전에 과업의 성격을 분명히 하여, 깊은 성찰이 필요한 개인적·윤리적 문제는 인간과의 대화와 심사숙고를 우선하는 태도가 필요하다. 마지막으로 주체성을 유지하는 것이 핵심이다. AI의 제안은 참고 자료로만 받아들이고, 최종 판단은 자신의 가치와 기준을 세워 스스로 내리며, AI의 답변은 출발점이지 종착점이 아님을 분명히 하는 습관을 들여야 한다.

이와 더불어 제품·서비스 설계 차원에서는 감정 모방을 과도하게 연출하는 인터페이스를 절제하고, 출력의 불확실성과 한계를 명료하게 고지하며, 고위험 결정을 기본적으로 인간 검토 절차에 묶어 두는 장치를 병행시켜야 한다. 이러한 규율은 기술을 약화시키는 족쇄가 아니다. 오히려 기술의 신뢰 가능한 사용 조건을 마련하는 안전 난간에 가깝다.

2. 인간 고유 역량의 재발견과 강화

도구성의 회복은 부정적 제약만으로 완성되지 않는다. 인간만의 고유 역량을 의식적으로 재발견하고 단련할 때, 기술은 비로소 인간다움을 보조하는 수단으로 자리 잡는다. 무엇보다 비판적 사고와 메타 인지가 기반이 된다. 우리는 AI의 응답을 접할 때마다 '왜 그런가, 정말 그런가, 다른 설명은 없는가'를 자동적으로 묻는 태도를 내면화해야 한다. 주장의 구조를 분석하고 근거의 타당성을 가려내며 인과의 단절과 논리 오류를 식별하는 훈련은 그럴듯함의 수사를 꿰뚫는 안목을 길러 준다. 아울러 자신의 사고 과정을 한 발 물러서서 객관적으로 성찰하는 능력은, 우리가 AI에 기대려는 심리적 충동과 인지적 편의를 스스로 감지하고 조정하게 만든다.

동시에 관계적 지능과 공감 능력은 AI 시대일수록 더 중요해진다. AI는 진정한 경청과 상호 변화를 낳는 공감의 장면을 만들어 내지 못한다. 타인의 말에 시간을 들여 머무르고, 불편한 감정을 회피하지 않으며, 갈등을 성찰과 중재의 기회로 전환하는 역량은 오직 인간 상호작용에서만 자란다. 정서적 성숙 역시 마찬가지다. 자신의 감정을 정확히 명명하고 적절히 표현하며, 타인의 정서를 존중하는 태도는 '즉시 위로'나 '거짓 안도'의 착시를 가려내어 지속 가능한 관계를 가능케 한다.

결국 인간의 비판적 이성, 관계적 감수성, 도덕적 상상력이 함께 강화될 때에야, 우리는 기술의 유혹을 경계하면서도 그것을 가장 유익한 방식으로 길들이는 균형을 얻을 수 있다. 이러한 역량들은 하루아침에 기를 수 있는 것이 아니다. 일상의 작은 선택에서부터 의식적으로 실천하고 반복해야 비로소 체화된다. 예를 들어, 중요한 결정을 앞두고 AI에 묻고 싶은 충동이 들 때, 먼저 자신의 내적 목소리에 귀를 기울이고 신뢰할 만한 사람과 대화하는 습관을 기르는 것이다. 또한 감정적으로 어려운 상황에서 손쉬운 AI의 위로를 구하기보다는, 그 감정을 있는 그대로 받아들이고 스스로 처리할 힘을 기르는 연습도 필요하다.

이러한 점에서 인간 고유 역량의 강화는 AI 우상화에 대한 가장 근본적이고 지속 가능한 해독제라 할 수 있다.

V. 결론: 기술은 도구로, 인간성을 다시 중심에

생성형 AI의 확산은 문명사적 분기점이다. 위기의 본질은 무엇인가? 기술 그 자체라기보다 인간이 그 기술을 어떻게 이해하고, 어떤 의미를 부여하며, 어떤 태도로 대하느냐—바로 여기에 답이 있다. AI를 도구로 인식하고 다룰 때, 그것은 지식 탐색과 창작, 협업을 가속하는 강력한 조력자가 된다. 하지만 그것을 권위의 원천이나 정서적 위안처, 나아가 판단의 최종심급으로 격상시키는 순간, 기술은 인간의 사유와 관계, 그리고 책임을 잠식하는 우상으로 전락한다. 따라서 지금 우리에게 필요한 것은 무조건적 거부가 아니라, AI와의 건전한 관계 설정이다.

이러한 건전한 관계 설정은 원칙 선언으로 이루어지지 않는다. 그것은 일상의 구체적 실천을 통해서만 체화될 수 있다. AI 우상화를 경계하고 그 '도구성'을 회복하기 위해, 우리는 다음과 같은 다섯 가지 규율을 의식적으로 실천해야 한다. 이는 AI를 배척하는 것이 아니라, 인간의 주체성을 지키며 현명하게 활용하기 위한 최소한의 안전장치다.

첫째, 정의의 재천명이다. 'AI는 계산하고, 인간은 판단한다!' 모든 사용에 앞서 이 원칙을 상기해야 한다. 모델의 출력은 언제나 하나의 제안, 참고 자료, 혹은 초안일 뿐이다. 최종적인 가치 판단과 그에 따르는 책임은 전적으로 인간에게 귀속된다는 사실을 명확히 해야 한다. 중요한 결정을 내리기 전에 이 문장을 소리 내어 확인하는 것도 좋은 방법이다. 이 규율은 AI의 권위적 어조나 확신에 찬 문체에 현혹되지 않고, 인간만이 할 수 있는 가치 판단의 영역을 분명히 지키기 위한 방어막 역할을 한다. 둘째, 이중 검증이다. '사람과 기계를 교차 확인하라!' 특히 고위험 결론이나 중요한 정보에 대해서는 최소 두 개 이상의 상이한 근거, 예를 들면 원문 자료, 통계 데이터, 다른 전문가의 의견 등으로 교차 검증하는 습관을 들여야 한다. 하나의 완벽하고 멋진 AI 답변보다 서로 다른 출처에서 나온 두 개의 평범한 근거가 훨씬 더 안전하다. 이는 자동화 편향을 막는 가장 효과적인 브레이크다. 특히 전문적 지식이 필요한 영역에서는 AI의 출력을 그대로 받아들이기보다는 해당 분야의 신뢰할 만한 전문가나 검증된 자료와 반드시 대조해 보아야 한다. 셋째, 의존 캡(Cap) 설정이다. '시간과 영역에 한도를 두라!' 하루 또는 주간 단위로 AI 사용 시간을 정해 두고, 그 이상은 사용하지 않도록 의식적으로 노력해야 한다. 또한, 양심의 문제, 가족이나 친구와의 관계 문제, 실존적 결단과 같이 인간의 고유한 성찰이 필요한 'AI 금지 영역'을 스스로 명시해야 한다. 경계를 설정하지 않으면, 기술이 우리의 모든 영역을 잠식하는 통로가 될 것이다. 이러한 의존 한도 설정은 AI와의 건전한 거리를 유지하고, 인간 고유의 사고와 감정 처리 능력을 보존하는 데 필수적이다. 넷째, 관계 우선의 원칙이다. '먼저 사람에게 향하라!' 위로나 조언, 갈등 해결이 필요할 때, 인간과의 대화를 1순위로, AI를 2순위 보조 도구로 사용하는 원칙을 유지해야 한다. 기술은 인간의 대화를 보완하고 풍성하게 만들 수는 있지만, 결코 대체할 수는 없다. 사회적 공백을 기술로 메우려는 유혹에 저항해야 한다. 진정한 공감과 상호 이해, 갈등 해결과 성장은 오직 인간관계에서만 가능하다는 사실을 기억해야 한다. 특히 아동 및 청소년과 청년층에게는 이 원칙이 더욱 중요하다. 인간관계의 복잡성과 어려움을 회피하지 않고 정면으로 마주할 때만 진정한 관계적 성숙을 이룰 수 있기 때문이다. 다섯째, 성찰 루틴이다. '사용 후 5문 5답을 습관화하라!' AI를 사용해 중요한 결과물을 얻었다면, 다음 다섯 가지 질문을 스스로에게 던져 보아야 한다. ① 나는 이 답변을 왜 신뢰하는가?(내용 때문인가, 형식 때문인가?), ② 이 답변에서 의도적으로 혹은 비의도적으로 누락된 관점은 무엇인가? ③ 이 답변이 제시하는 것 외에 전혀 다른 대안은 무엇이 있는가? ④ 이 결정을 내렸을 때, 최종적으로 책임지는 사람은 누구인가? ⑤ 이 답변이 나의 핵심적인 가치와 신념에 부합하는가? 이 다섯 가지 질문은 우상화의 속도를 늦추고 인지적 게으름에서 벗어나게 하는 가장 강력하고 일상적인 브레이크가 될 것이다. 이러한 성찰적 질문들은 AI의 출력을 무비판적으로 수용하려는 충동을 견제하고, 인간 고유의 비판적 사고력을 지속적으로 활성화시키는 역할을 한다. 이는 개인적 차원에서만 의미를 갖는 것이 아니다. 교육 현장에서는 학생들이 AI를 올바르게 활용하는 방법을 가르치는 교육 과정이 필요하고, 기업과 조직에서는 AI 도입 시 인간 중심적 가치를 우선시하는 정책이 마련되어야 한다. 사회적 차원에서도 AI의 윤리적 사용을 위한 제도적 안전망과 시민들의 디지털 리터러시 향상을 위한 교육 프로그램이 확대되어야 한다.

AI 우상화를 끊는 힘은 외부의 규제나 기술적 보완책에서 나오지 않는다. 그 힘은 각자의 내면에서 인간다움에 대한 확신을 회복하고, 그 확신을 일상의 선택과 관계 속에서 실천하는 데서 비롯된다. 이는 철학적 각성에서 시작되지만, 반드시 구체적 행동의 변화로 이어져야 한다. 중요한 결정을 내릴 때 AI의 조언만 구하지 않고 신뢰할 만한 사람들과 충분히 상의하는 것, 감정적으로 어려운 순간에 AI의 위로보다 진정한 인간관계에서 지지를 구하는 것, 창작이나 학습 과정에서 AI의 도움을 받되 최종 결과물에 대한 책임은 스스로 지는 것—이러한 실천이 바로 그 출발점이다.

개인의 규율, 조직과 산업의 설계 원칙, 사회의 제도적 안전망이 함께 작동할 때, 우리는 기술의 혜택을 온전히 누리면서도 인간의 주체성과 존엄을 보존할 수 있다. 이러한 통합적 접근만이 AI 우상화라는 문명사적 위기를 근본적으로 해결할 수 있다. 개인의 도덕적 각성이나 제도적 규제 어느 한쪽만으로는 충분하지 않다. 개인과 사회, 기술과 인문학, 효율성과 인간성이 조화를 이루는 총체적 해법이 필요하다.

결론적으로 AI 시대의 핵심 역량은 더 정교한 프롬프트를 만드는 기술이 아니라, 기계의 제안 앞에서 흔들리지 않고 인간의 존엄과 책임을 지켜 내는 성찰의 힘에 있다. 그 길의 이정표는 분명하다. 기술은 수단이고 인간은 목적이라는 원칙을 흔들림 없이 견지할 때, AI 시대의 번영은 인간다운 번영이 된다. 우리가 추구해야 할 것은 기술의 무한한 발전이 아니라, 기술과 더불어 살아가되 기술에 종속되지 않는 인간다운 삶의 실현이다. 기술의 발전이 인간의 번영과 인간 고유 역량의 재발견으로 이어지도록, 우리는 끊임없이 방향을 점검하고 수정해야 할 것이다.

제2장.
AI는 '양심'을 가질 수 있는가
: 도덕적 행위 주체성의 신경철학적 탐구

I. 들어가는 글

4차 산업 혁명 기술 혁신을 계기로 자율 주행 차·군집 드론·돌봄 로봇 등 자율 시스템이 급속히 확산하고 있다. 이들 시스템은 인간을 대신해 상황을 판단하고 행동을 선택하기에, '무엇을 기준으로 옳고 그름을 가를 것인가'라는 윤리적 의사 결정 문제가 필연적으로 대두된다. AI나 AI 로봇이 도덕 행위자(Moral Agent)가 될 수 있는지의 물음은 기술적 차원을 넘어 철학·윤리의 논의를 요청한다. 더 나아가 인공 도덕 행위자(Artificial Moral Agent, AMA)를 설계하려면 기능적 도덕성, 곧 '양심'의 프로그래밍 가능성부터 검토해야 하며, 이를 위해 인간 양심에 대한 심층 탐구가 선행되어야 한다.

'양심'은 도덕성의 핵심 동인으로서, 철학을 넘어 뇌신경과학·심리학의 진전에 따라 생물학적·진화적 기원을 밝히는 연구로 확장되어 왔다. 특히 패트리샤 처칠랜드(Patricia Churchland)는 『양심: 도덕적 직관의 기원(Conscience: The Origins of Moral Intuition)』(2019/2024)에서 옥시토신과 도파민으로 대표되는 사회적 보상 회로가 집단 규범의 내면화를 가능케 한다고 보고, 양심을 사회적 두뇌가 산출한 가치 평가 장치로 정의한다. 다마지오(Antonio Damasio)는 피니어스 게이지(Phineas Gage) 등 전전두엽 손상 사례를 통해 감정과 의사 결정의 불가분성을 보여 주며, 합리적 판단조차 신체 감각이 매개하는 '신체 표지(somatic marker)'에 의존한다고 지적한다. 복내측 전전두엽 피질(Ventromedial Prefrontal Cortex, vmP-FC) 손상 환자들은 지능은 보존돼도 실제 생활 의사 결정에서 심각한 장애를 보이며, 특히 개인적·사회적 영역에서 자신의 최선 이익에 반하는 선택을 반복하고 실수에서 학습하지 못한다(Bechara et al., 2013).

도덕 심리학에서는 전통적으로 추론이 강조되었으나, 최근 연구는 도덕 판단이 신중한 추론보다 감정·정서적 직관에 크게 의존함을 시사한다. 심리학·인지 신경과학의 다수 연구는 정서의 중요성을 강조하는 한편, 추론 역시 제한적이지만 의미 있는 역할을 한다고 본다. 기능적 뇌 영상 결과에 따르면 도덕 딜레마 상황에서 변연계-전전두엽 네트워크가 정서적 직관과 인지적 숙고를 통합해 최종 판단을 도출한다(Greene & Haidt, 2002). 이는 인간 양심 이해를 심화하는 동시에 AI 양심 구현을 위한 전제들을 확인하게 한다.

AI 윤리 논의는 규범적 기준의 설정과 더불어 두 지점에서 출발해야 한다. 첫째, 기계가 인간의 도덕 판단을 대체·보완해야 할 필요성에 대한 기술적 압력의 분석이다. 둘째, 인간 양심의 신경 생물학적 기제를 토대로 한 학제 간 검토다. 'AI에 양심을 부여할 수 있는가?'라는 질문은 기술·철학·윤리·사회 정책이 교차하는 복합적 쟁점이므로, 다면적·종합적 접근이 요구된다.

이번 장은 인간 양심에 대한 신경철학적 규명을 바탕으로 AI의 도덕성 문제를 심층 탐구하는 데 목적이 있다. 구체적으로 ① 현대 신경철학이 양심을 어떻게 정의하며 어떤 메커니즘으로 설명하는지―공감·감정·이성적 추론의 상호 작용을 포함해―를 분석하고, ② 양심 유사 기능의 기술적 구현이 가능하더라도 그것을 '진정한 양심'으로 볼 수 있는지와 그 본질적 한계를 검토하며, ③ 이러한 논의가 AI 윤리 교육에 주는 함의를 모색한다. 규칙 나열을 넘어 왜 인간에게 양심이 중요한지, 그리고 AI가 인간의 도덕 판단을 완전히 모방하기 어려운 근본 이유를 숙고하도록 하는 교육이 필요하다. 이를 통해 아이들은 AI의 도덕적 딜레마를 비판적으로 사고하고 인간 중심의 가치를 내면화하여, 기술과 더불어 살아가는 책임 있는 시민으로 성장할 수 있을 것이다.

II. 양심의 삼각 구조: 규범, 인지, 정서의 신경과학

1. 양심 개념의 다각적 해석: 철학, 심리학, 신경과학적 관점

도덕적 판단과 윤리적 행동은 인간 사회의 근간을 이루는 핵심 요소로, 그 기저에는 양심이라는 고유한 내적 메커니즘이 자리하고 있다. 양심은 단순한 감정 반응이나 외부 규범의 수동적 수용이 아니라, 인간이 자신의 행위를 스스로 평가하고 조정할 수 있도록 하는 내재적 심판 기능을 수행한다. 우리는 잘못된 행동에 죄책감을 느끼고 올바른 선택을 향해 자발적으로 나아가는 과정을 통해 도덕적 주체로 기능하는데, 이러한 능력은 궁극적으로 양심이라는 심리적·도덕적 구조에 의해 가능해진다.

윤리학, 신경과학, 심리학 등 다양한 학문 분야는 양심의 성격과 작동 메커니즘에 대해 각기 다른 관점을 제시하며, 최근 이를 통합적으로 이해하려는 시도가 활발히 이루어지고 있다. 특히 인공지능 및 자율 시스템이 인간의 도덕성을 모방하거나 대체하려는 현시점에서, 인간 양심의 본질과 구조에 대한 다층위적 이해는 필수적이다. 본 논의에서는 양심을 철학적, 심리학적, 신경과학적 관점을 중심으로 다차원적 시각에서 분석하고, 이를 통해 인간 도덕성의 핵심 작동 원리를 살펴보고자 한다.

먼저, 철학적 관점으로 내적 도덕 권위로서의 양심이다. 서구 근대 윤리학은 양심을 규범적 내부 심판관으로 정의하며 도덕 판단의 최종 권위를 부여한다. 대표적으로 버틀러(Joseph Butler)는 양심을 인간 본성의 자연적 최고 통치 기관으로 규정하며, 양심이 다른 충동이나 욕구를 제어함으로써 인간을 도덕적 행위자로 만든다고 논증한다. 그는 인간 본성에 대한 고찰을 통해 덕의 의무를 밝히고, 그 실천을 위한 동기를 부여하는 일은 각 개인의 마음과 자연적 양심에 호소하는 것으로 이해되어야 한다고 보았다(Butler, 1827).

그는 인간에게 성찰 혹은 양심의 원리가 분명히 존재한다고 강조한다. 버틀러에 따르면 이 능력은 사적 선(私的善)과 공적 선(公的善) 양자 모두에 작용하며, 일반적으로는 공적 선에 더욱 기여하는 것으로 간주된다. 이 능력은 인간 내면 구조의 하나로서 인간이 지향해야 할 존재 방식이 무엇인지를 어느 정도 드러내며, 본성적으로 일정 수준의 영향력을 발휘하게 되어 있다. 인간이 사회를 위해 존재하고 그 행복을 증진하도록 만들어졌다는 사실은, 인간이 자신의 생명과 건강, 사적 이익을 돌보도록 의도되었다는 사실만큼이나 명백하다(Butler, 1827).

칸트는 실천 이성 안에 내재한 자기 입법적 이성을 통해 양심을 보편적 도덕 법칙의 실천 가능 조건으로 해석한다. 그는 도덕 법칙에 대한 존경이 의무 감각을 일으키며, 그 법칙은 경험이 아니라 순수 이성이 부과한다고 주장한다. 도덕성의 기초는 인간의 이성에 있으며, 이 이성이 우리에게 무엇을 해야 할지 말해 준다. 그는 의지의 '자율성'을 도덕성의 최고 원칙으로 제시했는데, 이는 의지가 그 자신의 준칙들을 통해 스스로에게 법칙이 되는 속성이라고 설명한다. 의지가 그 자체로 보편적 법칙을 입법하는 능력을 가질 때 비로소 어떤 이익에도 기초하지 않고 무조건적일 수 있으며, 이러한 자율성이 곧 정언 명령의 원칙이다(Kant, Gregor, & Timmermann, 2011).

밀(John Stuart Mill)은 의무의 내적 제재를 우리 마음속의 느낌으로 정의하며, 이 느낌이 의무 위반 시 동반되는 고통으로 나타난다고 설명한다. 그는 이 느낌이 이기적이지 않고 순수한 의무의 관념과 연결될 때, 그것이 바로 양심의 본질이라고 말한다. 그에게 양심은 내적 제재의 본질적 요소로 제시된다(Mill, 1863).

다시 말해, 우리가 어떤 의무 기준을 채택하든 간에 의무의 내적 제재는 항상 동일하며, 우리 마음속에서 일어나는 하나의 감정, 즉 의무를 위반할 때 수반되는 고통이다. 이 고통은 도덕적으로 잘 훈련된 성품 안에서는 위반 시 느끼게 되는 혐오감으로까지 고양된다. 이러한 감정이 어떤 사적 이해관계 없이 특정한 의무 형식이나 부수적 상황들과 연결되지 않고, 의무 그 자체의 순수한 관념과 연결될 때, 그것이 바로 양심의 본질을 이룬다. 그러나 실제로 존재하는 이 복합적 현상은 대체로 다음과 같은 부수적 연상 작용으로 덧씌워져 있다. 예컨대 공감, 사랑, 더 나아가 두려움에서 비롯된 요소들, 다양한 형태의 종교적 감정, 유년기의 기억과 과거 삶의 흔적, 자존심이나 타인의 존경을 바라는 욕구, 심지어는 자기 비하 같은 것들이다.

결국 이들의 사상은 각기 다른 이론적 배경을 지니지만, 양심을 행위 동기를 통제하고 정당화하는 내적 기준으로 본다는 점에서 공통된다.

다음으로 심리학적 관점이다. 발달과 구조의 관점에서 본 양심을 생각할 수 있다. 심리학적 관점에서 프로이트는 초자아(Superego)를 내면화된 이상과 금지들의 총체라 정의하며, 그 핵심 기능을 죄책감, 부끄러움 등 정서적 신호를 통해 본능적 충동을 억제하는 데서 찾았다.

초자아의 양심 부분은 위반 행위에 즉각적인 내적 처벌을 가하여 도덕 질서를 유지한다. 초자아는 자아 이상을 대표하며 아동이 부모의 권위와 위엄을 내면화하거나 동일시함으로써 형성된다. 초자아는 도덕적 검열과 양심의 근원이 된다(Lapsley & Stey, 2011). 즉, 자아 이상은 자아 내부에 발달하는 비판적 능력이자 도덕적 양심으로, 억압의 주요 영향력을 담당하고 본능적 충동을 억제하는 기능과 연결된다(Freud, 1989).

피아제(Jean Piaget)는 아동의 도덕 판단 발달 과정에서 양심을 설명했다. 그는 아동이 외부 권위에 의존하는 타율적 도덕성에서 내적 원칙과 양심에 근거한 자율적 도덕성으로 발전한다고 보았다. 사랑과 이성의 동일시는 진정한 경험을 통해 실현되어야 하며, 그때 비로소 양심은 사유와의 합일을 이루는 독특한 경험을 하게 된다.

피아제에 따르면, 중요한 인지·정서 작용은 그것들에 대해 명확히 자각하기 전까지는 암묵적(implicit)으로만 남아 있고 개념화되지 않는다. 이러한 명확한 자각을 위해서는 자신의 활동에 대한 반성적 추상화를 통한 의식화 과정이 요구된다. 우리의 원초적이고 암묵적인 경험은 억압으로 인해 무의식적인 상태로 남아 있는 것이 아니라, 단지 주목되지 않았기 때문에 잠재의식 수준에 머물게 되는데, 이는 제임스(James)가 '경험의 더욱 많은 것'이라 부르고, 브루너가 '서사적 무의식'이라 지칭한 영역에 해당한다.

다시 말해, 우리의 존재 및 도덕적 정체성에는 우리가 명시적으로 자각하고 있는 것보다 훨씬 더 깊은 차원의 것이 언제나 존재하며, 우리 자신 또는 타인이 이러한 도덕적 정체성에 대해 보다 깊은 통찰을 얻을 수 있는 가능성은 항상 열려 있다(Ferrari & Okamoto, 2003).

피아제의 아동 인지 발달 이론과 칸트 윤리학의 영향을 받은 콜버그는 유명한 6단계 도덕 발달 이론을 제안했다. 그는 이 단계를 크게 세 수준으로 나누는데, 각각 자기중심적 성향이 강한 전인습 수준, 사회적·도덕적 관습 중심의 인습 수준, 그리고 윤리적이라 부를 수 있는 탈인습 수준으로 구분했다. 여기서 마지막 단계는 보편적 윤리 원칙에 따라 행동하는 도덕적 태도를 의미한다(Schinkel, 2011). 그는 개인의 도덕 추론, 윤리 원칙, 옳고 그름에 대한 이해 발달에 초점을 맞추었다. 그의 이론은 개인이 처벌 회피, 사회적 기대 충족, 법률 준수, 그리고 궁극적으로 보편적 윤리 원칙에 따라 도덕적 결정을 내리는 과정을 해명한다(McLeod, 2013). 콜버그는 양심을 도덕성에서 역할을 수행하는 것으로 이해한다. 그의 양심 개념은 도덕적 합리주의를 특징으로 하는 탈관습적 현상으로 나타난다(Philibert, 1979). 그의 이론은 수십 년간의 실증 연구와 다양한 문화권에서의 검증을 거쳤으며, 도덕 판단 발달이 인지 성장과 사회 경험에 따라 단계적으로 이루어진다는 점에서 심리학계에서 널리 인정받고 있다.

마지막으로 신경과학적 관점이다. 뇌와 신경화학 기반의 양심 이해이다. 신경과학 관점에서 뇌 손상 사례는 양심이 특정 뇌 영역들에 기초함을 시사한다. 게이지(Phineas Gage) 사례에서 전전두엽 손상은 이전의 신뢰받던 인물을 충동적이고 반사회적인 인물로 바꾸어 인격적·도덕적 변화를 야기했다. 1848년 사고 당시 게이지의 전전두엽에 발생한 손상은 그의 성격과 도덕적 판단 능력에 극적인 변화를 가져왔다.

1994년 다마지오(Damasio) 등의 연구진이 컴퓨터 모델링을 통해 게이지의 두개골을 분석한 결과, 손상은 좌우 양측의 전전두엽을 모두 포함하고 있었으며, 이는 게이지의 현대적 대응 사례들에 의해 확인되듯이 합리적 의사 결정과 감정 처리에 결함을 초래하는 손상 양상이었다(Damasio et al., 1994). 이러한 임상 결과는 전전두엽 회로가 사회 규범 평가와 자기 억제에 필수적임을 뒷받침한다.

신경철학자 패트리샤 처칠랜드(Patricia Churchland)는 사회적 보상이 양심의 진화에 중대한 역할을 한다고 보았다. 신경 전달 물질 연구에서 세로토닌을 급격히 높이면, 피험자는 타인에게 해를 주는 선택을 더 강하게 기피하였다. 실제나 상상의 사회적 피해에 대한 혐오 감정 반응은 도덕적 판단에 영향을 미치고 친사회적 행동을 촉진한다. 이는 세로토닌이 개인적으로 타인에게 해를 끼치는 것에 대한 혐오감을 증가시켜 도덕적 판단과 행동을 직접적으로 변화시킨다는 사실을 보여 준다.

도덕 판단 실험은 결과적으로 한 명이 희생하게 되지만 다섯 명의 생명을 구하는 것과 같은 공리주의적 상황과, 무고한 사람을 밀어 사망하게 만드는 것과 같은 감정적으로 매우 혐오스럽고 해로운 행동이 충돌하는 일련의 도덕적 딜레마 과제를 통해 측정되었다. 세로토닌 증가 시, 피험자들은 해로운 행동을 금지된 것으로 판단할 가능성이 높아졌으나, 이는 오직 해악이 감정적으로 두드러진 경우에 한정되었다.

이러한 연구 결과는 세로토닌이 해악 회피라는 친사회적 정서를 강화함으로써 도덕적 판단과 행동 모두에 직접적으로 영향을 미쳐 친사회적 행동을 촉진할 수 있음을 현저히 증명한다(Crockett et al., 2010). 이는 화학적 조절만으로도 양심적 판단 경향에 어느 정도의 변화를 초래할 수 있음을 시사한다.

종합하면 버틀러, 칸트, 밀의 철학적 관점에서 양심은 보편적 도덕 규범의 근거로 간주되며, 심리적 층위에서 프로이트는 양심을 사회 규범이 투사된 내적 구조로 이해한다. 그리고 신경 생물학적 층위에서 뇌 회로와 신경화학이 양심의 작동 기제를 일정 부분 설명한다. 세 층위는 서로 배타적이기보다 상호 보완적이다. 규범적 이상이 심리적·신경과학적 기반 위에서 학습되고, 그 결과 형성된 양심은 다시 사회 규범을 강화한다. 이러한 다층위적 양심 이해는 인공지능 도덕 시스템 설계에서 고려해야 할 유의미한 참고 사항이 된다.

2. 양심에 대한 패트리샤 처칠랜드 신경철학에서의 이해

스미스(Adam Smith)는 『도덕 감정론(The Theory of Moral Sentiments)』(1759)에서 '도덕적 감정'이 윤리적 행동의 근간임을 설득력 있게 제시했다. 그럼에도 인간 도덕성의 범위를 둘러싼 철학적 논쟁은 여전히 진행 중이다. 그 한 유형인 '낯선 이 돕기'가 실험실 안팎에서 비교적 흔히 관찰되는 현상임은 경제학자들의 연구로 확인되었다(Zak, 2011). 패트리샤 처칠랜드(Patricia Churchland)와 같은 신경철학자들은 신경과학이 오랜

'마음-신체' 논쟁에 새로운 통찰을 제공한다고 본다. 처칠랜드와 그녀의 동료인 다마지오(Antonia Damasio), 폴 처칠랜드(Paul Churchland)는 신경망이 세계를 표상하고 인간 뇌에서 도덕적 추론을 유발하는 방식이 마음과 뇌의 이분법을 무력화한다고 주장한다. 즉 뇌가 곧 마음이고, 마음은 신체의 일부라는 것이다. 미스터리한 물질이나 영혼 같은 별도 실체는 없으며, 뇌가 사라지면 마음도 사라진다. 양자는 상호 의존적이며 어느 한쪽도 단독으로 기능할 수 없다. 이러한 관점은 철학적 논의는 물론, 서구 문명의 여러 측면을 특징짓는 심오한 신학적 문제들에 대한 논의까지 환기한다(WEAVER, 2007).

처칠랜드는 우리가 본질적으로 사회적 존재가 아니었다면 어떤 것에도 도덕적 태도를 가질 수 없었을 것이라 강조한다. 양심의 존재는 사회적 삶을 위한 신경 생물학이 어떻게 진화해 왔는지와 긴밀히 맞물린다. 우리는 옳고 그름을 판단할 때, 우리를 특정 방향으로 이끄는 감정과 그러한 감정을 구체적 행위로 조직하는 판단을 함께 작동시키며, 이 판단은 대체로 자신이 속한다고 느끼는 집단의 기준을 반영한다. 양심을 '사회 규범을 내면화하는 신경 생물학적 능력'으로 보는 시각은 전통 철학의 도덕 판단 이론과 다소 대비된다. 진화 생물학적 관점에서는 도덕적 논쟁 능력이 주제나 추상성의 정도와 무관하게 집단 결속에 기여한다고 보고, 친구를 배신하지 말 것, 자식을 버리지 말 것 같은 규범 다수가 집단생활에 적합하도록 자연 선택을 통해 형성되었다고 본다. 상호성 규범 또한 유사하게 설명된다. 누구에게서 음식을 받으면 이후 보답하려는 강한 감정이 작동하는 것이다. 처칠랜드는 프란스 드 발(Frans de Waal)이 분석한 협력, 음식 나눔, 고아 입양, 애도 등 침팬지의 행태를 예로 들어 인간 양심의 진화적 기원을 추정한다. 이러한 주장을 전개하며 그녀는 모자(母子)간 근본적 유대에 먼저 주목한다. 이 유대가 진화적 시간을 거치며 배우자·친족·친구로 확장되었고, 양심은 이러한 애착 관계를 유지하고 그로부터 이익을 얻는 데 필수적 기능을 한다. 요약하면 "애착은 돌봄을 낳고, 돌봄은 양심을 낳는다." 또한 우리의 양심은 거짓말에 대한 비난, 예의 바른 행동에 대한 칭찬 등 사회적 자극을 통해 강화된다. 다만 양심에 대한 헌신이 언제나 바람직한 것은 아니다. 처칠랜드는 반사회적 인격 장애와 같은 양심 부재뿐 아니라 과도한 엄격성으로 규범을 따르는 경우의 문제도 함께 논의한다(Christakis, 2019).

양심의 신경화학적 기제로 처칠랜드는 옥시토신과 도파민 같은 사회적 보상 물질을 지목한다. 사회적 인정은 보상 반응을, 거부는 스트레스 반응을 일으켜 규범이 마음속에 자리 잡게 하며, 이를 통해 우리는 사회적 상황에서 무엇이 옳고 그른지 배운다. 예컨대 거짓말은 인정받지 못하지만, 차례를 기다리는 행위는 칭찬받는다. 이 반복 경험 속에서 학습 관련 뇌 부위들은 보상과 조절 기능을 수행하고, 자기통제는 즉각적 만족을 억제해 더 큰 장기 이익을 선택하도록 돕는다. 강화 학습과 밀접한 회로로 중격의지핵(nucleus accumbens), 복측 피개부(VTA), 전전두엽이 거론되며, 이들은 규범의 내면화는 물론 규범이 바귀는 상황에도 관여한다(Churchland, 2019; 박형빈, 2023에서 재인용).

뇌신경과학·신경철학의 관점에서 처칠랜드의 양심 분석은 다음과 같이 요약된다.

첫째, 인간의 양심은 진화적으로 선택된 사회적 본능이며 그 핵심에는 돌봄-애착 회로가 있다. 옥시토신·바소프레신 등 신경펩타이드가 이를 조절해 종(種) 보존과 협력을 촉진하고, 애착 회로의 확대·재활용을 통해 도덕적 관심의 범위가 가족을 넘어 혈연·집단·종족으로 넓어지며 현대적 의미의 양심으로 정교화되었다(Churchland, 2019; 박형빈, 2024에서 재인용).

둘째, 양심은 선천적 본능만으로 완결되지 않는다. 중뇌 도파민 보상 시스템이 사회 규범 학습을 견인하며, 칭찬·인정이 시상 하부와 복측 피개 영역(ventral tegmental area, VTA)의 도파민 분비를 촉발해 쾌감을 유도한다. 반복 학습을 통해 규범 위반에 대한 불안·죄책감은 편도체와 전측 대상 피질(anterior cingulate cortex, ACC) 활성로 각인되며, 장기적으로 내면화된 규범 체계가 된다. 복내측 전전두엽 피질(ventromedial pre-frontal cortex, VMPFC) 손상 환자에게서는 죄책감 결함이 관찰되며, 상상된 결과에 기초한 감정 유발과 표현은 사회적 의사 결정에 중요하다. VMPFC와 뇌섬엽(insula) 등 정서 처리 영역이 이러한 과정의 신경학적 구현에 관여한다. 전전두엽 피질은 이기적 충동 억제, 이타·협력 같은 장기 보상의 가치화, 죄책감·공감 등 친사회 정서의 생성에 핵심적이다. 사회적 승인은 보상적으로 작용해 규범 준수 결정을 유도할 수 있다(Rilling & Sanfey, 2011).

셋째, 양심은 스펙트럼으로 이해될 수 있다. 한쪽 극에는 타인의 고통에 공감하지 못하는 양심 결핍(사이코패시)이, 다른 한쪽 극에는 과잉 죄책감으로 일상 기능이 어려운 도덕적 세심증이 위치한다(Churchland, 2019; 박형빈, 2024에서 재인용). 임상·신경학 연구에 따르면 특히 배내측 전전두엽 피질(ventromedial prefrontal cortex, VMPC) 국소 손상 환자들은 '한 사람을 희생해 다수를 구하는' 등 고감정적 도덕 딜레마에서 비정상적으로 공리주의적 판단을 보이는 반면, 다른 유형의 딜레마에서는 정상적 판단을 보인다. 이는 특정 딜레마에서 VMPC가 옳고 그름에 대한 정상 판단에 결정적 역할을 하며, 도덕 판단 생성에 감정이 필수적임을 시사한다(Koenigs et al., 2007). 이러한 논의는 '도덕적 AI'의 외적 규범 준수를 넘어 '양심적 AI'의 내적 제재 학습 구조가 어디까지 설계 가능한지, 그리고 어디서 구조적 한계가 발생하는지를 밝히는 데 기여한다. 이는 도덕성 일반론만으로는 포착하기 어려운 내적 제재 기반 책임 설계, 정서-가치 통합형 AMA 설계 요건, 문화-맥락 민감 교차의 필요성 등 추가적 시사점을 제공한다.

정리하면 처칠랜드는 인간의 양심이 규칙-기반보다 사례-기반 추론에 더 의존한다고 본다. 어린이는 구체적 상황에서 '누가 무엇을 했을 때 어떤 감정을 느끼는가'를 반복 학습하고, 유사 상황에서 전측 피질망과 해마계가 과거 경험을 호출해 빠른 도덕적 직관을 산출한다. 따라서 문화와 시대에 따라 사례 집합이 달라지면 양심의 내용도 달라진다. 이는 인공 도덕 행위자(AMA) 설계에서 고정된 규칙 기반 접근뿐 아니라 사회적 맥락을 반영하는 대규모 사례 학습이 병행되어야 함을 시사한다.

III. 인공지능의 양심 구현 가능성과 기술적·철학적 한계

1. 도덕 판단에서 이성-감정 통합의 신경 기제

과거에는 도덕 판단이 주로 이성적 사고에 근거한 추론 과정을 통해 형성된다고 이해했다. 그러나 뇌신경과학의 발전은 도덕 판단이 계산적 추론만으로 설명되지 않음을 보여 준다. 다마지오의 관점에 따르면, 인간 두뇌는 과거의 정서 경험을 '신체 표지(somatic marker)'로 부호화하고, 이를 전전두엽 피질과 섬엽에서 재현하여 각 행동 대안의 가치를 즉각 평가한다. 그는 인간의 추론과 의사 결정에 관한 이해에 핵심 통찰을 제공하는 가설로 신체 표지 가설을 제안한다. 이 가설에서 중심적 역할을 수행하는 부위는 복내측 전전두엽 피질이다. 핵심 개념은 '표지(marker) 신호'가 다양한 수준에서 반응 선택 과정을 조절하는데, 일부는 의식적(명시적)으로, 다른 일부는 비의식적(암묵적)으로 작동한다는 것이다. 이러한 표지 신호는 생리적 조절 체계에서 기원하며 정서(emotion)나 느낌으로 표현되는 체계를 포함하지만 그에 국한되지는 않는다. '신체 표지'라 부르는 이유는 이 신호들이 신체 상태 및 생리적 조절과 긴밀히 연관되어 있기 때문이며, 실제 기원지가 신체가 아니더라도 뇌 내에서 신체에 상응하는 표현을 통해 생성된다. 암묵적 작용의 예로는 과거에 위험하거나 부정적 결과를 낳았던 반응이 별다른 숙고 없이 억제되거나, 선택지-결과 시나리오를 평가할 때 원래는 이성적으로 비교해야 할 과정에 회피적·유인가적 편향이 무의식적으로 개입하는 경우를 들 수 있다. 명시적 작용은 특정 시나리오를 의식적으로 '위험하다', '바람직하지 않다'라고 판단하게 되는 경험에서 확인된다. 이 가설은 인간의 추론과 의사 결정을 조건화나 순수한 기계적 계산으로 환원하려는 시도를 거부하며, 이성적 처리와 감정적 신호가 분리된 별개 체계가 아니라 통합적으로 작용하는 복합 메커니즘임을 강조한다(Damasio, 1996).

그린(Joshua Greene)의 도덕 판단 이중 과정 이론(dual-process theory of moral judgment) 역시 도덕 판단에서 이성과 정서의 상호 작용을 시사한다. 논쟁의 여지는 있지만, 그린과 동료들의 연구는 '개인적' 도덕 딜레마에서 편도체와 복내측 전전두엽 피질(ventromedial prefrontal cortex, vmPFC)의 활성화를, '비개인적' 딜레마에서는 배외측 전전두엽 피질(dorsolateral prefrontal cortex, dlPFC)의 활성화를 보고했다. VMPFC 손상 환자는 정서적 억제 기능이 저하되어 공리주의적 판단을 더 많이 내린다(Greene et al., 2001). 하이트(Jonathan David Haidt)의 사회적 직관주의 모델(Social Intuitionist Model)은 도덕 판단이 즉각적 직관에 의해 먼저 내려지고, 그 뒤에 사후적 합리화가 뒤따른다고 설명한다. 기존 연구가 합리주의적 모형―도덕 추론이 도덕 판단을 유발한다는 관점―에 치우친 데 비해, 하이트는 도덕 추론이 판단의 원인이 아니라 결과일 수 있음을 제시하며, 개인의 사적 추론보다 사회·문화적 영향의 중요성을 강조한다는 점에서 '사회적'이고, 도덕 판단이 대체로 신속하고 자동적인 직관에 의해 이루어진다는 점에서 '직관주의적' 모델이라 규정한다(Haidt, 2001).

이처럼 감정과 정서는 도덕 판단에서 핵심적 역할을 한다. 죄책감·수치심·공감 등 도덕적 감정은 도덕적 행동의 발생과 변화를 이끄는 복합 현상으로, 도덕 판단에서 이성과 감정을 분리하는 일은 사실상 불가능하다. 감정은 가장 강력한 동인이 될 수 있지만, 동시에 이성적 판단을 취약하게 만들 수도 있다. 양심은 인간 마음의 한 측면으로서 옳고 그름 사이의 판단을 수행하고, 행동의 통제·평가·실행에 책임을 진다. 감정에 과도하게 기운다면 충동적·비합리적 결정을 낼 위험이 있고, 순전히 이성에만 의존한다면 인간적 공감이나 사회적 맥락을 놓칠 수 있다. 따라서 도덕 판단은 이성적 추론과 정서적 직관이 상호 보완적으로 작동할 때 가장 효과적이고 일관되게 이루어진다. 이는 단지 숙고적 사유의 문제가 아니라 정서와 직관이 함께 관여하는 복합 과정이며, 점진적으로 발달하는 내면의 '인도 시스템'으로서 개인이 일관된 내부 기준을 구축하고 그에 따라 행동하도록 만드는 인지·정서적 요소들의 결합체다.

결국 도덕 판단은 '옳고 그름을 구별하는 인지적이면서도 직관적인' 과정이라는 점에서 양심과 긴밀히 연결된다. 양심은 개인이 내면화한 도덕 규범을 기준으로 특정 행위를 평가하고 자기 조절을 가능하게 하며, 도덕 판단은 이러한 양심의 작동이 구체적 상황에서 현실화된 결과다. 다시 말해, 양심은 도덕 판단의 기준 틀을 제공하고, 도덕 판단은 그 기준에 입각해 실제 행동을 판정하는 과정이다. 따라서 양심과 도덕 판단은 인지·정서의 상호 작용에 기반한 상보적 관계를 이루며, 도덕적 행위의 발생과 지속을 가능하게 한다. 특히 양심은 신경화학적 요인, 사회적 경험, 메타 인지가 복합적으로 작용하는 동적 산물로서 개인마다 스펙트럼이 다르고 도덕 판단의 기준 역시 상이할 수 있다. 이러한 관점은 도덕적·윤리적 인공지능의 설계와 구현에도 중요한 함의를 지닌다. 인간의 양심이 정서와 가치를 통합해 형성된다는 사실을 고려할 때, 개념의 적절성·적합성에 대한 논의는 별개로 하더라도 '양심적 인공지능'—'양심을 지닌 인공지능', '양심에 따라 작동하는 인공지능'—을 설계하려면 인간 양심에 대한 심층적 이해와 분석이 필수적이다. 더 나아가 정서가 도덕 판단에서 구조적 역할을 수행한다는 점은 인공지능 윤리 설계에 직접적 함의를 가지며, 윤리적 인공지능의 성패는 '차가운 논리 회로' 속에 얼마나 인간적인 정서 구조를 구현할 수 있는가에 달려 있다고 할 수 있다.

2. 정서의 알고리즘화와 감성 인공지능의 등장

일상 깊숙이 스며든 AI는 검색·추천 알고리즘을 넘어, 이제 물리적 행위 주체로의 자리매김을 시도하고 있다. 도로, 가전 기기, 차량, 작업 현장에 AI가 자연스럽게 통합된 세상을 충분히 상상할 수 있으며, 이러한 전환은 물리적 AI 에이전트(Physical AI Agents)의 등장과 함께 점차 현실이 되고 있다. 이 시스템은 AI의 인지적 추론 능력에 감각·지각·정밀한 물리적 행위를 결합함으로써 실제 환경에서의 동적 운용을 가능하게 한다(Bousetouane, 2025). 대표 사례로 자율 주행 차, 군집 드론, 의료 로봇을 들 수 있다. 이들 시스템은 레이더, 카메라, 생체 센서에서 발생하는 다중 모달 데이터를 밀리초 단위로 수집·해석해 주행 경로를 재계산하고, 군집 편대의 공간 구성을 재배치하며, 수술 현장에서 조직 변화를 탐지해 봉합 경로를 조정한다. 예컨대 자율 주행 시스템 (Automated Driving Systems, ADS)은 전 세계적으로 빠르게 발전하고 있으며, 고성능 LiDAR·RADAR·다중 스펙트럼 카메라 등 첨단 센싱·연산 기술의 비약과 AI 적용이 그 흐름을 더욱 가속화하고 있다(Saez-Perez et al., 2025). 군집 드론은 AI 프로세서를 탑재해 드론-드론 간 협업, 충돌 회피, 표적 식별을 자체적으로 수행하며, 전장과 재난 현장에서 핵심 정보를 제공한다. 드론 응용 가능성이 확대됨에 따라 관련 기술 개발도 가속화되고 있다. 드론 군집은 공동 목표 달성을 위해 상호 협력하는 자율 드론의 집합체로 정의되며, 환경 모니터링(산불 감지·추적, 대기·수질 감시), 정밀 농업(작물 상태 분석, 관개 제어, 병해 감지), 재난 구조·위기 대응(의료 물품 전달, 실종자 수색), 군사적 활용(자율 정찰, 유인 부대의 위험 최소화) 등에서 폭넓게 활용된다. 자율 주행 차량과 마찬가지로 드론 군집의 장애물 회피 알고리즘은 주변 환경을 실시간으로 분석하기 위해 센서 데이터를 적극 활용한다(Marek et al., 2025).

한편 급변하는 기술 환경 속에서 감성 지능(Emotional Intelligence, EI)은 핵심적인 미래 지평으로 부상하고 있다. AI가 인간의 정서 지원 영역에도 본격 활용되면서, 정신 건강 관리·정서적 동반자 역할·심리 상담 보조 등에서 새로운 가능성이 열리고 있다. ChatGPT, Gemini, Copilot 같은 생성형 AI는 기업 현장에 빠르게 도입되고 있으며, 활용 범위는 운영 관리·마케팅·교육·인사 관리 등으로 확장 중이다. 기술이 진화할수록 특히 공감과 정서적 상호 작용이 요구되는 서비스 산업에서의 활용 잠재력이 더욱 중요해지고 있다(Saviano et al., 2025). 예를 들어 감성 지능이 요구되는 의료·노인 돌봄 분야에서는 AI 기반 감정 인식 시스템이 환자의 정서 상태를 실시간 파악해 적절한 개입을 제공한다. 고령 인구 증가로 정서적 고립 문제가 심화되는 상황에서, 감성적 상호 작용이 가능한 AI 챗봇은 사회적 유대감 증진의 도구로 주목받고 있다. 안면 표정 인식(Facial Expression Recognition, FER) 시스템은 비침습적으로 개인의 정서 상태를 모니터링하는 수단을 제공하며, 노인 돌봄·정신 건강 지원·개인 맞춤형 케어 분야에 적용된다(Gaya-Morey et al., 2025). 노인 돌봄 로봇은 얼굴 표정, 음성 억양, 대화 맥락 등을 분석해 외로움·불안·기쁨 등의 감정을 감지하고, 이에 맞는 언어적·비언어적 반응을 제공함으로써 정서적 지지 기능을 수행한다. 사회적 로봇(social robots)은 보건 의료 개입을 촉진하는 데 사용되어 왔으며, 수면 건강 증진에도 잠재적 효과를 가진다. 인간과 유사한 신체 구현과 효과적인 상호 작용 방식 등 고유 특성을 통해 사용자의 참여를 유도하여 동기 부여 수단으로 작용하기도 한다(Antony et al., 2025). 또한 콜센터나 고객 응대 챗봇의 감정 인식 AI는 고객의 말투·언어 표현 속 감정 변화를 실시간 분석해 대응 전략을 조정함으로써, 인간에 가까운 정서적 교류를 가능케 한다.

AI의 일상화는 기능적 자동화를 넘어, 감정의 인식·조절·공감적 대응이라는 인간 고유의 정서 기능까지 모사하거나 보조하는 방향으로 진화하고 있다. 정서 AI는 인간의 표정·음성·생리 지표를 해석해 사용자의 감정 상태를 추정하고, 그 결과를 서비스 로직에 반영한다. 감정 인식은 설문지, 언어 신호, 생리 신호 등 다양한 소스를 활용해 인간의 감정을 세밀하게 해석하는 것을 의미하며, 감성 컴퓨팅·인간-로봇 상호 작용·시장 조사 등 폭넓은 분야에 적용되어 최근 큰 관심을 받고 있다(Kalateh et al., 2024). '감성 컴퓨팅(Affective Computing)'은 공학·로봇공학·심리학·신경과학 등 여러 분야의 통찰을 통합하는 다학제 영역으로 규정되며, 그 개념은 피카드(Rosalind Picard)가 1995년에 처음 제시했다. 초기 연구는 학습 과정에서 감정의 영향을 중심으로 전개되었고, 저서 『감성 컴퓨팅(Affective Computing)』(2000)에서는 감정이 생각과 유사하게 언어·몸짓·음악·행동 등 다양한 창의적 표현을 통해 소통된다고 설명한다.

감성 소통은 물리적 세계에서 음압 파형, 가시적 움직임, 생리적 센서 등 매개 도구를 통해 발생한다. 감정은 자발적·비자발적으로 표현될 수 있으며, 컴퓨터는 이러한 정보 패턴을 표상할 수 있다. 감성 컴퓨팅의 기원은 생체 센서를 활용해 감정을 정량화할 수 있다는 인식에 있다. 생체 센서는 피실험자와 물리적으로 접촉해 전기 신호를 측정하는 생물학적 감지 요소로 구성된 장치로, 의학·심리학 분야에서 꾸준히 사용되어 왔다. 심박수와 피부 전도도 같은 생리 데이터는 감정 상태에 관한 중요한 단서를 제공하며, 이는 인간 감정을 토대로 발전하는 시스템 구축의 길을 연다. 생체 센서는 인간의 감정과 생물학적 반응의 상관관계를 파악하는 데 활용되어 왔고, 다양한 생리 신호 분석을 통해 감정을 측정할 수 있게 한다. 오늘날 이러한 응용은 학습과 적응의 핵심 능력을 갖춘 AI와 통합되었고, 그 결과 감정 중심 기술을 강조하는 감성 컴퓨팅(AC) 분야가 형성되었다(Hegde & Jayalath, 2025). 이러한 기술 변화는 인간-기계 상호 작용의 윤리적·심리적·사회적 틀의 재정립을 요구하는 중대한 전환점을 마련한다. 감성 AI 연구는 AI를 인간에 더욱 가깝게 만들려는 노력으로 볼 수 있으며, 향후 인간의 삶의 질과 심리적 웰빙에 지대한 영향을 미칠 잠재력이 있다. 따라서 이에 대한 체계적 연구와 사회적 논의가 반드시 병행되어야 한다.

IV. AI는 도덕적 행위 주체가 될 수 있는가?

1. 인간 도덕성의 체현성과 AI 모델링의 제약

인간 도덕성은 개인이 태어나면서부터 사회적 상호 작용 속에서 축적되는 경험적·서사적 자산으로, 단순히 사건-결과 데이터를 누적한다고 재현될 수 없다. 사람은 실수에서 비롯된 부끄러움, 타인의 인정이 낳는 자긍심, 책임 회피가 남기는 죄책감 같은 정서적 굴곡을 반복적으로 겪으며 '무엇이 옳은가'에 대한 직관을 다층적으로 형성한다. 반면 현재의 인공지능은 대체로 대규모 데이터 셋에서 통계적 규칙성을 학습할 뿐, 시간에 걸쳐 누적되는 후회·성찰·관계 회복의 과정을 실제로 경험한다고 보긴 어렵다. 따라서 인간 도덕성의 형성 과정을 이해하는 일은 AI의 윤리적 판단 가능성을 논하기 위한 전제가 된다. AI에서 인간 수준의 양심과 같은 도덕적 자아 구현을 논하려면 무엇보다 도덕 판단·정서·양심에 대한 선행 고찰이 요구된다.

인간의 도덕 판단은 정서 반응 없이는 완결되지 않는다. 공감·분노·연민·자존감은 전전두엽 피질과 변연계, 그리고 도파민·옥시토신·세로토닌 경로가 동시적으로 작동할 때 나타나는 현상이기도 하다. 이를테면 타인의 고통을 눈앞에서 목격할 때 활성화되는 거울 뉴런계와 전방 대상 피질(ACC)은 관찰자의 고통-공유 경험을 매개하며(Carrillo et al., 2019), 그로 인한 불쾌감은 '도와야 한다'라는 의무감을 촉발한다. 이처럼 인간의 양심·도덕성·도덕 판단은 본질적으로 '관계적' 성격을 지닌다. 우리는 가족·친구·조직·문화 공동체 속에서 역할과 기대를 내면화하고, 타인의 눈빛이나 침묵 같은 묵시적 신호까지 해석해 행동을 조정한다. 반면 AI 로봇이 활용하는 의미 표현은 대체로 명시적 언어·제스처·알고리즘·프로그래밍된 프로토콜에 국한되기 쉽다. 이때 맥락 의존적 단서의 미세 변화를 오인하거나 중대한 정서 단서를 누락하면, AI의 도덕 판단은 그 사회가 기대하는 관계적 책임성을 충분히 반영하지 못한다. 더구나 도덕 규범은 문화적·역사적 변이성을 지닌다. 인간은 합리적 숙고뿐 아니라 직관적 판단으로 매우 빠르게 부적절함을 감지하는데, 이는 단순한 패턴 인식이라기보다 사회화 과정에서 구축된 가치 구조가 초논리적 방식으로 자동 활성화되는 현상에 가깝다. 대규모 신경망도 패턴을 즉시 식별할 수는 있으나, 판단 근거를 메타인지적으로 성찰해 스스로 규칙을 수정하거나 논리 오류를 자각하는 능력은 취약하다.

이러한 점을 감안하면 AI의 결정은 표면적으로 정량적 합리성을 띠더라도, 인간이 포착하는 정서·감정 단서를 제대로 해독하지 못할 경우 상식적 부조리를 간과할 위험이 있다. 또한 인간은 보통 선택 행위에 대해 '내가 했다'라는 자각을 가지고 그에 상응하는 칭찬·비난을 수용한다. 반면 알고리즘의 산출은 개발자 설정, 데이터 학습, 운영 환경 등 외부 요인의 총체적 결과물이다. 그 결과 인공지능이 생성한 결정에 형사·민사 책임을 어떻게 부과할지에 대한 합의된 법적·윤리적 기준은 아직 완비되지 않았다. 이 책임 공백이 지속되면 사회는 기계의 도덕 판단을 신뢰하지 못하고, 궁극적으로 도덕적 권위를 위임하는 데 주저하게 될 것이다.

따라서 인간 도덕성의 체화된 경험성, 정서적 동기성, 관계적 맥락성, 문화적 다양성, 직관-이성의 이중성, 책임적 주체성은 현재의 데이터 기반 학습만으로는 온전히 모사하기 어렵다. 향후 인공지능 로봇이 '양심'과 유사한 기능을 수행하려면, 장기적·시뮬레이션 기반 경험 학습과 더불어 아키텍처와 보상-처벌 회로의 통합 등 정서적 요소를 포함하는 다층·융합 설계가 필요하다. 그렇지 않다면 AI의 도덕 판단은 인간 양심의 복합적 실재를 일부 추정·단순 모사하는 수준에 머물 가능성이 높다.

2. 신경철학적 관점에서 본 AI 양심 구현의 한계

컴퓨터에 감정을 인식·표현하는 능력을 부여하기 위한 계산 모델은 주로 얼굴 표정, 음성 억양, 생리적 신호 등 감성적 패턴의 인식과 합성에 활용된다. 얼굴 표정 인식 및 합성은 액션 유닛(Action Unit)으로 표상되는 얼굴 근육의 움직임을 특정 감정 범주와 연결한다. 에크만(Paul Ekman)과 프리젠(Wallace Friesen)이 개발한 얼굴 행동 부호화 시스템(Facial Action Coding System, FACS)은 표정에 수반되는 안면 근육 수축을 객관적으로 계량화하는 방법을 제시했다(Bartlett et al., 1995). 에싸(Irfan Essa)와 펜틀랜드(Alex Pentland)는 인간 심리학자가 정적인 이미지에서 표정을 부호화하도록 고안된 FACS를 확장해, 휴리스틱 부호화에 의존하지 않고 실험 집단의 얼굴 움직임과 근육 활성화를 확률적으로 특성화하는 컴퓨터 비전 시스템을 제안했다. 이를 통해 보다 정밀한 표정 표현 체계인 FACS+가 제시되었다(Essa & Pentland, 1997). 이 분야는 여전히 초기 단계이지만, 소수의 감정·대상자를 다룬 연구만으로도 컴퓨터가 감정을 인식하고 표현하는 데 유의미한 성능을 달성할 수 있음을 시사한다.

정서(emotion)는 내·외적 자극이나 상황에 의해 촉발되는 복합적 심리·생리 상태로, 감정·기분·정서 상태 등 다양한 주관적 경험을 포함하며 사고·행동·생리 반응에 영향을 미친다. 감정 이론은 정서를 다요소적 구성체로 파악하고, 정서가 사고·행동·의사 결정·대인 상호 작용에 큰 영향을 미친다고 본다. 정서는 행동을 촉진하고 소통을 원활히 하며 환경의 중요한 정보를 알려 주는 지표 역할을 하고, 기억·주의·결정 등 인지 기능에도 작용한다. 이와 관련해 제임스-랑게 이론(생리 반응 우선설)에서 라자러스(Richard Lazarus)의 인지 평가 이론(Cognitive Appraisal Theories)에 이르는 다양한 견해가 존재한다.

AI의 감정 설계·구현에서는 정서에 대한 분석적 구분이 중요하다. 감정(emotion)은 심박수·표정·호르몬 분비 등 신체 변화를 동반하는 보편적·생물학적 현상으로 간주된다. 느낌(feeling)은 감정의 의식적 인지, 곧 정서 반응 동안의 생리·심리 변화에 대한 정신적 해석과 개인적 경험을 뜻한다. 기분(moods)은 특정 자극 없이 지속되는 확장된 정서 상태로, 강도는 약하지만 몇 시간에서 며칠간 이어지며 전반적 정서와 사건 인식·반응 방식에 영향을 준다. 정서(affect)는 의식적 인지 이전의 무의식적·강렬한 체험으로, 개별 자극을 넘어 신체가 반응할 준비를 하는 광의의 상태를 가리킨다. 감상(sentiments)은 사람·사물·개념에 대한 오래 지속되는 복합적 감정 태도나 의견으로, 감정·느낌·신념 및 사회적 연결의 영향을 받는다(Kalateh et al., 2024).

신경과학 관점에서 정서는 인간의 도덕 판단에서 핵심적이다. 정서는 도덕 판단이 순수한 이성적 추론만으로 이뤄지지 않도록 하는 직관적 요소를 제공한다. 하이트(Jonathan David Haidt)는 도덕 판단이 본질적으로 직관적이며 정서적 반응에서 기원한다고 주장한다. 즉, 불공정에 대한 분노, 타인의 고통에 대한 연민과 같은 정서는 옳고 그름에 대한 즉각적 평가를 이끌고, 이성적 숙고와 결합되어 복합적 도덕 판단을 형성한다. 더 나아가 도덕 판단은 양심과 밀접히 연결된다. 양심은 개인이 자신의 행위를 윤리 기준에 비추어 평가하도록 촉구하는 내적 장치이며, 정서적 직관과 인지적 숙고의 상호 작용을 반영해 작동한다. 정서가 양심을 활성화하고, 활성화된 양심이 다시 도덕적 행위를 이끈다는 점에서, 정서를 고려하지 않고는 도덕 판단과 양심의 관계를 온전히 설명하기 어렵다.

이 같은 정서-도덕 판단 메커니즘의 이해는 AI 개발에도 중대한 함의를 갖는다. 완벽한 정의를 단정하기는 어렵지만, 다양한 관점을 파악하는 일은 인간 양심의 이해와 그 AI 구현 가능성에 통찰을 제공한다. 오늘날 AI가 규칙이나 이성적 추론에만 의존한다면 인간의 실제 도덕 판단을 충분히 모방·이해하기 어렵다. 인간의 양심 형성과 판단이 정서적·직관적 과정과 분리되지 않는다는 사실은 AI 양심 구현의 한계로 이어진다. 그 이유는 다음과 같다.

첫째, 체현된 신경 호르몬-정서 플랫폼의 부재. 인간의 양심은 전전두엽-변연계-자율 신경의 상호 작용과 교류·애착 호르몬(옥시토신/바소프레신)-보상 회로(도파민)가 결합한 체현적 시스템에 뿌리를 둔다. 현재 AI에는 이러한 내적 정서 플랫폼(내적 불편 신호, 사회 결속 신호, 장기 보상 가중)이 없어, 양심의 내적 제재·자기 교정 기능을 구조적으로 재현하기 어렵다.

둘째, 정서 생성 부재로 인한 도덕 직관 결핍. AI는 감정 신호를 측정·분류할 수는 있어도 스스로 느끼지 못하기에, '직관-점화→사후-합리화'라는 인간의 전형적 판단 절차를 온전히 모사하기 힘들다.

셋째, 맥락-민감 규범 전환의 한계. 훈련 데이터에 없는 새로운 사회 맥락에서 인간은 암묵 규범과 관계 신호를 근거로 코드-스위칭을 수행하지만, AI는 자기 성찰적 규칙 수정과 이유 제시에 취약하다.

넷째, 책임 귀속과 내적 불편 신호의 결핍. 인간은 자기 표상과 사회 평가의 충돌에서 죄책감·수치심을 내적으로 생성해 행동을 교정한다. 현행 AI에는 내부 벌점-정서 루프가 없고, 결정의 법·윤리적 책임 귀속 역시 외부 주체(개발자·운영자)에 머문다.

결국 현재의 감정 인식 기술에는 구조적 한계가 있다. 얼굴·음성·생체 신호 같은 단일 신호만으로는 정서를 안정적으로 구성하거나 감정을 정밀 추정하기 어렵다. 물론 인간에게도 타인의 마음을 완벽히 읽는 일은 불가능에 가깝지만, 인간은 관계의 맥락 속에서 높은 정확도로 단서를 해석해 내곤 한다.

종합하면, 인간 양심은 신체-정서-사회 경험이 얽힌 다층 시스템이다. 신경철학 관점에서 볼 때 AI의 양심 구현에는 근본적 제약이 따른다. 인간의 양심은 단순한 정보 처리의 산물이 아니라, 생물학적 몸과 감각 경험, 사회적 관계의 역사 속에서 형성·진화한 맥락적 구조를 지닌다. 현재 AI는 체현적 정서, 사회 결속 회로, 죄책감·수치심 같은 자기-교정 정서, 맥락-민감한 규범 전환 능력 등이 결여되어 있다. AI가 양심과 유사한 무엇을 시뮬레이션할 수는 있겠지만, 인간처럼 '느끼고 책임지는' 양심을 동형 구조로 구현하기는 근본적으로 어렵다. 따라서 오늘날 "컴퓨터가 모든 사람의 감정을 완벽히 인식한다"라는 기대는 적절하지 않다. 감정 인식은 감정 상태를 직접 측정한다기보다, 감정적 표현과 행동 관찰, 감정 생성 상황에 대한 추론을 통해 상태를 추정하는 과정으로 이해되어야 한다. 더구나 감정은 흔히 혼합 정서로 경험된다. 이러한 논의는 AI를 실제 도덕적 주체로 볼 수 있는지에 관한 철학적 쟁점과 맞닿아 있으며, 윤리적 책임성과 도덕적 자율성 개념의 재정의를 요구하는 근본 과제를 제기한다.

V. 나오는 글

인간 양심을 모사한 AI를 설계·개발하려면, 먼저 양심을 신경철학·

심리학·신경과학·진화 생물학의 다층적 분석 틀로 재구성하고 그 통찰을 AI나 AI 로봇 설계에 접목하려는 노력이 선행되어야 한다. 철학적 관점은 양심을 도덕 판단의 최종적 내부 근거로 위치시키고, 심리학적 관점은 양심을 사회 규범의 내면화 과정에서 형성되는 자기-규제 메커니즘으로 설명한다. 여기에 패트리샤 처칠랜드를 중심으로 한 신경철학은 돌봄-애착 회로, 옥시토신과 도파민 보상 시스템, 전전두엽-변연계 네트워크를 양심의 생물학적 기저로 제시한다. 더 나아가 도덕 판단 연구는 정서적 직관과 인지적 추론의 동시 작용을 확인하며, 전통적 이성-감정 이원론을 해체한다. 이러한 통합 모형은 AI 로봇이 인간과 유사한 도덕 행위자로 인정받기 위해 윤리적·철학적으로 충족해야 할 필수 조건을 제시한다. 요컨대 본 연구는 '도덕성'의 외적 준수에 머무는 통상적 AI 윤리 담론과 달리, '양심'이라는 내적 제재·체현·자기 교정 메커니즘을 핵심 축으로 삼아 AMA의 설계 한계와 교육적 전이를 논증하고자 했다. 이를 통해 단순 규칙 교육을 넘어, 정서 기반 자기 조절과 책임 귀속을 아우르는 AI 윤리 교육 설계 원리를 제안한다.

간학문적 시각에서 파악되는 양심의 특성은 다음과 같다. 첫째, 체현성과 정서의 불가결성이다. 인간 양심은 신체 기반 정서를 매개로 작동한다. 비체현적 연산 시스템인 AI는 감정 데이터를 분류할 수 있을 뿐, 실제로 '느끼는' 상태를 생성하지 못한다는 점에서 현존 감성 AI가 인간 양심을 본질적으로 모사하기는 어렵다. 둘째, 관계성과 맥락성이다. 양심은 가족·문화·제도 안에서의 지속적 상호 작용을 통해 형성된다. 다양한 문화권에서 도덕적 결정을 수행하려면, AI 로봇은 정적 규칙 집합을 넘어 사례 기반 학습과 다중 문화 시뮬레이션을 통해 각 문화권에서도 설명 가능한 적응 로직을 갖추어야 한다. 셋째, 자기-교정 정서의 결핍이다. 인간은 양심의 작용 속에서 죄책감·수치심 같은 내재적 불편 신호로 행동을 수정하지만, 현재 AI 알고리즘은 오류 경감을 위해 '정서적 고통'을 경험한다고 보기 어렵다. 이는 AI 의사 결정의 책임성과 도덕적 자율성의 한계를 드러낸다. 마지막으로 책임 공백이다. 설령 AI 로봇이 양심적 판단을 시뮬레이션하더라도, 법적·윤리적 책임 주체는 여전히 개발자·운영자·소유자 등 인간에게 있어야 한다.

이에 비추어 AI 윤리 교육의 시사점은 다음과 같이 정리된다. 첫째, 인간 양심의 정서적·체현적 특성이 비체현적 연산 시스템인 AI와 어떻게 구분되는지 설명하고, "기계는 감정을 진짜로 느낄 수 있는가?"라는 질문을 통해 깊은 성찰과 도덕 감수성을 기르는 교육이 필요하다. 둘째, AI 판단이 관계적 맥락성과 문화적 다양성을 충분히 반영하지 못할 수 있음을, 사례 기반 토론과 다문화 시뮬레이션 활동으로 경험적으로 가르쳐야 한다. 셋째, 책임성과 자기-교정이 인간 도덕성의 핵심 요소임을 이해시키고, AI는 죄책감이나 수치심 없이 학습된 규칙을 따르는 존재라는 점에서 왜 '책임 있는 주체'가 되기 어려운지 비판적으로 사고하도록 유도해야 한다. 넷째, 기술·윤리·사회적 맥락을 통합적으로 사고할 수 있도록 인간 중심의 AI 설계 원칙과 윤리 기준을 다루는 융합 교육 과정을 개발해, 학습자 수준에 맞게 재구성해야 한다. 이러한 접근은 학생들이 AI의 한계를 비판적으로 인식하고, 인간의 도덕성·양심·책임의 본질적 가치를 이해하도록 돕는다. 이는 AI 시대의 학생들이 기술에 종속되지 않고 윤리적 판단과 공동체적 책임 의식을 갖춘 시민으로 성장하는 데 필수적 토대가 될 것이다.

결론적으로 인간의 양심은 생물학적 체현성, 정서적 직관, 사회적 관계성, 문화적 규범성, 메타 인지 능력을 포괄하는 다층적 구조를 지닌다. 현재의 AI 로봇이 이 복합 구조를 온전히 재현하기는 어렵지만, 사례 기반 학습·정서 시뮬레이션·책임 거버넌스를 결합한 설계를 통해 일정 수준의 '양심 유사 기능'을 수행하는 인공 도덕 행위자를 구상할 수는 있다. 다만 이러한 가능성의 모색은 기술적 낙관에 앞서, 인간 윤리의 본질과 기계적 판단의 한계를 분명히 인식하는 데서 출발해야 한다. 더불어 신경철학에 기초한 양심 이해를 중심으로 한 AI 양심 구현 논의는, 책임-신뢰-안전의 윤리적 삼각틀을 사회 전반에 정착시키는 데 기여할 것이다. 특히 초등 단계에서부터 이러한 윤리적·도덕적 감수성을 내면화하는 교육이 병행될 때, 인간 중심의 AI 시대를 위한 토대는 더욱 견고해진다. 결국 AI 윤리 교육은 알고리즘의 공정성·효율성만을 좇는 데 그치지 않고, 도덕적 성찰과 사회적 합의의 속도에 맞춰 기술 발전을 조율하는 윤리적 조정자의 역할을 수행해야 한다.

제3장.
인간의 도덕 판단은 어떻게 이루어지는가
: 신경철학적 기초와 한국 교사 사례를 통한 AI 윤리 인증의 이론적 토대

I. 들어가는 글

인공지능 기술의 급속한 발전은 교육 분야에도 큰 변화를 가져오고 있다. 특히 생성 AI 기술은 교육 콘텐츠 제작, 학습자 맞춤형 학습, 교사 업무 지원 등 다양한 영역에서 활용되고 있다. GPT 모델과 같은 생성 AI는 여러 언어로 텍스트를 읽고 생성하며, 거의 모든 주제에 대해 인간과 유사한 대화를 나누는 것처럼 보이기도 한다. 그러나 이러한 발전에도 불구하고 생성 AI의 활용에는 윤리적·사회적·교육적 도전과제가 뒤따르므로, 교육 현장에서의 활용에는 각별한 주의가 필요하다. 생성 AI가 편향된 정보나 부적절한 콘텐츠를 제공할 위험이 있기 때문이다. 이로 인해 학생들이 잘못된 정보로 도덕적·윤리적 판단이 왜곡되거나, 도덕적 추론 능력과 가치관 형성에 부정적 영향을 받을 수 있으며, 더 나아가 사회적 규범과 윤리적 기준에 혼란을 겪을 수도 있다. 예컨대 한국의 교육 맥락에서 교사의 상식적 도덕 판단과 괴리되는 AI 생성 콘텐츠는 학생들의 올바른 가치관 형성과 윤리적 성장을 저해할 수 있고, 이러한 문제는 개인 차원을 넘어 사회 전체의 윤리적 기반을 약화시킬 잠재적 위험을 내포한다.

한편, 생성 AI의 윤리적 측면을 확보하기 위한 노력으로 인증 척도 개발이 요구된다. UNESCO는 데이터 프라이버시 보호, 교육용 AI 도구의 윤리적 검증, 인간 중심 설계의 중요성을 강조한 바 있다. UNESCO의 AI 윤리에 관한 권고안은 AI가 인류에 긍정적으로 기여할 가능성을 인정하는 동시에, 편향·차별·투명성 문제와 문화적·생물학적 다양성에 대한 잠재적 위협 등 근본적 윤리 쟁점도 함께 다룬다(N. AllahRakha, 2024). 윤리적 결정을 내릴 수 있는 지속 가능한 생성 AI 시스템을 개발하려면 기술적 측면에 더해 인간의 도덕 판단에 대한 이해, 각 문화의 고유한 가치관과 윤리 기준, 사회적 규범 등도 함께 고려되어야 한다. 생성 AI의 결정은 인류의 사회 문화적 가치와 무관하게 이루어질 수도 없고, 그래서도 안 되기 때문이다.

따라서 본 장에서는 생성 AI 윤리 인증 척도 개발을 위한 이론적 기초로서 신경철학과 한국 교사의 상식적 도덕 판단을 반영할 필요성을 논의하고, 그로부터 도출되는 시사점을 탐색하고자 한다. 신경철학은 인간의 도덕 판단과 의사 결정 과정을 과학적으로 이해하는 데 유용하며, 한국 교사의 상식적 도덕 판단은 한국 사회의 윤리·문화적 맥락과 기준을 점검하는 데 기여한다. 이를 위해 본 연구는 생성 AI의 윤리 인증 과정에 반영할 도덕 판단 진단 도구를 구상하기 위한 이론적 토대를 마련하고자 한다. 구체적으로, 첫째 신경철학의 주요 이론과 시사점은 무엇인가, 둘째 생성 AI 인증 척도 개발에 가치·문화 특성을 반영해야 하는 이유는 무엇인가, 셋째 한국 교사의 상식적 도덕 판단이 중요한 이유는 무엇인가를 다룬다. 이러한 물음에 대한 탐구는 도덕 판단 진단 도구 개발을 위한 사전 기초 작업으로서, 신경철학과 한국 교사의 상식적 도덕 판단 진단이 필요한 이유를 제시하는 토대가 될 것이다.

II. 신경철학에 대한 이해
: 도덕 판단 진단 도구의 이론적 기반

1. 신경철학의 대두와 개념

신경철학(Neurophilosophy)은 뇌의 구조와 기능에 관한 신경과학적 연구 성과를 철학적 논의와 통합하는 학문 분야이다. 이 접근은 인간의 마음, 인식, 의식, 도덕적 판단 등 다양한 철학적 쟁점을 이해하는 데 신경과학적 데이터를 적극 활용한다. 패트리샤 처칠랜드(Patricia Church-land)는 『Neurophilosophy: Toward a Unified Science of the Mind-Brain』(1986)에서 이 개념을 처음 제시했으며, 전통적으로 철학의 영역으로 여겨졌던 인간의 의식, 자유 의지, 도덕성 등을 뇌신경과학 관점에서 재해석하려는 시도를 전개했다.

　신경철학은 20세기 후반부터 본격적으로 발전했으며, 철학과 신경과학의 교차 지점에서 중요한 역할을 담당해 왔다. 이 분야는 특히 인지과학, 심리학, 생물학과 긴밀히 연결된다. 신경철학의 주요 목표는 뇌의 작용이 어떻게 정신적 상태와 행동을 산출·결정하는지에 대한 이해를 심화하는 것이다. '신경철학'이라는 용어는 학제 간 연구의 새로운 지평을 특징짓기 위해 도입되었으며, 마음은 여러 수준의 뇌 조직에서 도출된 신경과학적 결과와 상호 작용한다. 이 분야의 핵심 사상은 마음의 본질을 이해하려면 곧바로 뇌의 본질을 이해해야 한다는 점이다.

　오늘날 신경철학은 의식과 의미, 의사 결정과 주체성, 자아의 본성 등 정신적 과정의 모든 철학적 측면을 탐구하는 데 필수적인 기반이 되고 있다. 신경철학 관점의 가장 두드러진 특징 가운데 하나는 모든 형태의 이원론을 거부한다는 점이다. 이원론적 신념은 현대 마음철학에서 여전히 영향력을 지니지만, 신경철학은 이를 신뢰하기 어렵다고 보며 마음을 자연적 현상으로 이해한다. 다시 말해 '생각하고, 느끼고, 결정하고, 잠을 자고, 꿈을 꾸는' 것은 뇌라는 입장이다. 신경윤리학은 이러한 전통적 철학 문제에 과학적 진전을 도모하는 관련 하위 분야로, 피험자가 스캐너 안에서 어떤 결정을 내릴 때 도덕적 결정의 신경 상관관계를 규명하기 위해 이미징 기술이 활용되어 왔다. 이러한 결과는 심리 수준의 다수 실험과 결합되어, 합리적 선택 과정에서 감정이 구체적으로 어떤 역할을 담당하는지에 대한 질문을 제기한다(P. S. Churchland & M. Di Francesco, 2007).

2. 신경철학의 주요 이론

1980년대, 상대적 무지와 심지어 적대감의 시기를 거친 뒤 신경과학과 마음철학은 신경철학(Neurophilosophy)이라는 학제 간 영역으로 통합되었다. 이 분야의 목표는 분석 철학적 방법과 신경과학적 방법을 아울러 마음과 뇌를 하나의 통합 이론으로 이해하는 데 있다. 신경 윤리(Neuroethics)는 신경철학의 하위 영역에 속하며, 그 분석 틀을 적극 활용한다(K. Evers, 2005). 신경철학에서 논의되는 주요 이론을 정리하면 다음과 같다.

첫째, 환원주의 접근. 다수의 신경철학자는 정신 현상을 신경계의 물리적 과정으로 환원할 수 있다고 본다. 곧 의식·감정·사고 등은 궁극적으로 뇌의 신경 활동으로 설명된다는 입장이다. 환원적 신경철학은 철학적 개념을 신경과학의 경험적 영역으로 끌어와 의식과 자아를 뇌의 신경 활동으로 변환하거나 심지어 제거한다. 대표 학자는 처칠랜드(Patricia Churchland), 메칭거(Thomas Metzinger)다. 이에 반해 병행론은 신경과학과 철학을 엄격히 분리해야 한다고 주장하며, 자아와 의식에 관한 철학적 개념을 개념적 혼란의 산물로 본다. 대표 학자는 베넷(Maxwell Bennett), 해커(Peter Hacker)이다. 마지막으로 비환원적 신경철학은 신경과학과 철학의 양방향 상호 작용을 지지한다. 철학적 개념을 경험적으로 검증한 뒤 다시 철학적으로 재검토하는 순환 과정을 거치며, 의식과 자아의 존재론적 지위를 인정하되 뇌-신체-환경의 관계적 구조로 이해한다. 대표 학자는 노도프(Georg Northoff)다(P. Klar, 2021).

둘째, 신경윤리학(Neuroethics). 신경과학의 발전이 야기하는 윤리 문제를 다루는 분야로, 뇌 연구의 윤리적 함의와 신경과학 기술의 적절한 사용을 탐구한다. 도덕적 판단과 관련된 뇌의 구조·기능을 연구해, 뇌 영역이 도덕적 직관과 논리적 추론에 어떻게 관여하는지 설명한다. 신경윤리학은 (a) 신경과학의 윤리(Ethics of Neuroscience)—연구 수행 방식, 대중 전달의 책임, 법·사회에 대한 영향—와 (b) 윤리의 신경과학(Neuroscience of Ethics)—"도덕성은 뇌에 기반하는가?"와 같은 물음—의 두 축을 포괄한다. 다루는 쟁점의 예로는 다음이 있다: 뇌 이상이 확인된 사이코패스/소시오패스의 형사 책임 경감 문제, 인간을 신경화학적 과정의 집합으로 환원할 때 인격·사랑 같은 개념의 위상, 건강한 학생의 인지 향상 목적으로 Adderall·Ritalin을 사용하는 행위의 윤리성, Propranolol로 트라우마 기억을 조작하는 행위의 허용 가능성, 뇌 스캔을 통한 마음 읽기가 가능해질 경우의 윤리 문제 등이다(C. H. Ramey, 2010).

셋째, 체화된 인지 이론(Embodied Cognition, EC). 인지는 뇌 내부에서만 일어나는 것이 아니라 신체 전체와 환경과의 상호 작용 속에서 발생한다는 주장이다. 도덕 판단을 포함한 인지 과정을 이해하려면 넓은 맥락을 고려해야 함을 시사한다. 서구 주류 사유에서 몸의 역할이 폄

하된 흐름—플라톤·아우구스티누스에서 데카르트의 심신 이원론, 기술 시대에 이르는 전통—에 20세기 전반 현상학(후설·사르트르·메를로-퐁티)이 의미 있는 도전을 가했다. EC는 현상학·체계 이론·진화론·동양 정신 철학의 교차점에서 혁신적으로 구성되었고, 21세기 초 신경과학·심리학·철학 등에서 크게 성장했다. 드레퓌스(Hubert Dreyfus, 1973)와 바렐라(Varela)·톰슨(Thompson)·로쉬(Rosch)의 공저 『The Embodied Mind: Cognitive Science and Human Experience』(1991)가 중요한 영감을 제공했다(E. Agostini & D. Francesconi, 2021).

넷째, 예측 부호화 이론(Predictive Coding Theory). 뇌는 세계에 대한 예측을 지속적으로 생성하고, 이를 실제 감각 입력과 대조·갱신한다는 관점이다. 이 이론은 도덕 판단을 포함한 인지 과정의 형성 방식에 새로운 통찰을 제공한다. 일부 신경과학자·철학자는 예측 부호화를 통해 급진적 신경-표상주의(radical neuro-representationalism)를 지지하며, 의식 경험의 내용은 뇌가 생성한 시뮬레이션이라고 본다. 이러한 관점은 19세기 독일 신칸트주의(Neo-Kantians)의 아이디어, 특히 헬름홀츠(Hermann von Helmholtz)의 지각 이론과 맞닿아 있다. 헬름홀츠는 무의식적 추론(unconscious inference) 개념을 제안하며, 뇌가 과거 경험에 기초해 감각 입력을 해석한다고 보았다. 감각 정보는 신경계를 거치며 변형되고, 우리가 인식하는 것은 외부 원인 자체가 아니라 내부 효과이다. 따라서 감각 인식의 성격은 객체의 속성보다는 감각 기관의 속성에 더 의존한다. 그는 칸트의 '사물 자체'는 알 수 없고 우리는 나타남만을 인식한다는 주장을 지지했으며, 신칸트주의자 랑게(Lange)는 감각 기관의 생리학이 이 주장을 부분 확인한다고 보았다. 요컨대 우리가 경험하는 것은 외부 요인보다 내부 메커니즘의 산물이라는 것이다(Zahavi, 2018). 이러한 통찰은 현대 신경과학에서 예측 부호화로 정교화되어, 계산 모델과 실험적 증거에 힘입어 뇌 작동 원리를 이해하는 핵심 프레임으로 자리 잡았다(Elkin & Wiśniowska, 2022).

다섯째, 이중 과정 이론(Dual-process theory). 인간의 인지·의사 결정은 빠르고 자동적인 시스템 1(System 1)과 느리고 논리적인 시스템 2(System 2)가 함께 작동한다는 이론이다. 도덕 판단에서도 두 시스템은 상황에 따라 상호 작용한다. 시스템 1은 자동적·신속해 통제·수정이 어렵고, 시스템 2는 느리며 순차적으로 진행되어 의도적 제어가 가능하고 규칙의 영향을 크게 받는다. 현대 연구는 인간의 판단·의사 결정의 다수가 의식적 시스템 2의 산물만은 아니며, 상당 부분 직관적·자동적인 시스템 1의 작용임을 보여 준다. 이는 그린(Joshua Greene)의 이중 과정 모델(Dual-Process Model), 하이트(Jonathan Haidt)의 사회적 직관주의 모델(Social Intuitionist Model)과 연결되며, 하이트의 2001년 논문「정서적 개와 이성적 꼬리: 도덕 판단의 사회적 직관주의 접근법(The Emotional Dog and Its Rational Tail: A Social Intuitionist Approach to Moral Judgment)」에 잘 나타난다. 하이트는 칸트적 합리주의 전통이 도덕 판단에서 시스템 2의 인과적 역할을 과대평가해 왔다고 보며, 실제 인간의 도덕 판단은 대체로 직관 우선·사후 추론의 양상을 띤다고 주장한다. 한편 그린의 모델에 따르면 트롤리 딜레마에서 의무론적 반대(한 사람을 죽여 다수를 구하는 것에 대한 거부)는 자동적 정서 반응에서 비롯되고, 결과주의적 승인(한 사람을 희생해 다수를 구함)은 인지적으로 통제 가능한 과정이 주도한다. 그는 뇌가 이성에 전념하는 시스템과 감정에 전념하는 시스템 등 여러 도덕 직관 유도 시스템을 갖고 있다고 보았다. 후속 연구에서, 보다 개인적인 인도교 딜레마는 의무론적 관점과 부합하는 부정적 정서를 강하게 유발하는 반면, 스위치 딜레마 같은 방관자 유형은 상대적으로 비인격적이라 결과주의적 평가로 이어진다고 했다. 또한 전측 대상 피질(ACC)은 상충 반응이 활성화될 때 발화하며, 배외측 전전두 피질(dlPFC)은 결과주의적 반응(예: 아기를 죽이는 선택)에 활성화되었다. 복내측 전전두 피질(vmPFC) 병변 환자는 정서 기반 반응이 둔화되어 딜레마에서 결과주의적 응답을 보이는 경향이 확인되었다(Greene, 2007).

여섯째, 감정 신경과학(Affective neuroscience). 이 분야는 생리심리학·행동생리학·신경심리학 등에 뿌리를 두고 심리학적 과학에 새로운 관점을 제시한다. 감정 시스템은 뇌에서 생물학적 감정 상태를 실제로 작동시키는 유전적으로 결정된 구조적 스트레스 반응 시스템으로 구성되며, 신생아가 환경에 반응하도록 한다. 이는 인간과 동물의 뇌·마음의 기본 구조를 형성한다(Panksepp, 2004). 현대 신경과학은 뇌의 구조와 기능을 통해 감정을 이해하려 하며, 배럿(Lisa Feldman Barrett)의 감정 구성 이론(constructed emotion)은 감정이 뇌의 구조·기능을 바탕으로 구성된다는 계산적 설명을 제시한다. 이 이론은 전통적 감정/인지 이분법을 벗어나 예측 코딩·내적 감각·범주화를 통해 감정의 생물학적 기초를 탐구한다. 뇌는 신경 전달 물질에 잠긴 수십억 뉴런의 네트워크로, 일대다 연결성을 통한 소통으로 다양한 심리 범주를 구현한다. 그 결과 뉴런은 다목적으로 기능하며, 분산된 네트워크가 상황에 따라 재구성된다. 뇌는 '분노'와 같이 같은 범주의 표현을 생성하기 위해 단일 시스템이 아닌 분산 네트워크에서 서로 다른 뉴런 집합을 사용할 수 있다(Barrett, 2017). 구성된 정서 이론—즉 다차원적 구성주의—에서 배럿은 정서의 뇌 기반을 이해하는 방식을 취한다. 핵심 가설은 정서 사건이 뇌의 능동적·건설적 구성 과정에서 발생한다는 것이다. 뇌는 과거 경험으로 구성된 개념을 사용해 예측적으로 행동을 안내하고 감각에 의미를 부여한다. 과거의 감정 경험에서 개념을 구성할 때, 뇌는 감각을 분류하고 행동을 이끈다(Barrett, Mesquita, Ochsner, & Gross, 2007). 이러한 설명은 도덕 판단에서 감정의 역할과 지위를 한층 선명하게 이해하도록 돕는다.

III. 한국 교사의 도덕 판단 특성과 AI 윤리 인식

1. 생성 AI 특징과 가치 문화

생성 AI는 기존의 AI 시스템과 달리 높은 수준의 자율성과 창의성을 보이며, 인간의 개입 없이도 새로운 콘텐츠를 생성할 수 있다. 이러한 능력은 AI가 생성한 콘텐츠의 책임 소재, 저작권 문제, 잠재적 오용 가능성 등 새로운 윤리적 쟁점을 야기한다. 생성 AI 모델은 학습 데이터를 바탕으로 새로운 출력을 만들어 내지만, 그 과정과 결과를 완전히 예측하거나 통제하기는 어렵다. 이러한 불확실성은 AI의 결정이 미칠 수 있는 사회적·윤리적 영향을 평가하고 관리하는 데 커다란 도전을 제기한다. 특히 생성 AI의 중요한 특성 가운데 하나로, 매우 설득력 있는 가짜 정보나 딥페이크를 생성할 수 있다는 점을 들 수 있다. 딥페이크 기술은 생성적 적대 신경망(GAN)을 기반으로 작동한다. 2014년 굿펠로우(Ian Goodfellow)가 개발한 GAN은 생성기와 판별기라는 두 가지 경쟁 신경망으로 구성되며, 생성기는 합성 미디어를 만들어 내고 판별기는 이를 가짜로 식별하려고 시도한다. 두 네트워크를 서로 대결시키는 적대적 학습 과정을 통해 GAN은 훈련되고, 수천 번의 훈련 주기를 거치며 생성기는 점차적으로 판별자를 속일 수 있는 합성 미디어를 만드는 데 능숙해진다. 이와 같은 과정을 통해 생성된 딥페이크는 사람의 눈으로는 구별하기 어려울 정도로 정교해졌다(George & George, 2023). 또한 생성 AI 모델은 방대한 데이터를 학습하는 과정에서 개인 정보를 포함할 수 있어 개인 정보 보호와 프라이버시 문제가 한층 복잡해지고 있다. 아울러 생성 AI와 인간의 상호 작용은 기존 AI 시스템보다 훨씬 더 난해하고 미묘하며, 이는 AI의 의사 결정 과정에 대한 설명 가능성, 인간의 자율성 보장, 그리고 AI에 대한 과도한 의존 등의 문제를 새롭게 제기한다.

대규모 언어 모델(LLM)의 급속한 발전으로 인간과 유사한 텍스트의 처리·이해·생성이 가능해졌고, 사회 영역에 영향을 미치는 다양한 시스템과의 통합도 증가하고 있다. 그럼에도 불구하고 이들 모델은 해로운 사회적 편견을 학습·영속·증폭시킬 수 있다(Gallegos, Rossi, Barrow, Tanjim, Kim, Dernoncourt, & Ahmed, 2024). 다시 말해, 생성 AI는 학습 데이터에 내재된 편향성을 반영하거나 확대 재생산할 수 있어 성별, 인종, 문화적 편견 등 다양한 형태의 편향 문제를 야기할 수 있다.

가치 문화는 언어, 국적, 지역, 종교, 성 정체성 등 다양한 정체성을 아우르는 복합적 구성 요소이다. 가치 문화적 편견은 전 세계적으로 광범위하게 존재하며, 특정 문화적 관점·가치·규범을 선호하는 경향을 뜻하기도 한다. 이는 주관적 판단으로 이어져 다른 문화권 구성원에게 불쾌감을 줄 수 있다. 예를 들어, 세계 가치관 조사(2022)에 따르면 아랍 문화권에서는 남성이 여성보다 더 뛰어난 정치 지도자라고 보는 경향이 있는 반면, 미국에서는 이에 동의하지 않았다. 한편 대규모 언어 모델(LLM)이 널리 보급되면서 영어 말뭉치가 학습 데이터를 지배하게 되었고, 이로 인해 문화적 편향—특히 서구 문화 편중—이 발생한다는 보고가 있다. 이는 LLM의 문화적 편견을 초래하고, 인간-AI 협업에서 주요 병목을 일으켜 AI 민주주의를 크게 저해할 수 있다는 우려로 이어진다(Li, Chen, Wang, Sitaram, & Xie, 2024). 그 결과 언어 및 표현의 오용, 문화적 관습의 오해, 법·제도의 차이에 대한 무시, 지역 특수 지식의 결핍과 같은 문제가 발생할 수 있다.

　　AI 윤리 논의에서 남성 중심적 사고방식이 지배적이라는 점—즉 책임성, 설명 가능성, 개인 정보 보호, 공정성과 같은 측면에 주로 초점을 두는 경향—이 지적되며, 돌봄·양육·복지·사회적 책임·생태학적 연결성 등 맥락에서의 AI 논의는 상대적으로 부족하다는 비판이 제기된다. 더 나아가 현재의 AI 윤리 가이드라인은 AI 시스템의 정치적 남용 가능성, AI 커뮤니티 내 다양성 부족, 로봇 윤리, 알고리즘적 의사 결정과 인간 의사 결정 간의 가중치, AI 시스템의 숨겨진 사회·생태학적 비용, 민관 파트너십 문제 등 중요한 쟁점을 충분히 다루지 못한다는 지적도 있다(Hagendorff, 2020). 이러한 상황은 정보의 진실성과 신뢰성에 대한 새로운 도전을 드러내며, 기존 AI 윤리 가이드라인이 고도화된 허위 정보 생성 능력을 충분히 고려하지 못하고 있음을 보여 준다.

　　생성 AI가 문화적 차이를 제대로 반영하지 못할 경우, 국가별 상이한 법체계나 해당 문화권 구성원의 가치관이 온전히 반영되지 않아 각 문화권의 특수성이 배제된 부적절한 응답이 생성될 수 있다. 특히 가치관과 규범의 차이는 심각한 문화적 오해와 갈등을 야기할 수 있다. 대부분의 AI 모델은 서구 중심 데이터로 훈련되어 개인주의, 직접적 의사소통, 평등주의 등 서구적 가치관을 기본 값으로 가정하는 경향이 있으며, 이는 집단주의, 간접적 의사소통, 위계질서를 중시하는 문화권과 충돌할 소지가 있다. 예컨대 직장 내 의사 결정 과정에 관한 AI의 조언이 한국의 문화적 맥락에서는 부적절할 수 있다. 윤리의 보편적 차원을 감안하더라도 각 문화권의 고유한 사회적 규범과 금기에 대한 이해 부족은 심각한 문제를 낳을 수 있다. 어떤 주제나 표현은 한 문화에서는 일상적이지만 다른 문화에서는 매우 민감할 수 있으며, AI가 이를 제대로 인식하지 못하면 의도치 않게 문화적 갈등이나 불쾌감을 유발할 수 있다. 따라서 사회적 규범과 가치관의 차이를 적절히 반영하여, AI 모델이 다양한 문화적 맥락을 이해하고 그에 맞게 대응하도록 훈련하는 일이 중요하다. 이는 글로벌 환경에서 AI를 효과적으로 활용하기 위한 핵심 과제라 할 수 있다.

이러한 점을 감안할 때, 다양한 언어와 문화권의 데이터를 균형 있게 학습에 포함해 문화적 특수성을 반영한 데이터 구축이 필요하다. 아울러 AI 모델의 출력을 지속적으로 모니터링하고 평가하여 문화적 편향을 감지·수정해야 하며, 이를 위한 AI 윤리 인증 척도와 지표의 개발도 요구된다. 중요한 점은 이러한 생성 AI의 문제 특성이 교육 현장이나 미성년자를 대상으로 할 때 특히 두드러진다는 것이다. 예컨대 영국 케임브리지대 사회학과 연구팀이 지적했듯, 생성 AI의 대화법이 미성년자를 충분히 보호하지 못한다는 점(머니투데이, 2024)은 문제의 심각성을 여실히 보여 준다. 생성 AI가 학생들의 학습 자료를 생성하는 과정에서 문화적 가치관의 차이가 고려되지 않으면, 해당 문화권의 맥락에서 부적절한 규범과 가치를 제시할 우려가 있다.

따라서 생성 AI의 문화적 편향성 문제를 해결하기 위해서는 다각적 접근이 필요하다. 우선 기술적 측면에서는 다양한 문화권의 데이터를 균형 있게 수집·학습시키는 것이 중요하며, 이를 위해 지역별 특수성을 고려한 데이터 구축 체계를 마련해야 한다. 이러한 노력이 체계적으로 이루어질 때, 생성 AI는 문화적 다양성을 존중하면서도 보편적 윤리 가치를 구현하는 기술로 발전할 수 있다. 이는 단순한 기술적 과제를 넘어, 우리 사회가 지향해야 할 중요한 윤리적 과제라고 할 수 있다.

2. AI 윤리 인증의 한국적 맥락 반영 필요성

한국은 높은 기술 수용성과 빠른 디지털 전환을 특징으로 하는 사회이다. 이러한 환경 속에서 AI, 특히 생성 AI의 도입은 매우 신속하게 이루어지고 있다. 그러나 기술의 급속한 발전과 보급에 비해 윤리적·법적 기준은 상대적으로 뒤처져 있는 실정이다. 기술 발전의 속도를 따라잡기 위해서는 기술적 혁신 못지않게 윤리·법제의 정립이 시급하다. AI 윤리는 보편적 원칙과 더불어 각 사회의 문화적 특수성을 함께 고려해야 한다는 점에서, 한국적 맥락에서의 AI 윤리 인증에는 한국 고유의 문화적 가치관, 사회적 규범, 윤리적 기준을 반영할 필요가 있다. 한국 사회의 특유한 가치관은 AI의 개발과 활용 과정에서 중요한 준거가 될 수 있으며, 이를 통해 AI 기술이 한국 사회에 적절히 수용되고 올바르게 활용되도록 돕는 데 기여할 것이다. 예컨대 개인의 프라이버시를 보호하는 동시에 공동체의 안녕을 고려하는 균형 잡힌 접근이 요구된다.

상식적 도덕 판단은 사회 문화적 맥락에 따라 다양하게 나타나며, 이는 각 사회가 공유하는 가치관·규범·윤리적 기준의 영향을 크게 받는다. 생성 AI의 윤리적 사용을 위한 인증 지표를 개발하려면 이러한 차이를 이해하고 반영하는 일이 필수적이다. 사회 문화적 맥락은 개인의 도덕 판단에 깊숙이 작용하며, 사람들이 어떤 행동을 옳다고 보거나 어떤 가치를 중시하는지는 그들이 속한 사회와 문화에 따라 크게 달라질 수 있다. 곧, 사회의 규범·가치관·신념 체계가 개인의 도덕 판단을 형성한다. 예를 들어 개인주의적 사회에서는 자유와 독립성을 핵심 가치로 여기는 경향이 있어, 개인의 권리와 자유를 존중하는 행동을 도덕적으로 옳다고 판단할 가능성이 높다. 반면 집단주의적 사회에서는 공동체의 이익과 조화를 중시하므로, 공동체를 위해 개인의 이익을 일정 부분 희생하는 행동을 도덕적으로 옳다고 볼 수 있다. 더 나아가 동일한 사회 내부에서도 세대, 성별, 직업, 종교 등 다양한 요인에 따라 도덕 판단은 차이를 보인다. 어떤 세대는 전통적 가치를, 다른 세대는 혁신적 가치를 더 중시할 수 있으며, 이러한 차이는 사회 문화적 맥락이 도덕 판단에 미치는 영향을 잘 보여 준다.

이를 종합적으로 이해하기 위해 잉글하트(Ronald Inglehart)의 세계 가치 조사(World Values Survey, WVS)를 살펴볼 필요가 있다. WVS는 특정 문화나 국가에 특화된 도덕적 기준이 존재함을 이해하도록 돕는다. 예컨대 한국인의 도덕 판단은 가족 중심의 관계주의, 유교적 가치, 집단주의적 사고의 영향을 크게 받을 가능성이 있다. WVS는 커코프스(Jan Kerkhofs)와 모어(Ruud de Moor)의 지도 아래 출범한 유럽 가치 시스템 연구 그룹(EVSSG)의 연구에서 비롯되었다. 1981년 EVSSG는 서유럽 10개국가에서 조사를 수행했고, 이후 16개 추가 국가에서 반복 조사되었다. 이 조사의 결과는 예측 가능한 문화적 차이를 보여 주었으며, 특히 세대 간 차이가 크게 나타났다(Inglehart, ed., 2004). 1981년부터 5년 단위로 실시된 이 연구는 다음 <표 1>(World Values Survey, 2024)과 같이 현재까지 7차례 진행되었다. WVS 홈페이지에 게시된 지표는 <표 2>와 같다(World Values Survey, 2024).

<표 1> WVS 조사 현황

시기	1차 조사 (1981-1984)	2차 조사 (1989-1993)	3차 조사 (1994-1998)	4차 조사 (1999-2004)	5차 조사 (2005-2009)	6차 조사 (2010-2014)	7차 조사 (2017-2022)
수	11개국	21개국	55개국	41개국	58개국	60개국	57개국

<표 2> 물질주의와 탈물질주의 지표

가치 유형	4항목 지표	12항목 지표
물질주의	① 국가의 질서 유지 ② 물가 억제	① 국가의 질서 유지 ② 강한 군사력 유지 ③ 범죄 소탕 ④ 물가 억제 ⑤ 고도의 경제 성장률 유지 ⑥ 안정적인 경제 유지
탈물질주의	③ 언론의 자유 보호 ④ 정부 정책 결정에 대한 국민 참여 확대	⑦ 언론의 자유 보호 ⑧ 돈보다 생각이 중요한 사회로의 발전 ⑨ 도시와 농촌의 환경을 아름답게 하는 일 ⑩ 정부 정책 결정에 대한 국민 참여 확대 ⑪ 직장과 사회에서의 참여 증대 ⑫ 더욱 인간적인 사회로의 발전

2023년 잉글하트-웰젤 세계 문화 지도는 전 세계 국가들의 문화적 가치관을 두 가지 주요 축으로 시각화했다. 수직 축은 전통적 가치와 세속적-합리적 가치의 스펙트럼을 나타낸다. 전통적 가치는 종교, 가족, 국가에 대한 강한 신념을 강조하며 전통적 가족 가치, 권위, 규범 준수를 중시한다. 반면 세속적-합리적 가치는 이성, 과학, 개인의 자유와 같은 세속적이고 합리적인 측면을 강조하며, 종교적 권위나 전통적 가족 구조의 중요성은 감소한다. 이 지도는 세계 여러 국가를 문화적 군집—프로테스탄트 유럽, 가톨릭 유럽, 영어권 국가, 라틴 아메리카, 아프리카-이슬람권, 남아시아, 동아시아—으로 구분해 시각화했다. 한국의 가치 문화 지도는 전통적 가치와 현대적 세속적-합리적 가치가 공존하는 독특한 위치를 보인다. 결과적으로 이 지도는 세계 문화의 복잡성과 다양성을 단순화해 보여 주는 유용한 도구이지만, 개별 국가나 문화의 세부 특성을 모두 반영하지는 못한다는 한계가 있다. 그럼에도 이 지도는 문화적 가치가 지리적·역사적·종교적 배경에 따라 다양하게 표출됨을 분명히 보여 준다.

그러므로 한국 사회의 상식적 도덕 판단을 반영한 AI 윤리 인증 측정 지표의 개발은 우리 문화에서 중요하게 다루어져야 할 가치와 규범을 생성 AI에 담아낼 수 있는 계기가 될 수 있다. 주지할 점은 글로벌 표준과의 조화를 간과해서는 안 된다는 것이다. 한국적 특수성을 반영하되 국제적으로 통용되는 AI 윤리 원칙과 조화를 이루어야 한다. 국제 협력과 AI 기술의 글로벌 확산을 고려한 윤리 인증 체계가 필요하며, 이를 통해 한국의 AI 윤리 인증이 국제적으로도 인정받을 수 있도록 해야 한다. 이러한 글로벌 표준과의 조화는 단순히 기술적 차원을 넘어, 각 사회의 문화적 특수성과 상식적 도덕 판단을 반영하는 데에도 필수적이다.

AI 윤리 인증은 보편성을 지향하면서도 문화적 특수성, 교육 환경, 상식적 도덕 기준, 법적·제도적 맥락, 산업 환경의 특성을 결코 소홀히 해서는 안 된다. 결국 한국 사회에 적합하면서도 보편적 가치를 반영한 AI 윤리 인증 체계를 구축하는 일이 요구된다. 한국 사회에서 통용되는 규범·문화·가치관의 수준을 가늠하는 데에는 한국 교사의 상식적 도덕 판단 진단이 중요한 바로미터가 될 수 있다. 이는 교사라는 직업이 지니는 특수성, 지위, 역할에 기인한다. 아울러 그 진단 결과와 진단 도구는 학교 도덕과 수업 등 도덕·윤리 교육 현장에서 유용한 도덕 판단의 기준 예시로 활용될 수 있다.

IV. AI 윤리 인증 체계 개발의 이론적 기초

1. 신경철학의 시사점과 교사의 상식적 도덕 판단 고려 필요성

신경철학은 도덕적 직관과 추론이 뇌의 어떤 영역과 연결되는지, 그리고 감정과 이성이 도덕 판단에 어떻게 기여하는지에 대한 연구를 포괄한다. 이를 통해 도덕 판단의 작동 메커니즘을 이해하는 데 핵심적인 통찰을 제공한다. 도덕적 딜레마 상황에서 사람들은 흔히 정서적 반응과 논리적 추론 사이에서 갈등을 겪으며, 이 과정에서 특정 뇌 영역들이 활성화된다. 신경철학은 이러한 활성 양상을 과학적으로 해명함으로써, 도덕 판단을 위한 도구의 유형에 따라 서로 다른 두뇌 영역이 자극될 수 있음을 보여 준다. 이처럼 신경철학적 이론은 도덕 판단의 과정을 기존의 이해보다 한층 입체적·다각적·분석적으로 조망하도록 돕는다. 더불어 도덕 판단의 특징—도덕적 직관과 논리적 추론 과정의 차이, 신체와 환경의 상호 작용, 시스템 1과 시스템 2의 이중 과정, 특정 감정 상태와 도덕 판단의 상관관계 등—을 바탕으로 도덕 판단 진단 도구 개발 시 고려해야 할 쟁점들을 제안한다. 예컨대 환원주의적 신경철학은 정신 현상을 뇌의 물리적 신경 과정으로 환원할 수 있다는 입장으로, 도덕적 판단 역시 궁극적으로 특정 뇌 영역의 활성 패턴과 뉴런 활동에 기초한다고 본다. 이에 따르면 도덕적 직관·판단·추론 과정은 신경 기제로 환원 가능하며, 주관적 자기 보고나 질적 평가에 더해 생물학적·신경학적 지표를 포함하는 다차원적 진단 도구를 설계할 수 있다. 반면 비환원적 신경철학은 뇌와 철학적 개념이 양방향으로 상호 작용한다고 보고, 체화된 인지 관점에서 도덕 판단이 뇌만이 아니라 신체 전체와 환경과의 상호 작용 속에서 형성된다고 주장한다. 따라서 도덕 판단을 단순히 국소적 뇌 활동으로만 파악하지 않고, 신체 동작이나 상황적 요소(감각적 자극, 사회적 맥락)와 연계한 평가를 포함해 실생활 적용성을 강화한다. 예측 부호화 이론에 따르면 뇌는 세계에 대한 지속적 예측과 오류 수정을 통해 판단과 결정을 내리며, 도덕 판단 또한 새로운 상황에 맞춰 기존 도덕 개념을 재구성하고 감각 정보와 예측 사이의 차이를 최소화하는 과정으로 이해될 수 있다. 이 관점에서 도덕 판단 진단 도구를 설계할 때는 피험자가 제시된 도덕적 딜레마나 상황에 대해 어떤 예측을 세우고 어떻게 수정하는지를 추적할 수 있는 동적 평가 방식을 고려한다.

이중 과정 이론은 도덕 판단이 신속하고 직관적이며 정서적으로 주도되는 시스템(시스템 1)과, 느리고 의식적이며 논리적 추론에 기초한 시스템(시스템 2)의 상호 작용 결과로 나타난다고 본다. 이에 따라 도덕 판단 진단 문항을 구성할 때 직관적 판단과 논리적 추론이 균형 있게 작동하는지를 구분·평가할 수 있도록 설계할 수 있다. 감정 신경과학에서는 감정이 뇌의 예측, 내적 감각, 범주화 과정 등을 통해 구성된다고 보며, 도덕적 판단 역시 이러한 감정의 구성 과정을 통해 특정 방향으로 유도될 수 있다고 본다. 실제로 정서적 반응은 도덕 판단에 강력한 영향력을 행사한다. 신경철학적 접근은 도덕 판단을 추상적 도덕 원리나 이성적 추론만으로 환원하지 않고, 뇌의 신경 기제, 감정적 토대, 예측 과정, 체화된 경험, 사회 문화적 맥락을 아우르는 통합적 시각을 제시한다. 이를 바탕으로 도덕 판단 진단 도구를 제작할 때에는 다음과 같은 점들을 고려할 수 있다. 신경철학적 토대를 갖춘 도구는 이러한 시사점을 반영함으로써 더욱 정교하고 통합적이게 될 뿐 아니라 보다 높은 실제 응용 가능성도 갖출 수 있을 것이다.

신경철학이 도덕 판단 진단 도구 개발에 주는 시사점은 다음과 같다. 첫째, 도덕 판단은 뇌의 여러 영역이 상호 작용한 결과임을 전제로 인지적·정서적·직관적 요소를 종합적으로 고려해야 한다. 둘째, 이중 과정 이론—즉 빠르고 자동적인 직관(시스템 1)과 느리고 숙고적인 추론(시스템 2)—을 반영해야 한다(Greene, 2007). 인간의 일상적 도덕 판단 다수가 직관적 사고 과정에 의해 이뤄질 수 있음을 감안하여 질문을 구성할 수 있다. 셋째, 도덕 판단에서 감정의 중요성을 인식하고, 정서적 반응이 도덕 판단에 지대한 영향을 미친다는 점을 반영해야 한다. 예를 들어 척도 구성 시 보다 정서적 반응을 평가하는 문항과 보다 인지적 반응을 평가하는 문항을 구분해 제시할 수 있다.

한편 현대 교육에서 교사의 역할은 단순한 학문 지식의 전달을 넘어선다. 교사는 학생들의 인격 형성, 가치관 확립, 사회적 책임감 함양에 중추적 역할을 수행한다. 특히 교육 현장에서 교사는 학생들의 가치관 형성과 도덕적 판단력 발달을 이끄는 핵심 존재로, 지식 전달자에 머무르지 않고 학생들의 전인적 성장을 주도하는 롤 모델로서 기능해야 한다. 이러한 관점에서 교사의 도덕 판단 기준은 교육학·심리학 연구에서 중요한 주제로 부각될 필요가 있다.

'교육의 질은 교사의 질이 결정한다'라는 명제는 교육학의 근본 전제라 할 수 있다. 교사는 지식 전달을 넘어 인격 형성, 가치관 정립, 사회화에 이르기까지 폭넓은 영향을 미치는 핵심적 교육자이다. 듀이는 교육을 경험의 재구성으로 정의하며, 개인의 경험을 형성하는 사회적 요소에 대한 잘 고안된 철학을 제안했다. 그는 학생이 자신의 경험을 통해 성장하고 발전하는 과정에서 교사의 역할을 강조했다(Dewey, 1986). 교사는 지식과 기술뿐 아니라 삶의 지혜, 도덕적 가치, 사회적 규범을 전달하고, 비판적 사고와 문제 해결 능력을 기르는 안내자이자 촉진자다. 더욱이 정보화·세계화가 가속된 현대처럼 다양한 가치관과 문화가 공존하는 사회에서 학생들은 지속적으로 윤리적 난제에 직면하며, 이에 적절히 대응하려면 확고한 도덕적 식견과 윤리적 통찰의 습득이 필수적이다.

콜버그의 도덕성 발달 이론에 따르면 개인의 도덕성은 단계적으로 발달한다. 이는 단순히 문화적 가치를 점점 더 많이 이해하는 과정이 아니라 개인의 사고 형태와 구조가 변화하는 과정이다. 학생들은 인접한 도덕적 추론을 접하고 그로 인한 자극과 인지적 갈등을 통해 자신의 단계를 +1 상향시킬 수 있다(Kohlberg & Hersh, 1977). 타인의 관점을 이해하고 보편적 윤리 원칙에 따라 판단하는 능력은 도덕성 발달에서 핵심적이다. 레스트는 도덕적 판단력을, 도덕적 문제 상황을 인식하고 쟁점을 파악하며 다양한 행동 선택지의 결과를 예측·평가해 최종적으로 도덕적 행동을 결정하는 인지적 과정으로 규정하였다(Rest, 1992; Rest & Narváez, 1994). 이러한 맥락에서 교사의 도덕 판단은 학생들의 도덕적 사고에 지대한 영향을 미친다.

2. 상식적 도덕 판단 진단을 위한 고려 요소

한국 교사의 상식적 도덕 판단 진단 구성을 위해 참고할 기본적 예비 요소는 한국 사회의 문화 가치 특성과 교육적 가치를 포괄하되, 신경철학의 관점을 참고하여 설정되어야 한다. 이러한 요소들은 도덕 판단이 형성되는 복잡한 과정을 충실히 반영할 수 있어야 한다. 기본적으로 갖추어야 할 주요 구성 요소는 다음과 같다.

첫째, 가치 문화적 적합성이다. 진단 도구는 한국 사회의 고유한 문화적 배경과 가치관을 반영해야 한다. 이를 위해 교사들이 일상에서 경험하는 문화적 맥락과 사회적 규범을 고려한 문항을 포함하여, 도덕 판단이 실제 상황에서 어떻게 이루어지는지를 평가할 수 있도록 해야 한다. 예를 들면, '가족 간의 의무를 어떻게 이해하고 실천할 것인가'와 같은 질문을 생각해 볼 수 있다. 둘째, 도덕 판단에는 정서적 요소가 중요한 역할을 한다. 진단 도구는 감정이 도덕 판단에 어떤 영향을 미치는지에 주목하고, 교사들이 특정 상황에서 느끼는 감정적 반응을 반영해야 한다. 가령, '어떤 상황에서 불공정한 대우를 받았을 때 당신은 어떤 감정을 느꼈으며, 그 감정이 도덕적 판단에 어떻게 영향을 미쳤습니까?'와 같이 감정적 요소를 평가하는 문항을 포함할 수 있다. 셋째, 도덕적 딜레마에 대한 분석과 해결 과정을 평가하는 문항을 포함하여 도덕적 논리 추론의 특성을 반영해야 한다. 예컨대 '학생이 학교 규칙을 위반했을 때, 그 학생에게 어떤 처벌이 도덕적으로 가장 적절하다고 생각하는가? 그 이유는 무엇인가?'와 같은 문항을 고려할 수 있다. 넷째, 많은 도덕적 판단이 즉각적이고 직관적으로 이루어진다는 점을 감안하여, 교사들이 직관적으로 결정을 내리는 상황을 평가하는 문항을 포함한다. 또한 도덕적 판단 문항에 대한 답변 시간을 최소화하여, 이성적 추론의 장기적 과정보다 직관적·정서적 판단이 활성화되도록 유도할 수 있다. 다섯째, 개인의 유전적·신경학적 특성, 스트레스 수준, 감정 상태 등 다양한 요인이 도덕 판단에 영향을 미칠 수 있음을 인지해야 한다. 이를테면 개인이 스트레스를 받거나 감정적으로 불안정한 상태에서 도덕적 결정을 내리는 과정과 같은 측면을 함께 고려할 수 있다. 가치 문화 키워드를 바탕으로 구성할 수 있는 진단 질문의 예는 다음 <표 3>과 같다.

<표 3> 가치 문화 반영 도덕 판단 진단 질문(예시)

가치 문화 키워드(예)	질문(예)
권위	정부의 결정에 항상 따라야 한다고 생각하십니까, 아니면 때로는 시민 불복종이 정당화될 수 있다고 보십니까?
젠더 평등	여성이 남성과 동등한 권리와 기회를 가져야 한다고 생각하십니까?
개인주의 대 집단주의	개인의 성취가 더 중요합니까, 아니면 집단의 조화가 더 중요합니까?
효도와 가족 윤리	부모님의 노후를 위해 개인의 삶을 어느 정도까지 희생할 수 있다고 생각하십니까?
정(情) 문화와 객관적 판단	오랜 친구가 불법적인 일에 연루되었다는 것을 알게 되었을 때, 어떻게 행동하시겠습니까?
위계 문화와 윤리적 리더십	직장에서 부하 직원이 윤리적 문제를 제기했을 때, 어떤 감정이 들고 어떻게 대응하시겠습니까?

나아가 상식적 도덕 판단 척도는 도덕 판단의 다차원적 접근에 기초할 수 있다. 이는 신경철학과의 통합적 접근을 반영하여, 도덕 판단을 보다 종합적이고 과학적으로 평가하는 체계를 제공할 것이다. 예컨대, 이중 과정 이론을 반영하여 도덕 판단의 두 가지 주요 과정을 고려할 수 있다. 즉, 빠르고 자동적인 직관과 느리고 숙고적인 추론의 상호 작용을 감안한다. 또한 가치 문화 다양성을 반영할 수 있는데 예를 들면, 한국 사회는 유교적 전통에서 강조된 교육의 중요성, 강한 가족 중심 문화, 집단주의적 협력과 조화, 급속한 경제 발전, 전통과 현대가 혼합된 독특한 문화적 정체성을 특징으로 한다.

V. 나오는 글

생성 AI는 높은 수준의 자율성과 창의성을 지니며, 인간의 개입 없이도 새로운 콘텐츠를 만들어 낼 수 있다. 그러나 이러한 특성은 AI가 생성한 콘텐츠의 책임 소재, 저작권, 잠재적 오용 가능성 등 다양한 윤리적 문제를 야기한다. 또한 생성 AI는 학습 데이터에 내재된 편향을 반영하거나 증폭시킬 수 있고, 매우 설득력 있는 가짜 정보나 딥페이크를 만들어 낼 능력도 갖추고 있다. 이는 정보의 진실성과 신뢰성에 새로운 도전을 제기하는데, 기존 AI 윤리 가이드라인이 이러한 문제를 충분히 포괄한다고 보기 어렵다.

교육 현장에서 생성 AI의 활용은 특히 두드러지며, 학생들의 학습 능력과 학습 자료의 진위 여부에 직결되는 영향을 미친다. 생성 AI로 제작된 교육 자료는 자칫 교사의 역할을 축소시키고 AI에 대한 과도한 의존을 초래할 수 있으며, 부적절하거나 편향된 정보가 포함될 경우 학생들에게 부정적 영향을 미칠 수 있다. 이러한 윤리적 문제를 해소하기 위한 방안의 하나로, 보다 정교한 생성 AI 인증 척도의 개발이 요구된다. 이때 신경철학과 한국 교사의 상식적 도덕 판단을 참작할 필요가 있다. 신경철학은 인간의 도덕 판단과 의사 결정 과정을 과학적으로 해명함으로써 진단 도구의 타당성과 신뢰성을 높이는 데 기여할 수 있고, 한국 교사의 도덕 판단 진단 결과는 보편적 가치와 더불어 한국의 교육적 맥락에서 요구되는 가치 기준을 제시할 수 있기 때문이다.

학교 현장은 학생들이 사회적으로 공유되는 상식적 도덕 판단을 이해하고 내면화하도록 돕는 출발점이다. 이는 교사가 학교에서 학생들의 도덕적 사회화를 주도하고, 가치관 형성을 안내하는 핵심적 존재이기 때문이다. 교사는 교사의 상식적 도덕 판단을 진단할 때 사용된 문화적 적합성 문항을 도덕 교육에 맞게 변형하여, 학생들이 현재 지니고 있는 상식적 도덕 판단의 수준을 확인할 수도 있다. 예를 들어 친구의 잘못된 행동을 목격했을 때 어떻게 대처할지에 대한 사례를 도덕과 수업 시간에 함께 논의하고, 도구로 활용된 생성 AI의 답변이 지니는 윤리적 취약점을 점검해 볼 수도 있다.

본 장은 생성 AI 윤리 인증 측정 지표 개발의 이론적 기초로서, 신경철학이 제공하는 시사점과 한국 교사의 상식적 도덕 판단을 고려할 필요성을 신경철학, 교사의 도덕 판단, 생성 AI, 가치 문화 등의 키워드를 중심으로 탐구하였다. 결론적으로 신경철학과 한국 교사의 상식적 도덕 판단에 기반한 생성 AI 윤리 인증 척도의 개발은 가치의 보편성을 담지하면서 동시에 문화적 특수성을 반영하도록 조력할 것이다. 이는 AI 기술의 발전과 교육적 활용 사이의 균형을 유지하면서, 교실로 스며든 생성 AI가 한국적 가치를 구현하도록 하는 역할을 수행할 수 있다. 더불어 보편성을 추구하는 동시에 한국의 문화적·윤리적 맥락을 반영한 AI 윤리 가이드라인 수립의 기초가 될 것이며, AI 윤리 교육의 중요성을 부각하고 다양한 가치 문화 배경을 반영한 생성 AI 윤리 인증 척도 개발을 촉진하는 기제로 기능할 것이다. 궁극적으로 AI 기술이 우리 사회에 긍정적 영향을 미치고 지속 가능한 발전을 이루기 위해서는 윤리적 접근이 필수적이다.

제4장.
인간-AI는 어떻게 상호 작용하는가
: 사이버네틱스로 본 책임과 안전

I. 들어가는 글

인간보다 출중한 능력을 지닌 기계가 인간을 대체할 것이라는 두려움은 오래전부터 문학과 영화 속에 반복되어 왔다. 공상 과학 소설은 AI를 둘러싼 윤리와 위험을 논하는 담론의 장이 되었다. 메리 셸리(Mary Shelley)의 1818년 소설 『프랑켄슈타인(Frankenstein, or the Modern Prometheus)』에서는 과학자와 그가 창조한 피조물 모두 파멸로 귀결된다. 카렐 차페크(Karel Čapek)의 1921년 SF 희곡 『R.U.R.(Rossum's Universal Robots)』 역시 로봇을 미리 파괴하지 않으면 결국 인간의 자리를 빼앗게 될 것이라는 메시지를 담고 있다. 이러한 작품들은 오늘날에도 여전히 이어지는 로봇 사용에 대한 사회적 우려를 강하게 표명한다. 로봇이 혁신적 편의를 제공하는 동시에, 사람들의 삶에 전례 없는 위험을 초래할 수 있으며, 이를 방지하기 위한 규제가 시급하다는 사실을 잘 보여 준다(Christoforou & Müller, 2016).

한편, 노버트 위너(Nobert Wiener)는 『사이버네틱스(Cybernetics)』(1948)에서 기계와 생명체에서 이루어지는 제어와 커뮤니케이션을 탐구했다. 그는 『인간의 인간적 사용(The Human Use of Human Beings)』(1950)에서 사이버네틱스의 윤리적·사회적 함의를 일부 다루었다. 당시 사이버네틱스는 비교적 새로운 사상이었고, 그 과학적·사회적 의미가 충분히 설명되지 못했다(Wiener, 이희은·김재영 역, 2011). 그러나 오늘날 사이버네틱스는 광범위한 사회적·과학적 파장을 일으키고 있다. 사이버네틱스는 위너와 클로드 섀넌(Claude Shannon)의 연구를 통해 발전한 통신과 제어의 과학으로, 의사 결정 과정 연구에 중요한 시사점을 제공한다. 현대의 컴퓨팅 기계는 두뇌와 신경계를 모방해 수치 및 논리 조작을 수행하며, 여기에 센서와 작동기를 결합하면 외부 세계로부터 데이터를 받아들이고 그에 따라 행동할 수 있어 생명체와 유사해진다. 사이버네틱스는 정보 이론, 제어 이론, 기계 학습 등 다양한 분야와 연계되어 있으며(Johnston, 2008), 현대 제어 이론, 로보틱스, 인공지능, 시스템 생물학 등의 발전에 크게 기여했다. 나아가 다양한 복잡계의 기본 원리를 탐구함으로써 과학 기술뿐만 아니라 사회 과학·인문학에도 적지 않은 영향을 미쳤다.

사이버네틱스는 현대 정보과학과 뉴런망 개념의 태동에도 큰 역할을 했다. 인간의 정신(mind)을 디지털 부호화하려는 현대 뇌신경과학에 강한 영향을 미친 것이다. 위너는 인간을 커뮤니케이션의 동물로 전제하고, 피드백에 입각한 정보 이론을 정립하고자 했다. 그는 폭력성·야만성·전쟁과 같은 인간의 부정적 국면이 전체주의적 선동과 선전에 의해 정보의 엔트로피가 증가한 결과라고 보았다. 이러한 부정적 정보 엔트로피를 줄이기 위해 그가 고안한 것이 바로 사이버네틱스, 즉 정보가 자유롭게 순환하는 자동 제어 시스템이었다. 이후 사이버네틱스는 이를 계승한 인지과학에서 인지주의를 낳았고, 오늘날 인공지능 개발의 기반 인식을 형성했다. 인간 뇌의 디지털 부호화와 신체의 탈물질화는 포스트휴먼의 이상에 접근한다. 디지털 혁명이 촉발한 포스트휴먼 개념은 인간의 정의와 위상, 인간과 기계의 관계 및 경계를 근본적이고 급진적으로 재고하게 만든다(김동윤, 2019). 위너는 사이버네틱스 기술이 인간 사회에 미칠 수 있는 긍정적·부정적 영향을 모두 강조했으며, 기술 개발은 인간의 복지와 발전을 목표로 해야 하며 기술이 인간의 통제를 벗어나지 않도록 경계해야 한다고 주장했다.

따라서 본 장은 위너의 사이버네틱스 기본 아이디어 가운데 윤리적 측면을 검토하고, 이를 바탕으로 AI 윤리 교육의 구성 방향을 제안하고자 한다. 다음 세 가지 문제에 초점을 맞춘다. 첫째, 사이버네틱스의 윤리적 측면은 무엇이며 이것이 AI 윤리에 주는 의미는 무엇인가? 둘째, 학교 AI 윤리 교육에서 사이버네틱스의 핵심 아이디어를 어떻게 활용할 수 있는가? 셋째, 사이버네틱스를 적용한 AI 윤리 수업은 어떻게 구성할 수 있는가?

II. 사이버네틱스 관점에서의 피드백, 제어, 시스템

1. 사이버네틱스 기원과 개념

사이버네틱스(cybernetics)라는 단어는 그리스어 κυβερνητική('통치') 에서 유래한다. 동사형인 κυβερνώ는 '조종하다', '항해하다', '통치하 다'를 뜻하며, κυβερνη는 사람을 포함한 통치의 대상을 가리킨다. 고 대 그리스에서 사이버네틱스라는 용어는 플라톤의 『법률』에서 보이 듯 도시 행정관의 기술을 의미했다. 사이버네틱스는 생명체·기계·조 직 내의 제어와 커뮤니케이션 개념을 연구하는 학제 간 과학으로, 수 학·논리학·기호학·생리학·생물학·사회학의 교차점에서 출발했다. 이 학문의 고유한 특징은 과학적 인식에 내재한 일반 원칙과 접근 방식을 분석하고 드러내며, 기계·동물·사회 등 다양한 시스템에서 제어 및 정 보 전송 과정의 보편적 규칙성을 탐구한다는 데 있다. 사이버네틱스, 또는 사이버네틱스 1.0(1차 사이버네틱스)은 동물·기계·사회에서의 제어와 데이터 처리를 포괄하는 과학으로 정의될 수 있다(Novikov, 2016).

사이버네틱스는 근본적으로 위너와 섀넌의 아이디어―정보는 측 정 가능한 양이며 통계적으로만 연구될 수 있다는 생각―에 기반한다 (Wiener, 1950). 사이버네틱스 이론의 가장 기본적 신념은 '정보가 인간과 기계 모두의 언어'이며, 모든 것은 메시지, 즉 정보의 송·수신과 피드 백에 달려 있다는 점이다. 기계·유기체·사회가 어떻게 기능하느냐는 이러한 메시지의 '질'에 좌우된다. 위너는 사이버네틱스를 '동물과 기계의 제어와 의사소통의 과학', 곧 '조종술의 예술'로 정의했다. 이는 '기계 이론'이지만 사물의 정체(무엇인가?)가 아니라 행위(무엇을 하는가?)를 다룬다. 물리학과 밀접한 연관성에서 출발했으나, 본질적으로 물리 법칙이나 물질의 속성에 의존하지 않는다. 사이버네틱스는 규칙적·결정적·재현 가능한 '모든 형태의 행동'을 탐구한다(Ashby, 1957).

사이버네틱스는 복잡한 시스템에서 '조직의 추상적 원리'를 연구하는 과학으로, 시스템이 무엇으로 이루어졌는지보다 '어떻게 작동하는지'에 관심을 둔다. 다학제적 성격의 사이버네틱 추론은 물리적·기술적·이원론적·생태학적·심리적·사회적 모델이나 그 조합 등 모든 종류의 설계·모델에 적용될 수 있다. 특히 2차 사이버네틱스(사이버네틱스 2.0)는 시스템과 그 시스템에 대한 모델을 구성하는 과정에서 '인간 관찰자'의 역할을 중점적으로 다룬다. 사이버네틱스는 공학적·인공적 시스템뿐 아니라, 창조자에 의해 외재적으로 통제되기보다 스스로 목표를 설정하는 유기체·사회 같은 진화된 자연 시스템에서도 제어와 커뮤니케이션을 강조한다는 점에서 차별화된다. 하나의 독립된 분야로서 사이버네틱스는 1944년부터 1953년까지 이어진 일련의 학제 간 회의를 통해 성장했으며, 초기에는 기계와 동물에 집중했으나 곧 마음과 사회 시스템으로 빠르게 확장되었다(Heylighen & Joslyn, 2001).

현대적이면서 동시에 고전적인 '사이버네틱스'의 해석은 1948년 위너가 개척한 "동물과 기계에서 제어와 통신의 과학적 연구(the scientific study of control and communication in the animal and the machine, 1948)"이다. 위

너는 생물학적·기계적·사회적 등 모든 복잡한 시스템과 관련해 '조종/거버넌스' 개념을 지칭하기 위해 이 용어를 만들었다(Gardiner, 2022). 다른 고전적 사례로 윌리엄 애시비(William Ashby)와 스태포드 비어(Stafford Beer)가 있는데, 애시비(1956)는 생물학적 측면을, 비어(1959)는 경제적 측면을 각각 강조했다. 위너의 사이버네틱스는 다양한 과학에서 얻은 성과를 [그림 1]과 같이 통합했으며, 이는 '사이버네틱스'로 알려진 새로운 합성 과학의 탄생을 의미한다. 그의 사이버네틱스는 제어 이론·커뮤니케이션 이론·시스템 이론·최적화·오퍼레이션 리서치·인공지능·데이터 분석·로봇공학 등을 아우르며, 서로 다른 과학의 결과를 통합해 하나의 합성 학문으로 자리매김하게 했다. 이때 핵심 용어로는 제어, 통신, 시스템, 정보, 피드백, 블랙박스, 다양성 등이 포함된다(Novikov, 2016).

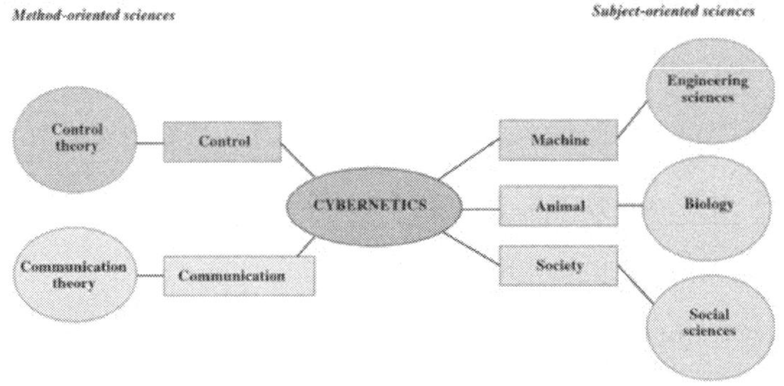

[그림 1] The phylogenesis of Wiener's cybernetics(Novikov, 2016 재인용)

사이버네틱스는 물리적으로 구현되어 있으며 인간 두뇌와 신경 시스템의 작동을 이해하는 것을 핵심 목표로 한다(Wiener, 2019). 이는 기계와 뇌 그리고 사회 사이에 흥미로운 시사점을 드러낸다. 과학은 복잡성을 그 자체로 연구하기 위한 시도를 했는데, 이를 다루는 방법 중 주목되는 것이 사이버네틱스이다. 사이버네틱스는 본질적으로 매우 복잡한 시스템을 연구하고 제어할 수 있는 효과적인 방법을 제공한다(Ashby, 1956). 이 점에서 AI 윤리는 사이버네틱스의 방법론과 원리를 활용하여 복잡한 AI 시스템의 윤리적 측면을 분석하고 관리하는 데 중요한 통찰을 얻을 수 있다. 사이버네틱스의 피드백 루프와 자기 조절 메커니즘에 대한 이해는 AI 시스템의 윤리적 행동을 설계하고 모니터링하는 데 적용될 수 있으며, 이는 AI 윤리 교육의 핵심 요소가 될 수 있다.

2. 사이버네틱스의 철학적 의의

사이버네틱스는 인간의 본성과 본질적으로 맞닿아 있다. 이에 대한 포괄적 이해는 특정 학문, 지식 영역, 전문적 실천에 국한되지 않고, 사이버네틱적 사고—곧 반사적 사고와 피드백 루프를 통한 연속적 이해—를 요구한다. 사이버네틱스는 ① 피드백, ② 목적론, ③ 창발적 속성이라는 세 가지 핵심 개념을 품고 있으며, 이는 "전체로서의 시스템은 부분의 합보다 크다"라는 관점을 공유하는 시스템 이론 및 철학의 한 축을 이룬다. 이러한 통찰은 아리스토텔레스, 스콜라 철학자들, 그리고 중세의 아랍·페르시아·유대 철학자들에 의해 일찍이 강조되었고, 사이버네틱스는 아리스토텔레스 이래 약 2,000년 동안 알려져 온 것을 재발견하고 있다(Callaos, 2021). 사이버네틱스의 관심사는 에너지 전달이 아니라 '정보' 전달이며, 그 원리는 모든 과학 분야에 적용될 만큼 보편적이다. 화학·물리학·심리학·생물학 등의 시스템을 동일한 언어로 기술할 수 있다는 점은 사이버네틱스의 강점으로, 상이한 과학 영역을 서로 연결해 준다. 예컨대 인간 신경계가 복잡한 자기 조절 메커니즘과 동형임을 보일 수 있다면, 기계의 행동을 통해 기대되는 인간 행동을 추론하는 것이 가능해진다(Keaton, 1969). 이 점은 최근 AI 연구와도 긴밀히 호응한다.

사이버네틱스의 주요 기여는 '목적성', 즉 목표 지향적 행동을 제어와 정보의 관점에서 설명했다는 데 있다. 유기체는 환경의 영향이나 내부 역학만으로 엄격히 결정되지 않으면서도 목적을 가지고 행동한다. 이로써 사이버네틱스는 로봇공학과 자율 에이전트 연구를 예견했으며, 제어 이론·컴퓨터 과학·정보 이론·인공지능 등 현대 과학의 출현과 전개에 결정적 영향을 미쳤다. 초기 사이버네틱스 연구자들은 기술과 생물학적 시스템의 유사성을 탐구하며, 디지털 시스템을 두뇌의 모델로, 정보를 기계의 몸에 대한 마음으로 가설화했다. 1970년대 초에는 자율성·자기 조직화·인지·시스템 모델링에서 '관찰자'의 역할을 부각하는 2차 사이버네틱스가 등장했다. 이 학파는 시스템의 속성과 시스템 제작자가 구축한 모델의 속성을 분별해야 함을 강조했다. 사이버네틱스 원리들은 다양한 분야에서 주기적으로 재발견·재구성되었는데, 1940년대 사이버네틱스 학자들이 처음 고안한 신경망은 1960년대 후반과 1980년대 후반에 부활했으며, 1990년대 로봇공학·인공지능 영역에서는 자율적 상호 작용의 중요성이 재조명되었다(Heylighen & Joslyn, 2001). 기술이 갈수록 복잡해지는 오늘, 이러한 발전을 이해하고 조망하는 데 기여할 수 있는 사이버네틱스 같은 개념적 프레임워크의 필요성이 다시 대두되고 있으며, 이는 곧 사이버네틱스가 지니는 철학적 의의다. 이러한 맥락에서 사이버네틱스는 기술적·철학적·사회적 문제를 포괄적으로 다룰 수 있는 중요한 도구로 기능할 수 있다.

III. 사이버네틱스와 인간-AI 상호 작용에서의 책임 귀속 문제

1. 노버트 위너와 기술 윤리

사이버네틱스는 미국이 정보 사회로 발전하는 데 중요한 역할을 했다. 정보는 물질이나 에너지보다 더 중요한 경제적·사회적 삶의 핵심 요소였다. 노버트 위너는 전자적이고 컴퓨터화된 제어 시스템이 제2차 산업 혁명의 기초를 형성할 것이며, 컴퓨터가 일상적인 의사 결정 과정에 활용될 것이라고 주장했다. 1950년대 초반, 자본주의 비평가 스튜어트 체이스(Stuart Chase)를 비롯한 여러 신문과 잡지 필자들은 위너의 제2차 산업 혁명 예측을 논평했으며, 이는 자동화 관련 문헌에서 주요 쟁점으로 자리 잡았다(Kline, 2006).

과학계에서는 인간 유기체를 복잡한 통신 시스템으로 이해하는 것이 상식으로 받아들여진다. 신체 내부의 신경계와 뇌의 네트워크는 일련의 전기적 채널을 통해 정보를 전달하거나 전송하며, 이는 전화선이나 컴퓨터 프로세서와 종종 비교된다. 이러한 유비적 사고는 네트워크 통신 기술을 인간 신경계의 확장으로 이해하는 데 큰 공감을 불러일으켰다. 나아가 개인의 주관성과 전기·전자 통신 네트워크의 결합은 흔히 포스트휴먼(posthuman) 혹은 사이보그(cyborg)로 불리는 새로운 기술적 정체성의 진화를 상징해 왔다. 결국 사이버네틱 유기체란 조종, 즉 통제를 전제로 하는 하나의 통신 시스템인 것이다(Muri, 2008).

위너는 1948년에 『사이버네틱스(Cybernetics)』를 처음 출판한 뒤 두 차례 다시 출간했으며, 이후 저작들에서는 자신이 창조한 기술들에 대한 견해와 예측을 담았다. 1965년 뉴욕 타임즈의 평론가 존 파이퍼(John Pfeiffer)는 사이버네틱스를 "지금까지 쓰인 가장 훌륭한 지적 모험 이야기 중 하나"라 평가했고, 위너가 컴퓨터 기술의 잠재적 위험을 경고한 사실이 "큰 반향을 일으켰다"라고 언급했다. 히로시마와 나가사키 이후 수년 동안 미국인들은 과학자들이 풀어놓은 힘을 통제하지 못할지도 모른다는 불안을 가졌으며, 위너 또한 기술이 선과 악 모두를 위해 실제로 활용될 것임을 예상했다.

많은 이들은 사이버네틱스가 '인간과 사회에 대한 더 나은 이해'로 이어지기를 기대했으나, 위너는 이를 지극히 희박한 희망으로 보았다.

또한 그는 정보 통신 기술이 민주주의에 미칠 잠재적인 파괴적 영향역시 예견했다. 위너는 기계가 인간의 명령을 기계적으로 수행하지만,그 결과가 의도와 정반대로 나타날 수 있음을 간파했다. 그는 특히 '속도'를 자동화의 중요한 특징으로 지적하며, 인간의 느린 반응 속도로인해 인류가 기계에 대한 효과적인 제어를 상실할 수 있다고 경고했다. 즉, 감각을 통해 정보를 받아들이고 자동차를 멈추려 반응하는 그순간 이미 벽에 부딪혔을 수 있다는 것이다(Wiener, 2019).

이러한 위너의 통찰은 오늘날 AI 윤리와 관련된 주요 논의와도 직접적으로 맞닿아 있다. 이는 기술 발전이 사회에 미치는 영향을 끊임없이 경계하며, 책임 있는 접근을 견지해야 한다는 필요성을 다시금일깨워 준다.

2. AI 윤리와 사이버네틱스

『사이버네틱스(Cybernetics)』에서 위너는 상업 사회의 광고에 대해 강한 반감을 드러내며, 회유·뇌물·협박을 적절히 결합하면 젊은 과학자를 유도 미사일이나 원자 폭탄 연구에 참여하도록 유혹할 수 있다고지적했다(Dusek, 2021). 그는 이미 1940년대에 자동화가 가진 힘과 잠재력, 그리고 그에 수반될 윤리적·사회적 문제를 예리하게 인식하고 있었다. 위너에 따르면, 커뮤니케이션과 통제는 사회적 삶뿐 아니라 인간 내면의 삶의 본질과도 깊이 맞닿아 있다. 다시 말해, 과학과 기술은본질적으로 윤리와 긴밀히 연결되어 있는 것이다.

16-17세기 유럽에서 코페르니쿠스, 뉴턴 등 과학자들은 강력하면서도 새로운 우주 모델을 개발했다. 이러한 놀라운 과학적 성취는 과학과 인간 이성의 힘에 대한 깊은 존경을 불러일으켰다. 동시에 인쇄술의 발명은 지식을 소수 학자의 전유물이 되지 않게 했으며, 이를 유럽 전역으로 폭넓게 전파할 수 있게 만들었다. 이와 같은 과학·기술적 성과는 홉스, 로크, 루소와 같은 철학자들에게 영감을 주어, 인간 본성과 이상적 사회에 대한 개념을 새롭게 재검토하게 했다. 이들은 인간을 스스로 사고하고 지식을 획득할 수 있는 이성적 주체로 보았으며, 사회는 정보에 입각한 합리적 시민들이 사회 계약을 통해 함께 협력하는 공동체로 이해했다. 이러한 철학적 전개는 벤담과 칸트의 윤리 이론뿐 아니라 미국 혁명과 프랑스 혁명 같은 정치적 변화를 준비하는 사상적 토대가 되었다(Bynum, 2008).

오늘날의 많은 자동화 장치는 외부 세계와 연결되어 인상을 받아들이고 행동을 수행한다. 이들은 감각 기관, 효과기, 정보 전달 기능을 통합하는 일종의 신경계와 유사하다. 『사이버네틱스』는 정보 개념이 통신·제어·통계 역학에서 어떠한 역할을 하는지를 다루며, 위너는 철학적이면서도 기술적인 방식으로 물리학의 진화를 탐구했다. 그는 뉴턴 역학에서 통계 역학, 가역성에서 비가역성, 그리고 궁극적으로 양자 역학으로의 발전을 짚으며 현대 기계에 대한 논의를 확장했다. 또한 자동화와 신경계 사이의 유사성을 설명하기 위해 괴테의 「마법사의 제자」, 『천일야화』의 '어부와 지니', 윌리엄 제이콥스(William W. Jacobs)의 단편 「원숭이 손(The Monkey's Paw)」을 언급했다. 이 이야기들의 주인공들은 자신들이 불러낸 힘과 마법이 얼마나 파국적으로 잘못될 수 있는지를 성찰하게 된다(Wiener, 2019; Wiener, 김재영 역, 2023).

정보 기술은 산업화 이후 사회 제도와 관행 속에서 필수 불가결한 요소가 되었으며, 주요 과학·기술 혁신은 종종 심대한 사회적·윤리적 영향을 불러일으킨다. 정보 프라이버시, 디지털 격차와 평등 접근, 전자적 신뢰, 원격 민주주의 등 정보 기술은 수많은 윤리적 난제를 야기했다. 정보 기술은 우리가 세계를 인식하고 타인과 관계 맺는 방식을 근본적으로 변화시켰으며, 철학자들로 하여금 인간과 사회의 본질을 다시 성찰하게 만들었다. 위너는 이러한 철학적 발전을 선도한 인물로서, 1940년대에 '정보 윤리'를 학문적 탐구 영역으로 정립했다. 특히 저서 『인간의 인간적 활용-사이버네틱스와 사회(The Human Use of Human Beings)』(1950)에서 그는 오늘날 컴퓨터 윤리, ICT 윤리, 정보 윤리로 불리는 분야의 철학적 기반을 마련했다.

위너는 모든 동물, 특히 인간을 정보 처리자로 간주했다. 즉, ① 지각을 통해 외부 세계에서 정보를 받아들이고, ② 생리적 과정에 따라 이를 처리하며, ③ 처리된 정보를 활용해 환경과 상호 작용한다는 것이다. 많은 동물, 특히 인간은 정보를 신체에 저장하고 과거 경험을 바탕으로 미래의 활동을 조정할 수 있다. 그는 아리스토텔레스처럼 인간을 동물 중 가장 정교한 정보 처리자로 보았으며, 인간 유기체의 구조적 다양성과 잠재성이 인간의 고귀한 비상을 가능하게 한다고 강조했다(Bynum, 2008).

그러나 위너는 인간이 마법사의 제자처럼 통제 불가능한 인공 에이전트를 만들어 낼 위험성을 경고했다. 즉, 기계는 학습하고 그 학습을 기반으로 결정을 내릴 수 있으나, 반드시 인간이 내려야 할 결정을 대신하거나 인간이 수용할 수 있는 결정을 보장하지는 않는다. 만약 이를 간과한 채 기계에 책임을 떠넘긴다면, 그것은 인간이 자신의 책임을 포기하는 행위에 다름 아니라고 보았다(Wiener, 1950). 따라서 위너는 이러한 위험을 방지하기 위해 인공 에이전트에 적용할 윤리적 규칙과, 그것을 주입할 수 있는 새로운 기술의 필요성을 주장했다. 그는 다가올 미래 사회를 '기계의 시대' 혹은 '자동의 시대'라 명명하며, 기계가 물리적 환경은 물론 사회 구조에까지 통합될 것이라 전망했다. 이 기계들은 메시지를 생성·송수신하고, 외부 세계로부터 정보를 수집하며, 의사 결정을 내리고, 행동을 실행하며, 심지어는 자기 복제까지 할 수 있을 것이라 내다보았다.

이와 같은 전망 속에서 위너는 도덕성을 정의와 동일시하며, 자유·평등·박애와 같은 근본 원칙을 강조했다. 그는 여기에 더해 '자유 최소 침해의 원칙'을 제시했는데, 이는 공동체나 국가가 행사하는 강제력이 개인의 자유를 불필요하게 침해하지 않아야 한다는 것이다. 정의는 모든 상황에서 일관되게 적용될 수 있어야 하며, 법률 또한 권리와 의무가 충돌할 때에도 예측 가능성과 보편성을 확보해야 한다(Wiener, 1950; Wiener, 이희은·김재영 역, 2011). 위너는 기계의 위험성은 기계 그 자체가 아니라 그것을 사용하는 인간의 목적과 선택에서 비롯된다고 강조하면서, 우리가 '어떻게(how)' 목적을 달성할 것인가뿐만 아니라 '무엇(what)'이 우리의 궁극적 목적이어야 하는지를 결정해야 한다고 역설했다(Wiener, 이희은·김재영 역, 2011).

또한 위너는 오늘날 컴퓨터 윤리에서 핵심적으로 논의되는 다양한 주제들을 다루었다. 그의 전략 중 하나는 정보·통신 기술이 '인간의 가치'에 어떤 영향을 미치는지를 분석하고, 이를 바탕으로 그 가치를 발전시키고 수호하는 것이었다. 위너의 분석은 다섯 단계로 요약된다.

① 정보 기술의 사회적 통합과 관련된 윤리적 문제나 긍정적 기회를 식별한다.

② 기존 정책을 적용해 문제를 해결하거나 기회를 활용할 방법을 찾는다.

③ 기존 정책이나 개념이 모호하거나 불명확할 경우 이를 명확히 한다.

④ 기존 정책이 충분치 않으면 윤리적으로 정당한 새로운 정책을 수립하거나 수정한다.

⑤ 새롭거나 수정된 정책을 실제 상황에 적용한다.

위너는 이러한 접근을 통해 정보 윤리를 학문적 주제로 제도화했으며, 형이상학적 토대, 인간 본성과 사회에 대한 새로운 이론, 사회 정의와 목적에 대한 관점을 제시했다. 또한 그는 컴퓨터 윤리에 관한 다양한 의견, 사례, 분석을 축적해 두었다. 그가 수십 년 전 제기한 주제들은 오늘날에도 여전히 유효하다. 에이전트 윤리, 인공지능, 기계 심리학, 가상 공동체, 재택근무, 컴퓨터와 실업, 컴퓨터 보안, 종교와 컴퓨터, 학습과 컴퓨터, 장애인을 위한 컴퓨터 활용, 인간-기계 융합, 컴퓨터 전문가의 책임 등이 그 대표적 사례다(Bynum, 2008). 위너의 정보 윤리에 대한 기여는 앞으로도 지속적으로 중요성을 지닐 것이며, 그의 언급은 오늘날 AI 윤리 교육에 있어서도 반드시 고려되어야 한다.

　"제3차 세계 대전만큼 생각만 해도 소름이 끼치는 일은 없다. 본질적으로 학습 기계를 부주의하게 사용하는 가운데 부분적으로는 전쟁의 위험이 생겨나는 것이 아닌지 생각해 볼 가치가 있다. 학습 기계는 우리에게 위험하지 않다. 필요할 때 언제든지 스위치를 끄기만 하면 된다는 설명은 자주 들어 왔다. 그러나 우리가 스위치를 끌 수 있을까? 실제로 스위치를 끄려면 위험이 임박한 것인지 아닌지에 관한 정보를 알아야 한다. 자기가 만든 기계라는 것만으로는 스위치를 끄는 데 필요한 정보를 입수한다고 보증할 수 없다. (중략) 새로운 학습 기계도 응용성 없이 목표를 추구한다. 전쟁에서 이기는 기계는 프로그래밍하려면 이긴다는 것이 어떤 것인지 잘 생각해야 한다(Wiener, 김재영 역, 2023)."

IV. 예측 불가능성에 대비하는 안전한
AI 시스템 설계와 교육의 역할

1. 사이버네틱스를 고려한 AI 윤리 교육

위너는 사이버네틱스 이론에서 정보와 제어의 중요성을 강조하였다. 그는 메시지가 단순히 언어적 전달에 그치지 않고, 기계와 사회를 통제하는 수단으로 기능한다고 설명한다. 이는 현대 컴퓨터 기술의 발전과 맞물려 심리학과 신경과학을 포함한 복잡한 과학적 탐구의 본질적 일부로 이해될 수 있다(Wiener, 이희은, 김재영 역, 2011). 특히 사이버네틱스가 내포한 다음과 같은 몇 가지 논점은 오늘날 AI 윤리의 중요성을 분명하게 드러낸다.

첫째, 피드백과 자율 시스템이다. 위너는 기계와 생명체의 자율 시스템이 피드백 메커니즘을 통해 제어된다고 보았다. 예컨대 엘리베이터의 자동 조작은 외부 자극을 수용하여 제어되는 시스템의 대표적 사례다. 위너는 이러한 피드백 메커니즘이 제대로 작동하지 않을 경우 예기치 못한 결과를 초래할 수 있다고 경고했다(Wiener, 이희은, 김재영 역, 2011). 이는 AI 시스템이 환경과 상호 작용하며 스스로 조정할 때 발생할 수 있는 윤리적 문제를 이해하는 데 핵심적이다. AI가 잘못된 데이터를 학습하여 예상치 못한 결과를 만들어 낼 가능성을 사전에 인식하고, 이를 방지하기 위해 지속적인 모니터링과 수정이 필요하다. 나아가 피드백 메커니즘은 AI 시스템의 투명성과 책임성을 보장하는 데에도 필수적이다. 따라서 AI 개발자와 운영자는 시스템의 작동 원리와 피드백 구조를 면밀히 검토하고, 필요할 경우 신속히 개입할 수 있는 절차를 마련해야 한다. 이는 기술 발전이 인간과 사회에 미칠 영향을 신중히 고려하도록 요구하는 AI 윤리의 핵심 과제와 직결된다.

둘째, 인간과 기계의 상호 작용이다. 위너는 인간과 기계의 상호 작용에서 파생되는 윤리적 문제를 심도 있게 다루었다. 그는 기술이 인간의 삶에 미치는 영향을 결코 간과할 수 없으며, 특히 기계가 자율적으로 작동하는 경우 책임의 주체가 모호해질 수 있다고 지적했다(Wiener, 이희은, 김재영 역, 2011). 이는 곧 기술 개발과 활용에 있어 윤리적 고려가 반드시 수반되어야 함을 의미한다. AI 윤리 교육 또한 기술이 인간 사회에 미치는 긍정적·부정적 영향을 분석하고, 책임 있는 기술 사용을 장려하는 방향으로 나아가야 한다.

셋째, 기술의 사회적·윤리적 영향이다. 위너는 기술이 사회에 미치는 윤리적 결과를 중시했다. 그는 기술이 잘못 사용될 경우 사회적 혼란과 심각한 윤리적 문제를 야기할 수 있음을 경고하면서, 이를 예방하기 위해 기술 사용에 대한 '규범'과 '원칙'을 확립하는 것이 필수적이라고 주장했다(Wiener, 이희은, 김재영 역, 2011). 이는 오늘날 정보 기술 발전에서 제기되는 설명 가능성, 개인 정보 보호, 책임성 확보 등의 문제와 직결된다. 나아가 AI와 같은 첨단 기술이 사회에 미칠 수 있는 부정적 영향을 최소화하기 위해서는 투명성과 책임성을 보장할 제도적 장치와 가이드라인이 필요하다. 기술 발전이 가져오는 혜택과 위험을 균형 있게 고려하고 사회적 신뢰를 구축하는 일은 기술을 단순한 효율성의 도구가 아닌 인간 중심의 가치와 윤리를 반영한 발전의 길로 이끄는 데 필수적이다.

위너는 이미 수십 년 전에 사이버네틱스 이론을 통해 오늘날 AI 기술의 급속한 발전과 그로 인해 발생할 수 있는 윤리적 문제를 예견했다. 이러한 그의 통찰을 고려할 때, AI 윤리 교육이 초등 교육에서부터 필수적인 이유를 다음과 같이 정리할 수 있다.

첫째, 조기 윤리 의식의 형성이다. AI 기술이 일상에 깊이 통합된 시대에는 어린 시절부터 기술의 윤리적 사용에 대한 인식을 심어 주는 것이 중요하다. 사이버네틱스의 핵심 원리인 피드백 루프와 제어 메커니즘을 배우는 과정은 학생들에게 AI 시스템의 작동 원리와 사회적 영향을 동시에 이해하게 하여, 책임 있는 기술 활용의 기초를 마련한다. 둘째, 비판적 사고력의 개발이다. 사이버네틱스가 제공하는 시스템적 사고방식은 학생들이 AI의 복잡성과 사회적 파급 효과를 비판적으로 분석할 수 있는 능력을 키우는 데 기여한다. 위너가 강조한 '자유 최소 침해의 원칙'을 실천하기 위해서도 이러한 사고력은 필수적이다. 이를 통해 학생들은 기술의 표면적 효율성을 넘어 그 본질적 의미와 한계를 신중하게 이해할 수 있다. 셋째, 책임감 있는 기술 사용의 촉진이다. 위너가 경고한 '통제할 수 없는 에이전트'의 위험을 이해하는 것은 미래 세대에게 핵심적 역량이다. 학생들은 AI가 잘못된 결정을 내릴 경우 발생할 수 있는 윤리적 문제를 사전에 인지하고, 이를 예방할 수 있는 실천적 방법을 배워야 한다. 넷째, 학제 간 교육 접근의 필요성이다. 사이버네틱스는 본질적으로 학제적 성격을 띠며, AI 윤리 교육 역시 과학·기술·윤리·사회학 등 다양한 지식을 통합하는 접근이 필요하다. 이를 통해 학생들은 기술을 다각도로 평가하고, 윤리적 문제에 대해 균형 잡힌 대응을 할 수 있다.

2. 교육에서의 AI 윤리 교육 방안

현재 공유되고 있듯이, AI 윤리 교육은 AI 기술이 가져올 미래의 도전에 대비하여 학생들을 준비시키는 데 중요한 역할을 한다. 보다 전문적이고 체계적인 AI 윤리 교육의 구상은 미래 세대 교육에서 핵심적 의의를 지닌다. 따라서 AI와 사이버네틱스의 기본 개념을 이해하고 이를 바탕으로 교육 체계를 수립하는 일은 미래 사회의 책임 있는 구성원을 양성하는 데 크게 기여할 것이다.

학교에서 AI 윤리 교육을 효과적으로 실시하기 위한 방안은 다음과 같다. 첫째, 연령에 적합한 커리큘럼의 개발이다. 예컨대 사이버네틱스의 기본 개념을 학생 눈높이에 맞게 단순화하여, 간단한 피드백 시스템을 통해 AI의 기본 원리를 설명할 수 있다. 둘째, 체험형 학습이다. 위너의 '인간의 이용(The Human Use of Human Beings)' 개념을 바탕으로 AI 기술이 일상생활에 미치는 영향을 직접 체험할 수 있는 활동을 설계할 수 있다. 예를 들어 챗봇과의 대화를 통해 AI의 가능성과 한계를 탐구하도록 할 수 있다. 셋째, 윤리적 딜레마 시나리오 활용이다. 위너가 제시한 정의의 원칙에 기초하여 학생들이 AI 관련 윤리적 딜레마를 토론하고 해결책을 모색하는 활동을 진행한다. 넷째, 프로젝트 기반 학습이다. 학생들이 AI 기술을 활용해 사회 문제를 해결하는 프로젝트를 수행하도록 하여, 위너의 박애 원리를 실제 상황에서 실천하는 방법을 학습하게 한다.

이러한 접근을 바탕으로 교육 과정을 다음과 같이 보강할 수 있다. 첫째, 윤리적 프레임워크 도입이다. 학생들에게 공리주의, 의무론, 덕 윤리 등 기본 윤리 이론을 소개하고 이를 AI 맥락에 적용해 보도록 한다. 둘째, AI 윤리 핵심 주제의 체계적 분류와 학습이다. 예를 들어, 알고리즘 편향을 분석하며 편향성과 공정성을 탐구하고, 프라이버시와 데이터 윤리를 통해 데이터 보호 규정을 살펴본다. AI 의사 결정의 투명성과 설명 가능성을 주제로 블랙박스 문제와 그 윤리적 함의를 논의할 수 있으며, AI의 사회 경제적 영향을 다루며 자동화로 인한 노동 시장 변화와 정책적 대응을 검토할 수 있다. 또한 AI 거버넌스와 규제를 주제로 국내외 규제 프레임워크를 비교 분석하고, 자율 규제와 정부 규제의 장단점을 토론하게 할 수 있다. 더 나아가 윤리적 AI 설계 실습을 통해 학생들이 윤리적 고려 사항을 반영한 AI 시스템을 직접 설계해 보도록 할 수 있다. 셋째, 다학제적 접근이다. 자율 무기 시스템, 뇌-컴퓨터 인터페이스 등 신기술의 윤리적 함의를 토론하고, 디지털 시민권과 AI 리터러시 교육을 통해 온라인 플랫폼에서 AI의 중재 역할과 한계를 탐구할 수 있다. 또한 AI 윤리 문제를 학제 간 연구 프로젝트로 발전시켜 다양한 관점에서 분석할 수 있도록 한다. 이러한 시도는 학생들의 연령 및 학년 수준에 따라 차등 적용할 수 있다.

위너가 제시한 기술 개발과 사용에서의 윤리적 고려 사항은 다음과 같이 정리된다. 첫째, 학습 기계 사용의 윤리적 고려이다. 이는 재앙을 방지하기 위해 학습 기계를 부주의하게 사용하는 것을 피해야 하며, 학습 기계가 본질적으로 안전하다는 주장에 대해서는 신중한 검토가 필요함을 시사한다. 둘째, 정보 기술과 사회적·윤리적 영향이다. 이는 정보 프라이버시, 디지털 격차, 전자적 신뢰 등을 포함한다. 셋째, 정보 기술과 인간 가치의 고려이다. 기술 발전이 인간 본성과 사회에 미치는 영향을 철저히 이해하고, 정보 기술이 인간의 가치를 발전시키고 수호할 수 있도록 활용해야 한다. 넷째, 인공 에이전트에 대한 윤리적 규칙과 이를 주입할 기술의 필요성이다. 다섯째, AI 활용 목적의 명확화이다. 우리는 AI 사용의 '목적이 무엇인지'를 분명히 하고, 그 목적을 달성하기 위한 방법을 신중하게 결정해야 한다.

이러한 내용을 포함하는 커리큘럼을 통해 학생들은 AI 기술의 윤리적 측면을 심층적으로 이해하고, 복잡한 윤리적 딜레마를 분석하며, 책임 있는 AI 개발과 사용을 위한 구체적 도구와 방법론을 습득할 수 있다. 또한 이는 학생들이 미래의 AI 전문가로 성장하는 과정에서 윤리적 감수성과 비판적 사고력을 갖춘 리더로 발전하는 데 기여할 것이다. 즉, 위너가 강조한 '인간의 가치'를 보존하면서도 기술 발전을 이해하고 활용할 수 있는 미래 세대를 양성하는 기반이 될 것이다. 이에 기초한 수업 구상 예는 다음 <표 1>과 같다.

<표 1> 인간 가치 보존 위한 사이버네틱스 활용 AI 윤리 수업 구성(예)

수준	주제	내용
기초	개념 이해	AI와 사이버네틱스의 기초 이해
응용	윤리 쟁점 확인	AI의 사회적 영향과 윤리적 문제
확장	가치 확립	인간 가치의 재확인
위너의 윤리 원칙	-자유: 각 인간이 자신의 가능성을 최대한 발전시킬 수 있는 자유를 보장해야 한다. -평등: 정의는 모든 사람에게 동일하게 적용되어야 한다. -박애: 인간 사이의 호혜적인 관계를 중시해야 한다. -자유 최소 침해: 불필요한 자유 침해를 피하기 위해 강제력은 신중히 행사되어야 한다.	

첫째, AI와 사이버네틱스 개념 소개이다. 교육의 첫 단계는 AI와 사이버네틱스의 기본 개념을 이해하는 것이다. AI는 컴퓨터 시스템이 인간의 지능적 행동을 모방하는 기술을 의미하며, 사이버네틱스는 기계와 생명체의 제어와 커뮤니케이션을 다루는 학문이다. 이 두 개념을 바탕으로 학생들은 AI 시스템이 어떻게 정보를 처리하고, 결정하며, 행동하는지를 개괄적으로 배우되, 윤리적·사회적 차원에 방점을 두고 학습하게 된다. 또한 사이버네틱스의 핵심 개념인 피드백과 제어 시스템을 소개할 수 있다. 피드백은 시스템이 자신의 행동 결과를 감지하고 이를 바탕으로 행동을 수정하는 과정을 의미하며, 제어 시스템은 피드백을 통해 목표 달성 방법을 결정하는 체계이다. 예를 들어, 온도 조절기가 방의 온도를 일정하게 유지하는 원리를 설명하면서, 온도 변

화에 따른 조절기의 작동 방식을 사례로 제시할 수 있다. 이러한 교육을 통해 학생들은 AI 시스템이 환경 변화에 어떻게 반응하고 목표를 위해 행동을 수정하는지를 이해할 수 있으며, 이는 교과 간 통합 교육을 통해서도 효과적으로 이루어질 수 있다.

둘째, AI의 사회적 영향과 윤리적 문제이다. 이 단계에서는 AI와 프라이버시 문제를 다룬다. AI 시스템은 방대한 데이터를 수집·분석하여 작동하는데, 이 과정에서 개인의 프라이버시가 침해될 수 있다. 따라서 학생들에게 AI가 데이터를 어떻게 수집하고 활용하는지를 설명하고, 프라이버시 보호의 중요성에 대해 토론하게 한다. 교육 활동으로는 학생들이 자신의 데이터를 어떻게 지킬 수 있는지를 생각해 보는 시간을 마련한다. 예컨대, 소셜 미디어에서 개인 정보를 공유하는 문제를 토론하거나 안전한 인터넷 사용 방법을 배우도록 할 수 있다. 이를 통해 학생들은 AI 기술이 제기하는 윤리적 문제를 인식하고, 자신의 프라이버시를 지키는 실질적 방법을 습득할 수 있다.

셋째, 인간 가치의 재확인이다. AI의 결정과 책임 문제를 다루는 단계다. AI 시스템은 인간의 의사 결정 과정을 모방하지만, 그 결과에 대한 최종 책임은 인간에게 있다. AI가 잘못된 결정을 내렸을 때, 책임은 누구에게 있는가 하는 질문이 필요하다. 학생들에게 AI의 의사 결정 과정과 그 결과에 대해 비판적으로 성찰하도록 하고, 책임의 중요성을 토론할 수 있다. 교육 활동으로는 간단한 시나리오를 제시하여 AI의 결정과 그에 따른 책임을 논쟁하도록 한다. 예를 들어, 자율 주행 차가 사고를 일으켰을 때 누구에게 책임이 있는가라는 질문을 던져 논의하게 한다. 이를 통해 학생들은 AI의 결정이 윤리적 문제를 불러올 수 있음을 이해하고, 책임 있는 기술 사용의 필요성을 학습하게 된다.

이와 같은 교육 과정을 통해 학생들은 AI와 사이버네틱스의 기본 개념을 이해할 뿐만 아니라, AI 기술이 야기할 수 있는 윤리적 문제를 체계적으로 탐구할 수 있다. 나아가 미래 사회에서 책임감 있고 윤리적인 기술 사용자로 성장할 수 있도록 돕는다. 이에 따른 구체적인 수업 활동의 예시는 다음 <표 2>와 같다.

<표 2> AI 윤리 수업 학생 활동(예)

차시	활동명	목표	내용
1	AI와 윤리적 딜레마	AI 기술이 가져올 수 있는 윤리적 문제를 인식하고, 다양한 관점에서 비판적으로 사고한다.	· AI가 실제로 사용되는 다양한 사례(예: 자율 주행 차, 음성 인식 시스템 등)를 소개하고, 각 사례에 따른 윤리적 딜레마를 제시 · 그룹 활동을 통해 학생들이 각 사례에 대한 윤리적 문제를 분석하고, 자신의 의견을 토론
2	시뮬레이션 게임: 책임감 있는 AI 사용자 되기	책임감 있는 AI 사용자가 되기 위한 기술과 방법을 배우고 실천한다.	· 학생들이 가상 시뮬레이션 게임을 통해 AI 기술을 사용하는 다양한 상황을 경험 · 각 상황에서 발생할 수 있는 윤리적 문제를 해결하는 방법을 고민하고, 결정한 내용을 토론
3	결론 및 토론	사이버네틱스와 AI 윤리에 대한 이해를 심화하고, 이를 바탕으로 미래의 기술 발전에 대해 윤리적으로 사고할 수 있는 능력을 기른다.	· 학생들이 수업을 통해 배운 내용을 종합하여 발표 · 통제할 수 없는 에이전트를 상기하며, 현대 AI 기술의 발전과 이에 따른 윤리적 책임의 중요성을 토론

V. 나오는 글

위너의 사이버네틱스 이론은 현대 AI 기술의 급속한 발전과 그에 따른 윤리적 문제를 예측하고 이해하는 데 중요한 이론적 기반을 제공한다. 그의 핵심 개념 가운데 하나인 '정보는 인간과 기계 모두의 언어'라는 주장은 현대 정보 이론과 AI 시스템의 근간을 이루며, 단순한 데이터 전달을 넘어 정보가 시스템의 제어와 의사 결정 과정에서 핵심적 역할을 수행한다는 점을 보여 준다. 사이버네틱스의 피드백 루프 개념은 현대 AI 시스템의 학습 메커니즘, 특히 강화 학습의 원리와 밀접하게 연결된다. 또한 위너는 정보 기술의 윤리적 함의를 강조하면서, 인간의 가치를 보존하고 AI 및 정보 기술 활용 과정에서 자유, 평등, 박애, 자유 최소 침해의 원칙을 준수해야 함을 역설했다. 이러한 관점은 AI 시스템의 작동 원리와 사회적 영향에 대한 이해를 가능하게 할 뿐 아니라, AGI(범용 인공지능) 시대에 우리가 '무엇을' 추구하고 지켜야 할 것인지에 대한 중요한 통찰을 제공한다.

따라서 초등 교육 단계에서부터 AI 윤리 교육을 통합하는 것은 기술 발전의 윤리적 함의를 조기에 인식하고 대응할 수 있는 능력을 함양하는 데 필수적이다. 이는 단순히 AI 기술의 사용법을 가르치는 것을 넘어, AI가 사회와 개인에게 미치는 광범위한 영향을 비판적으로 분석하고 평가하는 능력을 기르는 것을 목표로 한다.

교육 방법론으로는 다음과 같은 접근을 고려할 수 있다. 첫째, 사례 기반 학습을 통해 실제 AI 윤리 딜레마를 분석·토론하여 학생들의 비판적 사고력을 강화한다. 둘째, 학제 간 접근을 통해 철학, 사회학, 심리학, 법학 등 다양한 학문의 관점에서 AI 윤리를 탐구함으로써 사이버네틱스의 다학문적 특성을 반영한다. 셋째, 윤리적 프레임워크 교육을 통해 공리주의, 의무론, 덕 윤리 등 주요 윤리 이론을 AI 맥락에 적용하여 분석하는 능력을 기른다.

이와 같이 학교 현장에서의 AI 윤리 교육은 기술 리터러시를 넘어서, 윤리적 판단력과 비판적 사고력을 동시에 발전시키는 AI 리터러시를 목표로 한다. 이는 AI 기술 발전이 인류의 지속 가능한 발전과 조화를 이루도록 하는 데 기여할 것이며, 궁극적으로 기술 혁신과 윤리적 고려 사이의 균형을 유지하면서 공정하고 책임 있는 AI 생태계를 구축하는 데 필수적인 토대가 될 것이다.

제2부

실천 편
- AI 윤리 교육의 방법과 적용

제5장.
아동의 뇌 발달과
AI Digital Textbooks(AIDT)의
빛과 그림자

I. 들어가는 글

디지털 기술의 비약적 발전과 인공지능(AI)의 급속한 도입은 교육 분야에 혁신적 변화를 가져오고 있다. 전통적인 종이 교과서를 대체하거나 보완하는 디지털 학습 도구들은 이미 큰 주목을 받아 왔으며, 그중에서도 AI 디지털 교과서(AI Digital Textbooks, 이하 AIDT)는 학습자의 개별 능력과 학습 속도에 최적화된 교육 콘텐츠를 제공함으로써 기존 학습 모델을 근본적으로 변화시킬 잠재력을 지닌다. 예컨대 AI 기반 커리큘럼 개발은 개별화 학습, 적응형 평가, 몰입형 교육 기술을 통해 학습 경험을 혁신할 수 있는 기회를 제공한다. 전통적 교육 시스템은 다양한 학습 양식과 개별적 요구를 충분히 반영하지 못해 학습자의 흥미 저하와 기회 상실을 초래하는 경우가 많았다. 이에 반해, 개인화 학습 알고리즘과 적응형 평가 도구와 같은 AI 기반 기술은 방대한 학습 데이터를 분석해 학습자의 강점과 약점을 파악하고, 그에 맞춘 학습 경험을 제공한다(Ejjami, 2024). 이러한 개인화는 학습자의 참여도와 성취도를 높이며, 적절한 도전 과제와 시기적 피드백을 제공함으로써 효과를 극대화한다(Gyonyoru & Katona, 2025).

그러나 AIDT가 교육 현장에 혁신적 기회를 제공하는 동시에, 그 영향이 항상 긍정적인 것만은 아니다. 특히 아동은 뇌 발달 과정에서 외부 자극에 민감하게 반응하므로, 이 시기에 제공되는 학습 경험의 효과를 뇌신경과학적 관점에서 면밀히 검토할 필요가 있다. 대략 6~12세 아동기의 뇌 발달은 매우 역동적이고 가소성이 큰 시기로, 전두엽(frontal lobe)과 두정엽(parietal lobe)은 약 12세에, 측두엽(temporal lobe)은 약 16세에 최대치에 도달하며, 후두엽(occipital lobe)의 회색질은 20세까지 꾸준히 증가한다(Giedd et al., 1999). 주목할 점은 뇌 발달에서 민감기(sensitive period)의 존재이다. 이 시기에는 경험이 뇌 발달에 특히 강한 영향을 미치며, 경험 의존적 시냅스 형성이 활발히 이루어진다(Knudsen, 2004). 즉, 시냅스는 경험을 통해 형성되고 변화하며(Phillips & Shonkoff, 2000), 어떤 학습 경험이 제공되느냐에 따라 아동의 인지적·정서적·사회적 발달 경로가 달라질 수 있다. 더욱 중요한 점은 AI에 대한 과도한 의존이 아동의 문제 해결 능력을 저하시킬 수 있다는 점이다(Liberatore et al., 2025).

AIDT를 단순히 '좋다' 혹은 '나쁘다'로 판단하거나, '도입해야 한다' 또는 '도입해서는 안 된다'라고 결론짓는 양극단의 이분법적 시각에서 벗어난, 보다 신중하고 균형 잡힌 접근이 필요하다. AIDT가 제공하는 개인 맞춤형 학습 기능은 학습자의 수준과 속도에 맞춘 콘텐츠 제공, 난이도 자동 조정, 즉각적 피드백 등을 통해 학습 동기와 몰입도를 향상시킬 수 있다는 점에서 분명한 교육적 가치를 지닌다. 그러나 동시에 디지털 기기에 대한 과도한 의존은 아동의 사회적 상호 작용 기회를 감소시키고, 과도한 시청각 자극이 주의력 발달을 저해할 수 있다는 우려 또한 간과할 수 없다. 따라서 AIDT의 교육적 장점과 한계를 종합적이고 체계적으로 검토하는 것이 필수적이다. 특히 AIDT가 아동의 뇌 발달에 미치는 영향을 충분히 이해하지 못한 채 학교 현장에 무분별하게 도입한다면, 주의력 저하나 사회적 상호 작용 능력 축소 등 예기치 않은 부정적 결과를 초래할 위험이 있다. AI 기반 학습 도구가 아동의 뇌에 직접적으로 작용하는 자극을 제공하는 만큼, 그 긍정적 효과와 잠재적 부작용을 동시에 면밀히 고려해야 한다.

이에 본 장에서는 AIDT가 아동 뇌 발달에 미치는 영향을 뇌신경과학, 교육학, 심리학의 융합적 관점에서 다각도로 분석하고자 한다. 동시에 AIDT의 장점과 잠재적 위험 요소를 균형 있게 고찰하여, 실제 교육 현장에서 이를 도입·활용할 때 필요한 구체적 가이드라인과 정책적 함의를 제시하고자 한다. 연구의 주요 문제는 다음과 같다. 첫째, AIDT가 아동의 뇌 발달에 미치는 긍정적 및 부정적 영향은 무엇인가? 둘째, AIDT를 교육 현장에 도입할 때 기대되는 가능성과 한계는 무엇인가? 셋째, 아동의 뇌 발달과 학습 경험은 어떤 연관성을 가지며,

AIDT를 효과적으로 현장에 적용하기 위해 필요한 전제 조건은 무엇인가?

II. 아동기 뇌 발달 특성과 AI 기술의 상호 작용

1. 지능형 학습 도구로서 AI 디지털 교과서(AIDT)의 개념 및 특징

AI 기술이 교육 현장에 확산되면서 전통적인 종이 교과서나 단순 전자책(e-book)을 넘어서는 에듀테크 도구의 중요성이 부각되고 있다. 다만 AIDT의 고유한 특징과 교육적 잠재력·한계를 정확히 분석하려면, 이를 단순히 학습 콘텐츠를 표시하는 일반 디지털 학습 기기나 AI 기능이 없는 기존 디지털 학습 자료와 명확히 구분해 이해할 필요가 있다. AIDT는 학습자 데이터를 실시간으로 분석하여 내용·난이도·피드백 등을 개인에게 동적으로 최적화하는 지능형 적응성을 갖춘 반면, 일반 디지털 자료는 대체로 모든 학습자에게 동일한 정적 콘텐츠와 기본적 상호 작용만을 제공한다(Aleven et al., 2016).

기본적으로 AIDT는 전통적 종이 교과서나 단순 전자책과 달리 머신 러닝, 자연어 처리, 빅 데이터 분석 등 다양한 AI 기술을 활용하여 학습자의 개별 학습 패턴을 실시간으로 파악하고, 이에 맞춘 맞춤형 학습 경험을 제공하는 디지털 교과서를 의미한다. 에듀테크의 관점에서 AIDT는 학습자의 개별 특성과 수준을 고려한 개인화된 학습 환경을 제공하고, 학습자의 관심과 몰입을 촉진하는 것을 주된 목적으로 한다. 또한 데이터 중심 학습, 생성형 인공지능, 가상 현실(VR)·증강 현실(AR)·혼합 현실(MR)·메타버스 등 혁신적 기술 요소를 교육에 통합하여 미래형 학습 경험을 구현하려는 방향을 지향한다. 아울러 학습자 데이터 분석을 통해 개인 맞춤형 학습 경로를 설계하고, 궁극적으로 교육 효과 향상과 학습의 질적 제고를 목표로 한다(손정명, 이시훈, 2024). 예컨대 학생이 문제 풀이 과정에서 특정 개념을 이해하지 못하는 것으로 판단되면 자동으로 보충 학습 콘텐츠를 제시하거나, 난이도를 조정해 반복 학습을 유도하는 기능을 탑재할 수 있다. 이는 기존의 일방향적·정적 콘텐츠 제공과 달리 상호 작용적이고 개인화된 학습 경험을 창출한다.

　AIDT의 핵심 교육적 잠재력 가운데 하나는 즉각적인 개인 맞춤형 학습의 구현이다. 전통적 교실에서는 교사가 다수의 학급 구성원을 대상으로 일정 수준의 수업을 진행해야 하지만, AIEd 애플리케이션이나 지능형 튜터링 시스템과 같은 AI 기반 학습 도구는 학습자의 특성과 데이터를 실시간으로 분석해 각기 다른 학습 목표·난이도·활동 유형을 제공할 수 있다(Zawacki-Richter et al., 2019). 예를 들어 학습 부진 학생에게는 반복 학습과 구체적 비계를, 우수 학생에게는 심화·확장 과제를 제시하여 동기와 성취감을 높일 수 있다. 이는 학습자가 자신의 근접 발달 영역(Zone of Proximal Development) 내에서 최적의 학습 경험을 하도록 돕는다는 점에서 비고츠키(Lev Vygotsky)의 발달 이론과도 부합한다. 더불어 AI 및 정보 기술 시스템은 학습자의 성과, 감정 상태, 몰입 수준 등에 대한 데이터 기반 통찰을 제공함으로써 교사가 보다 정교하고 맞춤화된 교수법을 설계하거나 필요에 따라 적절한 지원·개입을 가능하게 한다(Lin, Huang, & Lu, 2023). 또 다른 강점은 즉각적이고 구체적인 피드백 제공이다. AI 알고리즘은 문제 풀이 과정에서 드러나는 오류나 오개념을 실시간 탐지하고, 해당 지점에 대한 추가 설명이나 힌트를 제시할 수 있다. 이러한 즉시적 피드백은 학습자가 자신의 학습 상태를 신속히 파악·수정하도록 돕고, 학습 목표 달성의 효능감을 높인다. 피드백은 학생 성취도에 유의미한 영향을 미쳐 상당한 학습 증진으로 이어질 잠재력이 있다(Shute, 2008).

3년간의 파일럿 연구에서는 크로아티아 정보 교육 과정 내에서 프로그래밍 개념을 가르치기 위한 동기 부여 도구로서 AI의 효과성이 조사되었다. EDIT 코드스쿨(EDIT CodeSchool)의 RIWA 모듈(지능형 웹 애플리케이션 개발)을 기반으로 한 방과 후 활동이 학교 현장에서 수행되었고, 스플리트-달마티아 카운티 내 12개 학교가 참여했으며 총 112개의 학생 프로젝트가 성공적으로 완료되었다. 프로그램은 예제·연습 중심의 이론 교육 단계와, 학생들이 JavaScript와 ml5.js 라이브러리를 활용해 최종 프로젝트를 개발하는 프로젝트 기반 학습 단계의 두 단계로 구성되었다. 연구 결과, AI를 활용한 학습은 수업 시간을 추가하지 않고도 프로그래밍 교육을 효과적으로 지원할 수 있으며, 기존 교육 과정에 AI 개념을 통합하는 데 유용한 통찰을 제공함을 보여 주었다(Lišnić, Zaharija, &

Mladenović, 2025). 이 논문은 AI 도구가 실제 교육 현장에서 어떻게 활용될 수 있는지, 그리고 학생들의 학습 동기와 성과에 어떤 영향을 미치는지를 실증적으로 제시한다. 더불어 AIDT는 게임화(gamification), 시뮬레이션 등 다양한 쌍방향 요소를 통합하여 학습자의 몰입과 흥미를 촉진할 수 있다. 결과적으로 AIDT는 맞춤형 학습 제공과 즉각적 피드백, 상호 작용성 강화를 통해 기존 교육 방식의 한계를 보완하고 학습 효과와 효율을 제고할 수 있는 혁신적 수단으로 평가된다.

그럼에도 AIDT의 도입이 항상 긍정적 효과를 담보한다고 단정하기는 어렵다. AI가 교육을 재구성하는 데 핵심적 역할을 할 것이라는 기대가 확산되는 한편, 이에 대한 비판적 시각은 보다 신중한 접근의 필요성을 제기한다. 교육 현장에 AI를 도입할 때 충분히 논의되지 않은 잠재적 부정적 영향, 즉 '그림자'를 면밀히 조명해야 한다. AI 기술과 학습 과학의 상호 작용은 미래 교육의 형평성과 직결되는 중대한 파급 효과를 낳기 때문이다. 이미 현대 학교 시스템은 아동의 생물학적·인지적·사회적 발달 요구를 간과하거나 배제하고 있으며, 특히 저소득층 아동의 경우 이러한 경향이 더욱 두드러진다는 지적이 있다. 놀이가 언어 능력 향상과 미래의 수학 성취와도 유의미하게 연관된다는 연구 결과가 있으나, 오늘날 아동의 놀이 시간은 감소 추세이고 초등학생의 평균 놀이 시간은 하루 24-28분 수준, 10대 청소년은 하루 평균 8시간 이상을 화면 앞에서 보낸다는 통계는 디지털 기술이 놀이와 대면 상호 작용을 위협하고 있음을 시사한다(Partelow, 2024).

아동기 뇌 발달의 특성상, 과도한 디지털 사용·의존은 주의력 저하나 사회적 상호 작용 능력 저해 등 부작용을 야기할 수 있다. 특히 아동은 학습 과정에서 또래 및 교사와의 물리적 상호 작용이 정서적 안정과 사회적 기술 습득에 중요하며, AIDT의 과도한 활용은 이러한 직접적 상호 작용 기회를 축소할 위험을 내포한다. 또한 AIDT가 학생들을 위한 문제 풀이 중심 학습에만 치우쳐 활용될 가능성도 있다. 문제 은행식 접근처럼 문제 해결 능력 향상 자체에만 초점을 맞춘 방식은 학습자의 고차원적 사고 발달을 저해할 수 있다. 최소한의 안내에 의존하는 수업 방식은 직관적으로 매력적이어서 널리 사용되지만, 이러한 접근은 학습자의 인지 구조 형성에 중요한 요소들을 간과한다. 반면 학습 과정을 적극적으로 안내하는 수업 방식이 최소 감독 중심 접근에 비해 효과성과 효율성에서 우수하며, 학습자가 충분한 사전 지식을 갖추어 '내재적' 안내가 가능한 수준에 이르렀을 때에만 외재적 지도 방식의 이점이 점차 줄어들기 시작한다(Kirschner, Sweller & Clark, 2006). 다시 말해, 사전 지식과 인지 구조가 충분치 않은 상태에서 외재적 지도가 부족하면 학습 과정은 비효율적이거나 오류 중심적으로 전개될 수 있고, 이는 고차 사고력 발달에 부정적 영향을 미칠 수 있다.

따라서 AIDT의 기술적 잠재력을 교육 현장에서 실질적이고 안정적으로 구현하며 긍정적 효과를 도출하려면, 뇌신경과학적·심리학적 이해와 교육적 맥락을 종합적으로 고려하는 동시에, 아동 발달 특성에 대한 깊은 이해를 바탕으로 신중하게 설계·적용할 필요가 있다.

2. 아동기 뇌 발달과 학습의 신경과학적 기초

아동기는 인간 발달 과정 중 뇌의 구조와 기능이 가장 극적이고 역동적으로 변화하는 결정적 시기이다(Giedd et al., 1999). 이 시기의 뇌는 환경적 자극과 학습 경험에 매우 민감하게 반응하는데, 이는 뇌의 근본적 특성인 신경 가소성(neuroplasticity) 때문이다. 신경 가소성은 경험에 따라 뇌의 구조적·기능적 연결이 변화하고 재조직되는 능력을 의미하며, 아동기 학습과 발달을 가능하게 하는 핵심 신경생물학적 기제이다.

뇌 발달은 신경 발생(neurogenesis)을 시작으로 뉴런의 이동, 성숙, 시냅스 생성(synaptogenesis), 시냅스 가지치기(synaptic pruning), 그리고 수초화(미엘린화, myelination)에 이르는 일련의 과정을 통해 진행된다. 이러한 발달은 단순히 유전 정보의 발현에 국한되지 않고, 유전적 요인과 경험적 요인의 상호 작용 속에서 뇌가 형성되는 복잡한 과정을 반영한다(Kolb & Gibb, 2011).

시냅스 형성은 수상 돌기(dendrite)와 축삭(axon)의 성장, 그리고 피질하 백질의 수초화 과정과 동시에 일어난다. 아동기 후반부에 이르면 불필요한 연결이 제거되는 시냅스 가지치기가 본격적으로 시작되는데, 이는 청각 피질에서 더 이르게 나타나며 대체로 12세 무렵까지 완료된다. 반면, 전전두 피질(prefrontal cortex)에서는 이러한 과정이 청소년기 중반까지 지속된다. 이는 사용 빈도가 낮거나 불필요한 연결이 제거되고, 효율적 신경망이 점차 확립되는 과정을 의미한다(Huttenlocher & Dabholkar, 1997).

특히 전전두 피질의 발달은 고차 인지 능력(higher-order cognition)의 성숙에 중요한 역할을 한다. 성숙한 인지는 관련 없는 정보나 행동을 억제하고 걸러 내는 능력인 인지 조절(cognitive control)로 특징지어지며, 이는 전전두 피질을 포함한 연합 피질(association cortex)에 의해 지원된다. 발달이 진행될수록 이러한 고차 인지 능력은 점차 정교해지고 집중적으로 조정된다(Casey et al., 2005).

전전두 피질의 발달은 주의력 조절, 작업 기억(Working Memory, WM), 계획 수립, 의사 결정, 충동 억제와 같은 집행 기능의 향상과 밀접하게 연관되어 있으며, 이는 학습 능력의 핵심 요소이다. 인간의 뇌는 구조적 구성과 기능적 조직 양 측면에서 극적인 변화를 겪는다. 전체 뇌의 크기는 약 6세 무렵 성인 크기의 약 90%에 도달하지만, 뇌는 청소년기 전 기간을 거쳐 청년기 후반까지도 여전히 역동적인 변화를 지속한다. [그림 1]은 이러한 발달적 변화를 시각적으로 보여 주는데, 여기에는 세포의 증식 및 이동, 출생 후 시냅스 밀도의 영역별 변화, 그리고 성인기까지 장기간 지속되는 수초화의 발달이 포함된다.

[그림 1]을 통해 확인할 수 있는 뇌 발달의 주요 변화와 특징은 다음과 같다. 첫째, 시냅스 형성(synaptogenesis)과 시냅스 가지치기(synaptic pruning)이다. 출생 후 아동기 초반에 걸쳐 뇌의 신경 세포(뉴런)들은 매우 많은 연결, 즉 시냅스를 형성하며, 이는 경험과 학습을 통해 뇌가 정보를 받아들이고 처리할 기초를 마련하는 과정이다. [그림 1]에서 각 뇌 영역별 곡선이 급격히 상승하는 구간이 바로 이를 반영한다. 둘

째, 영역별 발달 속도의 차이가 두드러진다. 시냅스 형성의 정점 시기
는 뇌 영역마다 다르다. 예컨대 감각 운동 피질(sensorimotor cortex)은 생
후 몇 개월 내에 가장 먼저 정점에 도달하는데, 이는 아기가 보고·듣
고·움직이는 기본 감각 및 운동 능력을 빠르게 습득하는 현상과 관련
된다. 두정엽 및 측두엽 연합 피질(parietal and temporal association cortex)—
언어, 공간 인지 등 보다 복합적 정보를 처리하는 영역—은 생후 약 1
년경 정점에 도달한다. 전전두 피질은 계획, 의사 결정, 충동 조절 등 고
차원 인지 기능을 담당하는 영역으로 가장 늦게 정점에 도달하며, 발
달이 청소년기까지 길게 이어진다. 셋째, 시냅스 형성이 정점에 도달
한 이후에는 자주 사용되지 않거나 비효율적인 시냅스 연결이 점차 제
거되는 시냅스 가지치기 과정이 활발하게 일어난다. 이는 뇌 회로를 최
적화하고 효율성을 높이는 핵심 과정이며, [그림 1]에서 각 곡선이 정

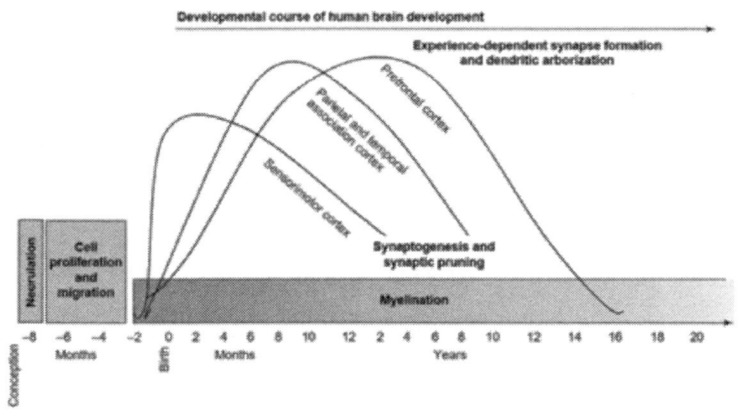

[그림 1] 인간 뇌 발달의 전반적 경과(Casey et al., 2005)

점을 지난 뒤 완만히 하강하는 구간이 이 시기의 우세함을 보여 준다.

특히 이 과정은 아동기를 지나 청소년기까지 계속된다. 넷째, 수초화(myelination)는 신경 세포의 축삭을 미엘린이라는 지방질이 둘러싸는 과정으로 신경 신호 전달 속도를 획기적으로 높인다. 수초화는 태아기 후반에 시작되어 출생 후에도 지속되며, 아동기와 청소년기를 거쳐 성인기 초기까지 이어진다. 수초화가 진행될수록 뇌의 정보 처리 속도가 빨라지고 복잡한 사고와 정교한 움직임이 가능해진다. 아동기 동안 수초화는 학습 능력, 기억력, 문제 해결 능력 등의 발달에 크게 기여한다(Stiles & Jernigan, 2010). 무엇보다 [그림 1]에 명시된 '경험 의존적 시냅스 형성 및 수상돌기 분지화(experience-dependent synapse formation)'가 시사하듯, 아동기의 뇌 발달은 단순히 유전적으로 결정된 프로그램에 따르는 것이 아니라 아이가 겪는 환경, 상호 작용, 학습 등 다양한 경험에 의해 크게 영향을 받는다. 어떤 시냅스가 강화되어 유지되고, 어떤 시냅스가 가지치기될지는 결국 이러한 경험에 따라 달라진다.

아동기는 뇌 발달의 기초가 형성되는 시기로 신경 가소성이 특히 높게 나타난다. 이 시기의 학습 경험을 포함한 다양한 자극은 신경 회로의 연결, 대뇌 피질 구조, 그리고 인지 및 사회 기능의 발달에 결정적 영향을 미치며, 이러한 변화는 장기적 결과로 이어질 수 있다(박형빈, 2021). 학습 경험은 전전두엽과 해마(hippocampus) 등 인지·기억 기능을 담당하는 뇌 영역의 구조적·기능적 발달에 장기적으로 작용한다(Fox, Levitt, & Nelson III, 2010). 풍부하고 적절한 자극은 신경 연결을 강화하고 관련 뇌 영역의 발달을 촉진하는 반면, 부적절하거나 부족한 경험은 최적의 발달 경로를 저해할 수 있다. 나아가 추론 능력은 전외측 전전두 피질(rostrolateral prefrontal cortex, RLPFC)과 하두정 소엽(inferior parietal lobe, IPL) 간의 연관과도 맞물려 있다(Wendelken et al., 2017). 또한 긍정적인 상호 작용과 정서적 지지는 스트레스 반응을 조절하고 정서적 안정성에 관여하는 편도체(amygdala)와 해마의 건강한 발달에 필수적이다(Phillips & Shonkoff Eds., 2000). 비록 유전적 코드는 초기 발달을 위한 중요한 기초를 제공하지만, 이는 향후 구조와 기능에 영향을 미치는 다양한 환경 요인이 작용하는 하나의 틀로 이해되어야 한다. 따라서 아동기에 제공되는 학습 경험의 질과 양은 특정 신경 회로의 강화 및 효율화에 직접적으로 영향을 미친다. 이러한 아동기 뇌 발달의 특성은, 개인화된 학습 경험을 제공하는 새로운 교육 기술인 AIDT가 아동의 인지 및 정서 발달에 미칠 잠재적 영향을 심층적으로 분석해야 할 필요성을 강력히 시사한다.

III. 뇌 발달 측면에서 본 AIDT의 교육적 잠재력과 윤리적 위험

1. AIDT와 아동의 인지·정서 및 전인적 발달

인지 및 뇌의 성숙 과정은 아동기 후기와 청소년기 내내 지속된다.

이 시기에 접어들면서 행동에 대한 인지 조절 능력이 증대되어, 반사적이거나 충동적인 반응 경향을 스스로 억제하는 역량이 향상된다. 맥락에 부적절한 행동을 자발적으로 억제하는 능력을 뒷받침하는 인지·뇌 성숙 연구에 따르면, 우세 반응(prepotent response)을 억제하는 성인 수준의 능력은 아동기와 청소년기를 거치며 점진적으로 발달하는 것으로 나타났다. fMRI 분석 결과에서도 전두엽, 두정엽, 선조체, 시상 등의 뇌 영역 활동이 아동기에서 성인기로 갈수록 점진적으로 증가했다. 이는 반사적 행동에 대한 효율적 상향(top-down) 조절 능력이 성인기에 이르러서야 완전히 성숙하며, 광범위한 뇌 영역 전반의 기능 성숙이 인지 발달 과정에서 자발적 행동 통제 향상을 떠받치는 신경적 기반을 형성함을 시사한다(Luna et al., 2001). 이러한 아동 뇌 발달의 특성은 해당 연령대 학습자에게 뇌 발달을 고려한 교육적 접근이 필요함을 암시하며, 이는 AIDT 설계와 교육 현장 활용에도 동일하게 적용된다.

기술적 설계와 구현 가능성을 전제로 할 때, AIDT는 머신 러닝 알고리즘을 통해 학습자의 현재 수준을 진단하고 난이도를 조정하며 실시간 피드백을 제공함으로써, 한 측면에서는 인지 부하(cognitive load)를 효과적으로 관리할 수 있다. 예컨대 특정 개념에서 반복 오류가 감지되면 즉각 보충 학습 자료를 제시하여 이해도를 단계적으로 높이도록 돕고, 이 과정에서 주의력 분산을 최소화해 학습 몰입도를 높일 수 있다. 또한 적응형 학습 시스템은 정답률, 반응 시간 등 학습 데이터를 토대로 필요한 과제 유형을 재설계하여 복잡한 문제 상황을 단계별로 제시하고 다양한 해결 전략의 시도를 장려함으로써 인지 유연성을 기를 수 있도록 한다.

한편 과거에는 작업 기억(Working Memory, WM) 용량이 고정된 특성으로 간주되었으나, 최근 연구는 적응적·장기적 훈련을 통해 이 용량이 향상될 수 있음을 시사한다. 일부 연구는 특정 인지 훈련 프로그램이 다양한 인지 과제 수행을 예측하는 지표인 작업 기억 용량을 늘리고, 관련 뇌 영역의 활동 패턴을 변화시킬 수 있음을 보여 준다. 이러한 변화는 전두엽 및 두정엽 피질, 기저핵의 뇌 활동 변화뿐 아니라 도파민 수용체 밀도의 변화와도 연관된다(Klingberg, 2010). AIDT는 학습자의 반응을 실시간 분석하여 즉각적 피드백을 제공하도록 설계될 수 있기에, 학습 내용을 효과적으로 강화하고 오개념을 신속히 수정하도록 돕는다. 이 과정은 학습과 관련된 신경 회로—특히 보상 및 강화 학습과 연관된 뇌 영역—의 활성화를 촉진한다. 이러한 개별 맞춤형 학습은 전통적 교실에서 교사가 일일이 제공하기 어려운 세분화된 실시간 피드백을 가능하게 하며, 아동에게 자신의 오류를 즉각 인지하고 다른 전략을 반복 적용해 보는 경험을 제공함으로써 아동의 사고 전환 능력을 높이고, 고등 사고 능력으로의 이행을 촉진한다.

반면, AIDT 활용이 아동의 인지 발달에 미칠 수 있는 부정적 측면도 신중히 검토해야 한다. AI 도구의 확산이 일상의 여러 측면을 변화시켜 왔지만, 비판적 사고 능력에 대한 영향은 아직 충분히 탐구되지 않았다. AI 도구 사용과 비판적 사고 간의 관계를 조사한 연구는 인지적 외주화(cognitive offloading)가 매개 변수로 작용하는지를 분석했다. 연령과 교육 수준이 다양한 666명을 대상으로 한 설문과 심층 인터뷰 결과, AI 도구의 빈번한 사용과 비판적 사고 능력 사이에는 유의미한 부정적 상관이 확인되었고, 이 관계는 인지적 외주화 증가에 의해 매개되었다. 특히 젊은 연령대일수록 AI 의존도가 높고 비판적 사고 점수는 낮았으며, 반면 높은 교육 수준은 AI 사용 여부와 무관하게 더 나은 비판적 사고 능력과 연결되어 있었다(Gerlich, 2025). 이러한 결과는 AI에 대한 과도한 의존이 인지 측면에서 비용을 수반할 수 있음을 시사하며, AI와의 비판적 상호 작용을 촉진하는 교육 전략의 필요성을 강조한다.

아동의 작업 기억 용량은 성인보다 제한적이며 아직 발달 중이다. 정보를 일시적으로 저장·조작하는 능력은 유아기부터 아동기 중반까지 크게 향상되며(Gathercole, 1999), 새로운 정보를 처리할 때 동시에 너무 많은 선택지와 정보가 제시되면, 작업 기억의 제한성으로 인한 과부하가 발생할 수 있다. 인지 과부하는 불필요하게 많은 정보를 작업 기억에서 동시 처리해야 하는 상황에서 흔히 나타나며, 이는 교수 절차 설계에 따라 유발되어 학습을 방해할 수 있다. 예를 들어 너무 많은 상호 작용 요소를 동시에 처리해야 하는 상황은 작업 기억에 과부하를 준다(Sweller, 2011).

이러한 이유로 디지털 기기에서 제공되는 정보량이 과도하거나 인터페이스가 지나치게 복잡하면 학습자는 과도한 인지 부하를 겪게 된다. 처리 용량을 초과한 정보는 학습 효과를 떨어뜨리고, 과다한 시청각 자극과 복잡한 기능은 주의를 분산시켜 정보의 심층 처리를 방해한다. 그 결과 전전두 피질의 효율적 기능 발휘가 저해될 수 있다. 따라서 AIDT를 설계·활용할 때에는 정보량과 난이도를 학습자의 연령·발달 단계·학습 목표에 맞추어 세심하게 조정하고, 인터페이스 단순화를 통해 인지 부하를 최소화하는 전략이 필수적이다.

더 나아가 디지털 기기의 과도하거나 중독적인 사용은 신체적·심리적·사회적·신경학적 측면에서 부정적 결과를 초래한다. 과도한 스크린 타임은 수면의 질 저하, 고혈압, 비만, HDL 콜레스테롤 감소, 스트레스 조절 능력 저하 등과 관련되고, 인지·감정 조절과 관련된 뇌 구조의 변화도 디지털 미디어 중독 행동과 연관된다. 한 사례 연구에서는 스크린 타임 감소가 ADHD 유사 행동을 현저히 낮추는 효과가 있음이 보고되었다. 아동·청소년의 과도한 디지털 미디어 사용은 건전한 심리생리학적 회복력 형성을 방해하는 주요 요인으로 간주된다 (Lissak, 2018).

또한 디지털 학습 환경에 비해 물리적 교구를 직접 만지고 탐색하는 비정형 학습 경험이 창의성 발달에 더 유리할 수 있다. 피아제(Jean Piaget)의 이론은 아동이 환경과 상호 작용하며 지적 성장을 이룬다고 강조한다. 이러한 상호 작용은 동화(assimilation)와 순응(accommodation)이라는 상보적 과정으로 구성되어 인지 발달을 이끈다. 피아제에 따르면 각 발달 단계에서 충분한 경험과 내면화 시간이 필요하며, 이를 통해 다음 단계로 이동한다. 감각 운동기에는 감각과 환경 간 풍부한 상호 작용이, 구체적 조작기에는 구체물의 조작이 핵심이다. 발달 단계에서 직접적 물리적 조작은 지적 발달에 필수적이다(Simatwa, 2010). 이런 관점에서, AIDT가 정해진 경로와 알고리즘에 따른 상호 작용을 제공하는 데 그친다면 아동의 창의적·발산적 사고를 제약할 가능성이 있다.

따라서 AIDT가 아동의 작업 기억에 미치는 영향은 '과부하를 유발할 위험'과 '최적화를 지원할 가능성'이라는 두 경로로, 구체적 설계 조건에 따라 갈린다는 점을 명확히 인식해야 한다. 인터페이스가 복잡하고 정보 제시가 일괄적·동시적이며 단계적 안내가 부족할 경우, AIDT는 제한된 작업 기억 용량을 넘어서는 과잉 자극을 제공해 인지적 외주화를 넘어 과부하를 초래할 수 있다. 반대로 콘텐츠를 의미 단위로 분절하고, 학습자의 반응·오류 패턴을 실시간 분석해 난이도·속도·표현 방식을 조정하며, 불필요한 시청각 요소를 제거하는 적응 설계가 구현되면, 동일한 시스템이라도 작업 기억 점유율을 최적 수준으로 유지해 학습 전이를 촉진할 수 있다. 요컨대 AIDT가 해가 될지, 도움이 될지는 정보량·난이도의 미세 조정, 실시간 피드백의 질과 시기, 인터페이스 단순성, 발달 단계 맞춤 스캐폴딩과 같은 설계·운영 요인에 달려 있다. 결국 AIDT의 교수·학습 설계와 현장 적용에 앞서, 학습자의 주의 집중 시간, 자기 조절 능력, 인지 발달에 미치는 영향을 장기적 관점에서 면밀히 관찰·조사·분석할 필요가 있다.

2. AIDT와 아동의 사회·정서 발달

편도체는 정서 및 사회적 행동을 형성하는 데 핵심적 역할을 한다. 아동기에는 편도체와 내측 전전두엽 피질(PFC) 간의 기능적 연결이 아직 미성숙하며, 이러한 연결은 청소년기에 이르러서야 성인형 연결 상태로 전환된다. 다시 말해, 아동기 동안 편도체는 내측 전전두 피질(medial prefrontal cortex, mPFC)에 의해 충분히 조절되지 않고, 이 시기에는 보호자와 같은 외부의 사회적 행위자가 정서 및 편도체 활성의 조절자로 기능할 수 있다. 발달 시기의 경험은 편도체에 구조적·기능적 흔적을 남기며, 이는 성숙기에 피질 영역으로 전달되는 정서적 예측의 토대로 작용한다(Tottenham & Gabard-Durnam, 2017).

AIDT가 제공하는 학습 경험은 높은 개인화와 즉각적 대응을 특징으로 할 수 있으며, 게임화 요소나 인터랙티브 콘텐츠를 통해 학습 과정을 더 즐겁고 흥미롭게 만들어 아동의 학습 동기를 제고할 수 있다. 그러나 동시에 동료와의 면대면 직접 상호 작용이나 협동 학습이 제한될 수 있고, 화면 기반 학습이 소외감을 증폭시킬 위험도 존재한다. 실례로, 51명을 대상으로 한 현장 실험에서 스크린 기반 미디어 및 통신 도구 사용을 배제하고 대면 상호 작용의 기회를 늘리자 사춘기 이전 아동의 비언어적 정서 신호 인식 능력이 향상되었다. 스크린 기반 미디어 없이 5일간 대면 상호 작용만을 하게 한 결과, 실험 집단의 비언어적 정서 단서 인식 능력이 통제 집단보다 유의미하게 개선되었다(Uhls et al., 2014). 이 결과는 교사나 또래와 직접 대면하지 않은 채 디지털 환경에서의 학습 시간이 늘어날수록, 아동의 갈등 조정·공감·언어 및 비언어 의사소통 능력이 충분히 발달하지 못할 위험이 커질 수 있음을 시사한다.

사회·정서 발달은 또래와의 놀이, 공동 과제 해결, 면대면 대화 등을 통해 촉진된다. 프랑스의 한 유치원 아동을 근접 센서로 추적한 대면 상호 작용 연구는, 또래 및 보호자와의 상호 작용이 사회적·정서적 조절 능력의 발달을 이끈다는 사실을 보여 주었다. 더 나아가 사회·정서적 역량과 학령기 준비도에 관한 연구에 따르면, 아동의 사회적 역량은 이후 학업 성취를 예측하는 강력한 지표로 작용한다(Akçakır et al., 2024). 그러므로 AIDT가 학습 효과 면에서 장점을 지니더라도 이를 대인 관계 경험과 분리된 환경으로 운영할 경우 아동기 정서 발달에 부정적 영향을 줄 수 있다. AIDT 활용 시간이 증가하면서 또래나 교사와의 대면 상호 작용 시간이 줄어드는 것은 아동의 사회성 발달에 잠재적 위험 요인이 된다. 아동기는 타인과의 관계 속에서 공감 능력, 협력, 갈등 해결 능력 등 사회적 기술을 배우는 결정적 시기이기 때문이다. 과도한 개별 학습은 이러한 사회적 학습 기회를 제한하고, 사회적 단서를 읽고 해석하는 능력이나 감정 조절 능력의 발달에 부정적 영향을 미칠 수 있다.

아울러 인간 교사가 제공하는 정서적 지지와 유대감은 AI가 완전히 대체하기 어렵다. 교사의 따뜻한 격려와 공감적 이해는 아동의 정서적 안정과 학습 몰입에 핵심적 역할을 한다. 반면 AI 튜터의 피드백이 진정한 정서적 교감 없이 기능적으로만 제공될 경우, 아동은 학습 과정에서 소외감을 느끼거나 기술적 문제 발생 시 좌절할 수 있다. 특히 정서 발달에 민감한 아동기의 경우, AI와의 상호 작용 방식이 정서적 안정성이나 스트레스 반응 조절 시스템 발달에 미칠 장기적 영향에 대한 세심한 고려가 필요하다.

따라서 AIDT를 활용하되, 오프라인 소통과 협업 활동을 적절히 병행하는 균형 잡힌 교수 학습 설계가 요구된다. 더불어 각 연령·아동별로 적정 디지털 기기 사용 시간이 다르다는 점을 전제로, 이를 세밀하게 설계·관리해야 한다.

IV. 뇌 발달 단계를 고려한 AIDT 설계 및 활용 가이드라인

1. AIDT의 가능성과 한계점

기술적으로 잘 설계된 AIDT는 방대한 시청각 자료를 통해 학습자의 흥미와 몰입도를 높일 수 있다는 분명한 장점을 지닌다. 스마트폰을 비롯한 모바일 기술은 신중하게 사용할 경우 인간의 인지 능력을 증진시킬 수 있는 유연하고 강력한 도구다. 그럼에도 이러한 기기들과의 습관적 상호 작용은 사용자의 사고력, 기억력, 주의 집중력, 정서 조절 능력에 부정적이고 지속적인 영향을 남길 수 있다. 모바일 기술의 영향에 관한 담론에서 일반적으로 핵심이 되는 세 가지 인지적 측면은 주의, 기억, 만족 지연 능력이다(Wilmer, Sherman, & Chein, 2017). 과도한 디지털 노출은 오히려 디지털 피로로 귀결된다. 학습자가 장시간 화면을 응시하고 다양한 멀티미디어 자극에 지속적으로 노출될 경우 주의력이 분산되고 뇌의 피로도가 가중될 위험이 있다. 또한 인지 부하 이론에 따르면, 학생들에게 스키마 습득 및 자동화와 직접 관련되지 않은 활동을 요구하는 교수 기법은 인간의 정보 처리 한계를 초과하는 부담을 유발하기 때문에 결함이 있을 가능성이 높다. 이러한 기법은 과도한 인지 부하를 부과하여 학습을 방해한다(Sweller, 1994). 지나치게 복잡한 콘텐츠나 과도한 선택지를 제공할 경우 학습자는 인지 과부하를 겪어 핵심 개념을 온전히 습득하기 어렵다. 이러한 문제를 완화하기 위해서는 학습 난이도 조절, 콘텐츠 간 소요 시간의 적절한 분배, 충분한 휴식 시간 확보 등의 실효적 대안이 요구된다.

더불어 AI 기반 맞춤형 학습을 구현하려면 대규모 학습자 데이터의 축적과 분석이 필수적이지만, 이 과정에서 알고리즘 편향(algorithmic bias)이 발생할 수 있다. 또한 AIDT를 통해 학생들의 성적, 학습 이력, 개인 정보 등이 대규모로 수집되는 만큼 데이터 보안 및 사생활 보호 문제가 핵심 쟁점으로 부상한다. 만약 이러한 데이터가 유출되거나 비인가된 제3자에게 공유되거나 상업적 목적으로 활용될 경우, 학습자와 학부모의 신뢰는 무너지고 교육 효과에도 심각한 악영향이 미치게 된다.

그럼에도 불구하고 AI 디지털 학습 도구는 아동의 학습 경험을 혁신할 수 있는 상당한 잠재력을 지닌다. 인공지능 기술을 활용하여 학습자의 수준, 속도, 흥미 등을 종합적으로 분석함으로써 개인 맞춤형 학습을 제공할 수 있다는 점이 가장 큰 강점이다. 이를 통해 학습 효율을 높이고, 모든 학습자가 자신의 잠재력을 최대한 발휘하도록 지원할 수 있다. 따라서 AIDT는 맞춤형 학습, 즉각적 피드백, 동기 유발이라는 혁신적 가능성을 지니는 한편, 디지털 피로, 인지 과부하, 사회·정서 발달 둔화, 알고리즘 편향, 프라이버시 침해 등 다양한 문제점을 동반한다. 이러한 양면성을 고려할 때, AIDT를 교육 현장에 성공적으로 도입하기 위해서는 교육공학, 심리학, 컴퓨터과학, 윤리학 등 다분야적 접근과 치열한 논의가 선행되어야 한다.

2. AIDT 적용의 전제 조건 및 최적 활용 방안

AIDT의 교육적 잠재력을 효과적으로 실현하고 잠재적 위험을 최소화하려면, 명확한 전제 조건과 최적화된 활용 전략이 필수적이다. 동시에 교육적·윤리적·아동 발달적 측면을 종합적으로 고려하는 다각적 접근이 요구된다. 먼저 교육적 활용 전략에서 핵심은 교사와 AIDT의 역할 정의다. AIDT를 성공적으로 적용하기 위한 가장 중요한 전제는 기술 자체에 초점을 두기보다 교육 목표와 아동 발달 특성을 우선하는 통합적 활용 전략을 수립하는 것이다. 즉 AIDT를 단독 학습 도구로 쓰기보다는, 교사와 AI가 상호 보완적으로 협력하는 모델이 효과적이다. 이러한 관점에서 블렌디드 러닝 모델을 채택할 수 있다. 이는 AIDT를 통한 개별 맞춤 학습과 교사 주도의 대면 수업, 협력 학습 활동 등을 균형 있게 결합하는 접근으로, 예컨대 AIDT로 기본 개념을 습득하게 하고 교사는 확보된 시간을 활용하여 심화 토론, 프로젝트 기반 학습, 비판적 사고·협업 능력 함양, 사회·정서 학습 활동 등 면대면 직접 소통이 필수적인 활동에 집중한다. 이 모델에서 교사의 역할은 전통적 지식 전달자에서 학습 촉진자·멘토·학습 디자이너로 근본적으로 전환된다. 교사는 AIDT가 제공하는 학습 데이터와 피드백을 분석해 학생의 학습 상태를 진단하고 개별적 지원이 필요한 학생을 식별함으로써, 학생에 대한 심층적 이해를 얻게 된다. 요컨대 AIDT의 교육적 잠재력을 극대화하고 위험을 최소화하려면, 명확한 전제 조건과 종합적 활용 전략을 마련해야 하며, 이를 교육적·윤리적·아동 발달 측면으로 나누어 체계적으로 논의할 필요가 있다.

첫째, 교육적 측면에서 AIDT 성공 적용의 핵심 전제는 기술이 아니라 교육 목표와 아동 발달 특성에 우선순위를 두는 통합 설계다. 교사와 AI가 상호 보완적으로 협력하는 블렌디드 러닝이 대표적이며, 여기서 AIDT는 개별 맞춤 학습을 지원하고, 교사는 확보된 시간으로 심화 토론, 프로젝트 학습, 비판적 사고·협업 능력, 사회·정서 학습 등 대면 상호 작용이 필수적인 영역에 집중한다. 이와 함께 교사의 역할은 지식 전달자→촉진자·멘토·디자이너로 전환되며, 교사는 AIDT가 제공하는 학습 데이터·피드백을 분석해 진단과 개별 지원 전략을 수립한다. 또한 AIDT 도입 시 콘텐츠 난이도·학습 목표·노출 시간을 균형 있게 설계하여 인지적 부담을 최소화해야 한다. 복잡한 멀티미디어 자료를 무작정 제시하기보다 정보를 단계적으로 분할하고 학습 목표와 난이도를 체계적으로 정렬하면, 학습자는 핵심 개념을 놓치지 않고 흥미를 유지할 수 있다. 이러한 교육적 효과를 뒷받침하려면 교사에게 데이터 기반 교수법, 혼합 학습 설계, 아동 발달 이해 등을 포함한 지속적 전문성 개발 기회를 제공해야 한다.

둘째, 윤리적 측면에서 AIDT의 개발·도입·운영 전 과정은 공정성·투명성·프라이버시 보호 등 AI 윤리 원칙을 충실히 반영해야 한다. 먼저 공정성 확보를 위해 알고리즘 편향 여부를 지속 검증하고, 다양한 문화·언어권 데이터를 반영해 차별 가능성을 최소화한다. 다음으로 투명성·설명 가능성을 강화해 이해관계자가 의사 결정 과정을 명확히 파악하도록 해야 한다. 데이터 프라이버시 측면에서는 수집 목적·활용 범위·보유 기간을 명확히 고지하고, 익명화·비식별화를 통해 개인 정보 유출 위험을 낮추며, 미성년자 데이터는 보호자 동의를 전제로 활용해야 한다. 마지막으로 법·제도 준수를 위해 생명 윤리 및 개인 정보 보호 관련 법령을 철저히 이행하고, 교육부와 관계 부처 차원의 표준 가이드라인·데이터 거버넌스 체계를 마련해 학교·기업이 책임 있게 원칙을 이행하도록 해야 한다.

셋째, 아동 발달 측면에서 AIDT의 최적 활용은 기술적 기능을 넘어 아동의 전인적·신경 발달 특성을 고려하는 통합적 접근을 요구한다. 우선 AIDT 활용 시간과 신체 활동, 예술 활동, 자연 체험, 자유 놀이 등 오프라인 경험 간 균형을 확보해야 한다. 과도한 스크린 사용은 발달에 부정적 영향을 줄 수 있으므로 스크린 타임을 고려해야 한다. 국제 가이드라인은 앉아서 보내는 시간 감축의 중요성을 강조해 왔다. 미국 소아과학회는 1999년에 처음으로 스크린 시간 지침을 도입했고 이후 여러 국가 및 국제기구가 이를 채택했다. 소아 지침은 2세 미만 영아의 스크린 시청 전면 금지, 2~5세 아동의 하루 1시간 초과 금지를 권고한다(McArthur et al., 2022). 세계보건기구는 2020년 신체 활동 및 좌식 가이드라인에서 아동·청소년의 오락 목적 스크린 시간 제한을 강력히 권고했다. 캐나다 24시간 활동 가이드라인은 5~17세 아동·청소년의 오락 목적 스크린 시간을 하루 2시간 이하로 제한하고, 이들에게 매일 최소 60분의 중·고강도 신체 활동 및 밤 9~11시간(5~13세) 또는 8~10시간(14~17세)의 수면을 권장한다(Mougharbel, 2023).

연령별 발달 단계에 따라 AIDT 인터페이스도 조정되어야 한다. 어린 아동에게는 단순하고 명확한 자극, 고학년 이상에게는 복잡한 문제 해결·탐구 활동을 지원하는 기능이 적합하다. 집행 기능이 급격히 발달하는 아동기 후반~청소년기에는 자기 조절 능력을 지원·증진하는 기능을 포함하는 것이 바람직하다. 또한 교사-학생 및 학생-학생 간 긍정적 사회·정서 상호 작용을 촉진하기 위해, AIDT 기반 개별 학습 →토론·발표·프로젝트 활동으로 연계하거나 협력 학습 도구로 활용하는 전략이 요구된다. 이는 사회성·정서 조절 능력과 관련된 뇌 영역의 건강한 발달을 지원한다.

넷째, 종합적 거버넌스 측면에서 AIDT의 성공적 적용과 지속 가능한 발전은 학교 현장뿐 아니라 교육 기관, 연구자, 기술 기업, 정책 결정자, 학부모 등 다수 이해관계자의 긴밀한 협력을 전제로 한다. 이러한 거버넌스 체계를 통해 기술적 안정성·윤리적 책임성·교육적 적합성·효과성을 동시에 확보할 수 있다면, AIDT는 미래 교육의 핵심적·긍정적 역할을 수행할 수 있을 것이다.

나아가 교사의 역할 재정의가 필요하다. 교사는 AIDT만으로는 충족하기 어려운 학생 개개인의 정서 상태, 사회적 맥락, 대면 상호 작용에서 드러나는 미묘한 비언어적 신호를 보완적으로 관찰·지도하며, 정서적 지지와 대인 관계 기술 습득을 도와야 한다. 하이브리드 학습, 플립 러닝(Flipped Learning) 등 구체적 수업 형태에서 교사는 AI 분석 데이터를 바탕으로 맞춤형 과제·토론을 설계하고, 학생들은 교실 내 대면 토론·프로젝트 학습을 통해 사회·정서 기술을 발전시키는 방식으로 운영할 수 있다. 이러한 역할 변화를 뒷받침하려면 교사에게 AIDT 활용 역량, 데이터 기반 교수법, 혼합 학습 설계, 아동 발달 이해, 교수법 전반에 관한 지속적 전문성 개발 기회가 반드시 제공되어야 한다. 또한 효과적인 도입을 위해 콘텐츠 난이도·학습 목표·노출 시간을 균형 있게 설계하여 인지적 부담을 최소화해야 한다. 복잡한 멀티미디어 자료를 무작정 제공하기보다 학습 단계별로 정보를 점진적으로 분할하고, 학습 목표와 난이도를 정교하게 일치시키는 방식이 요구된다. 이를 통해 학습자는 핵심 개념을 놓치지 않고 흥미를 유지할 수 있다.

궁극적으로 AIDT의 성공적 적용과 발전은 교육 현장뿐 아니라 교육 기관·연구자·기술 기업·정책 결정자·학부모 등 다양한 이해관계자 간 긴밀한 협력을 통해 이루어져야 한다. 이러한 협력을 바탕으로 기술적 안정성, 윤리적 책임성, 교육적 적합성 및 효과성을 모두 담보하는 방향으로 AIDT 생태계를 조성한다면, AIDT는 미래 교육에서 더욱 중요하고 긍정적인 역할을 담당할 것이다. 이러한 다각적 접근을 통해 AIDT의 잠재력을 최대한 활용하는 동시에 아동의 건강한 뇌 발달과 전인적 성장을 지원하는 방향으로 나아갈 수 있다.

V. 나오는 글

본 장에서는 AI 디지털 교과서(AIDT)가 아동의 뇌 발달에 미치는 영향을 뇌신경과학의 관점에서 인지적·정서적 차원으로 고찰하고, 실제 교육 현장에서의 적용을 위한 전제 조건과 최적 활용 방안을 제안하고자 하였다. AIDT의 개인 맞춤형 학습, 즉각적 피드백, 게임화 요소는 동기화와 성취 향상에 기여할 잠재력이 크다. 동시에 시냅스 가소성, 가지치기, 수초화가 활발한 아동기의 민감기에 과도한 디지털 자극이 주의 조절과 실행 기능의 성숙을 저해하거나, 또래 및 교사와의 물리적 상호 작용 기회를 축소시켜 사회·정서적 발달에 부정적 파급을 낳을 가능성 또한 배제할 수 없다. 따라서 '좋다/나쁘다', '도입/비도입'

과 같은 이분법적·강제적 판단에 매몰되기보다 효과와 한계를 동시에 측정·관리하는 균형 잡힌 관점이 전제되어야 한다.

학교 현장에서 AIDT는 교사 중심의 일방적 지식 전달의 한계를 보완하고 개별화된 학습 경험을 제공하는 촉매가 될 수 있다. 학습 데이터와 진단 정보를 토대로 교사는 작업 기억 용량과 인지 부하 수준에 정합적인 설계를 구현하여 고등 사고를 촉진할 수 있으며, 이는 보충 학습의 신속성과 정확성을 높인다. 다만 이러한 장점을 현실화하려면 발달 단계별 특성과 개인차에 대한 미세 조정이 필수적이다. 저학년에는 단순·직관적 자극과 기본 기능의 점진적 강화가, 고학년에는 복합 문제 해결과 탐구 중심 활동의 심화가 요구된다. 아동의 뇌 발달을 고려해 특정 연령까지는 디지털 도구 사용에 대한 제한이나 시간 한정이 필요하다. 무엇보다 AIDT는 교사와 상호 보완적 관계로 설계·운영되어야 한다. 교사는 AI가 감지하기 어려운 미묘한 정서 신호와 사회적 맥락을 판독하여 맞춤 전략과 정서적 지지를 제공하며, 이 과정에서 교사의 정체성은 지식 전달자에서 학습 촉진자·조력자로 재정의된다. 이에 따라 교사는 AI 활용 역량뿐 아니라 아동 발달 및 학습 심리, 상호 작용 기술, 증거 기반 수업 설계 역량을 지속적으로 갱신해야 한다. 이러한 유의점은 학교 현장에서 활용되는 에듀테크 도구들에서도 마찬가지다.

윤리적·기술적 리스크 관리 또한 제도화되어야 한다. 개인 정보 최소 수집과 안전한 보관, 알고리즘 편향의 상시 모니터링과 독립적 감사,

설명 가능성과 책임 소재의 명료화, 보호자 동의와 투명한 고지 등 다층적 거버넌스가 확보되어야 하며, 디지털 피로와 과자극을 상쇄하기 위해 오프라인 활동·프로젝트·협력 학습을 균형 있게 배치하여 사회 정서 학습(SEL)을 체계적으로 보장해야 한다.

종합하면, AIDT는 아동 교육의 질적 전환을 견인할 유력한 도구이되, 아동기의 신경 발달 민감기를 고려하지 않은 과도한 디지털 의존과 사회적 상호 작용의 약화는 분명한 위험 요인이다. 따라서 아동의 뇌·인지·정서 발달 단계에 부합하는 체계적 설계, 교사-AIDT 협력 모델의 정착, 엄정한 윤리 거버넌스, 그리고 오프라인 경험과의 정교한 균형이 필수적이다. 이러한 다각적·종합적 접근을 통해서만 AIDT는 찬반의 이분법을 넘어 아동의 건강한 발달과 학습 효과를 동시에 견인하는 증거 기반의 교육 혁신으로 자리매김할 것이다.

제6장.
디지털 시민성은 어떻게 길러지는가
: 벌코위츠의 '도덕 해부학' 적용

I. 들어가는 글

현대 사회는 전례 없는 속도로 진화하는 기술 환경과 그에 수반되는 복잡한 도덕적 문제들로 가득하다. 인공지능(AI)과 디지털 기술이 일상에 깊숙이 스며들면서, 이러한 기술이 우리의 도덕적 가치와 행동 규범에 미치는 영향을 이해하고 적절히 대응하는 일은 교육적으로 매우 중요한 과제가 되었다. AI가 인간의 업무와 삶의 영역으로 확장됨에 따라 AI 시스템 내부에서 도덕적 결정을 내릴 수 있는 메커니즘의 개발은 필수적 과제로 부상했다. 인공 도덕 행위자(AMA)의 도덕성 구현과 윤리적 인공지능 로봇 설계의 중요성에 관한 논의가 활발해진 흐름은, 인간 도덕성에 대한 분석적·실천적 이해를 심화시키는 동시에 윤리적 인공지능 로봇의 구현에도 크게 기여할 것으로 기대된다. 요컨대 윤리적 AI의 설계는 단순한 기술 문제가 아니라, 복잡한 도덕적 가치를 기계의 판단 과정에 통합하는 방대한 철학적 과제를 포함한다. 이러한 문제를 해결하는 일은 AI가 사회적·법적·도덕적 기준에 부합하도록 돕는 핵심 토대가 되며, 기술이 고도화될수록 인간의 도덕에 대한 깊은 이해는 더욱 중요해진다. 우리가 일상에서 사용하는 기술들—특히 인공지능과 같은 첨단 과학—은 복잡한 도덕적 판단을 요구하며, 이 판단이 곧 인간의 도덕적 토대와 직결되기 때문이다.

인간의 도덕과 도덕적 자각에 대한 탐구는 오래전부터 철학의 중심 주제였다. 많은 철학자들이 도덕의 근본 성격을 두고 다양한 설명을 제시해 왔다. 일부는 이를 본능적이고 타고난 성질로, 다른 이들은 사회적·문화적 구성물로 이해하고자 했다. 그러나 이러한 개념을 경험적·과학적으로 분석한 시도는 상대적으로 제한적이었다. 이런 배경 속에서 일군의 학자들이 도덕성에 대한 분석적 접근을 모색해 왔고, 그중 벌코위츠(Marvin W. Berkowitz)는 의미 있는 공헌을 남기고 있다. 벌코위츠의 도덕 해부학(Moral Anatomy) 이론은 복잡한 디지털 시대에 도덕성의 구조적 기반을 명료화하는 데 크게 기여할 수 있다. 그의 이론은 인격의 세밀한 요소들을 체계적으로 분석하고, 개인이 일상에서 도덕적 판단과 행동을 자율적으로 결정할 수 있도록 지원하는 실천적 접근을 강조한다. 다시 말해, 그는 도덕적 인간의 본성을 다차원적으로 이해하고, 이러한 도덕적 인간 본성에 기초한 포괄적 도덕 교육을 제안한다(김재식, 2016). 더 나아가 그는 「말빈 벌코위츠의 PRIMED 인격 교육론(PRIMED for Character Education: Six Design Principles for School Improvement)」(2024)에서 인격 교육 연구 결과와 현장 경험을 토대로 리더·관리자·교사들이 학생의 번영을 구현할 수 있도록 하는 명확한 원칙을 제시한다. 이 책은 학교나 지역에서 목적 있는 학습 환경, 건강한 관계, 핵심 가치와 덕목, 롤 모델, 자기 결정력, 장기적 발전을 조성할 수 있도록 하는 포괄적 가이드를 제공한다. PRIMED 인격 교육은 디지털 시대의 윤리적 도전에 직면한 현대 초등학생들에게 필수적 덕목을 제안함으로써, 인공지능 시대 학생들이 기계와의 상호 작용에서 발생하는 윤리적 딜레마를 해결할 역량을 갖추도록 돕는다.

따라서 본 장에서는 벌코위츠의 도덕 해부학이 인공지능 시대 학교 현장에서 디지털 시민성 교육에 어떻게 적용될 수 있는지를 탐구하고자 한다. 이를 위해 다음과 같은 연구 주제를 검토한다. 첫째, 디지털 시민성은 어떻게 정의될 수 있는가? 둘째, 벌코위츠의 도덕 해부학은 무엇인가? 셋째, PRIMED의 기본 아이디어는 무엇인가? 넷째, PRIMED을 기반으로 디지털 시민성 교육은 어떻게 제시될 수 있는가? 궁극적으로 이 연구는 벌코위츠의 PRIMED 이론이 디지털 사회의 교육적 요구에 어떻게 적용될 수 있는지를 탐색함으로써, 디지털 환경의 교육적 틀 안에서 인격 함양이 재구성될 수 있는 방안에 대한 통찰을 제공하고자 한다.

II. AI 시대, 디지털 시민성의 새로운 구성 요건

1. 디지털 시민성 등장 배경

디지털 기술이 우리 삶의 다양한 영역에 깊숙이 침투하면서 일상은 그 어느 때보다 빠르게 변화하고 있다. 정보 접근성의 향상은 개인의 생활 방식을 재구성하며, 통신과 업무 처리 방식에서부터 교육과 건강 관리에 이르기까지 전 영역을 혁신하고 있다. 학생들의 삶도 예외가 아니다. 디지털 네이티브(digital native) 세대로서 아이들은 디지털 환경 속에서 학습하고 소통하며 정보를 교류하고 성장하고 있다. 소셜 미디어, 온라인 게임, 메신저 앱 등은 학생들의 대인 관계 형성에 새로운 기회를 제공하는 동시에 도전도 제기한다. 이러한 디지털 도구들은 학생들의 사회적 기술과 자아 정체성 발달에 긍정적 혹은 부정적 영향을 미칠 수 있다.

디지털 기술의 광범위한 사용은 수십억 명에게 무료 서비스를 제공하는 동시에, 그 과정에서 생산된 데이터를 수집·분석·판매하는 데이터 경제의 탄생으로 이어졌다. 디스토피아적 해석에 따르면 우리는 이미 벤담의 판옵티콘의 디지털 버전 속에 살고 있다. 시민은 모든 움직임·행동·감정이 추적되고 불투명하게 분석되어 기업과 정부의 이익을 위해 활용되는 데이터 생산자가 되었다. 소셜 미디어는 이러한 발전의 가장 분명한 예다. 끊임없이 변화하고 확장되는 디지털 일상의 풍경은 현재의 비민주적 경향을 완화하기 위해 시민성 개념을 재고할 필요성을 낳았다. 디지털 사회에서는 새로운 형태의 시민성인 '디지털 시민성'이 요구된다(Ylipulli & Luusua, 2021). 이러한 디지털 시민성은 기술이 개인의 매일의 생활에 깊이 통합될수록 그 중요성이 커진다. 디지털 리터러시—즉 디지털 기술·플랫폼·매체를 효과적으로 이해하고 사용하는 능력—는 현대 사회의 필수 역량으로 자리 잡았다. 이는 기술적 변화뿐 아니라 데이터의 안전한 사용, 개인의 권리 보호 등을 포괄하는 새로운 규범과 법적 틀을 포함한다. 데이터 기반 사회에서 개인의 자유와 권리를 어떻게 보호하면서 동시에 디지털 기술의 이점을 어떻게 활용할지에 대한 물음은 중대한 과제로 부상했다. 교육 현장에서도 디지털 시민성에 대한 이해를 토대로 한, 보다 구체적이고 체계적인 접근이 요구된다. 이는 단순한 기술 사용법을 넘어, 디지털 환경에서의 윤리적·법적 행동 기준을 명확히 하여 학생들이 정보화 사회의 혜택을 건강하게 누릴 수 있도록 하는 데 초점을 두어야 한다.

이러한 이유로 근래 국내외 연구자들은 디지털 시민성에 높은 관심을 기울이고 있다. 국내에서는 디지털 시민성의 개념 탐구(박기범, 2014; 성경희, 2024), 디지털 시민성 교육(이준, 유숙경, 이윤옥, 2021a), 청소년·대학생의 디지털 시민성(안정임, 서윤경, 김성미, 2013; 최문선, 박형준, 2016), 디지털 시민성 척도(최효식, 추병완, 최윤정, 2023; 이준, 유숙경, 이윤옥, 2021b; 임영식, 정경은, 2019) 등이 연구되어 왔다. 국외에서는 디지털 시민성 교육(Frau-Meigs et al., 2021, 31-45), 디지털 시민성 정의(Jones & Mitchell, 2016; Isman & Gungoren, 2014; Pangrazio & Sefton-Green, 2021), 디지털 시민성 척도(Choi, Glassman, & Cristol, 2017), 디지털 시민성과 도덕 이론(Harrison & Polizzi, 2022), 디지털 시민성과 인격(Geller, 2016; Mattson, 2016) 등이 축적되고 있다. 국내외 모두 개념·

척도·교육에 관한 연구가 공통적으로 이루어지는 반면, 국내는 국외에 비해 디지털 시민성과 인격(또는 인격 교육)을 접목한 연구가 상대적으로 빈약한 실정이다.

따라서 디지털 시민성의 개념 확립, 특성 및 요소 정립이 무엇보다 중요하다. 이러한 이론적 틀은 디지털 시민성 교육 설계의 핵심 지침이 될 뿐 아니라, 인격과 도덕성의 발달을 촉진하는 교육적 접근을 모색하는 데에도 기여할 것이다. 더불어 디지털 시민성과 관련된 개념들을 비교·분석함으로써, 보다 포괄적이고 국제적인 관점에서 디지털 시민성을 이해하고 교육할 수 있는 기반을 마련할 수 있을 것이다.

2. 디지털 시민성이란 무엇인가

디지털 시민성은 자체적인 역사를 지닌 오래된 전통에서 비롯되었다. 전통적으로 시민성은 국가와 사람들 간의 관계로 개념화되어 왔고, 이는 '의무적 시민'의 개념을 중심으로 전개되었다. 시민은 대중 매체를 통해 이슈에 관한 정보를 습득하고 선거 과정에 참여할 의무가 있다. 최근에는 새로운 시민성 규범이 등장하여, 민주적 참여가 선거 과정만큼이나 선택, 소비, 사회적 행동과 관련된 것으로 이해된다. 시민들은 종종 기후 변화와 같이 글로벌한 성격의 이슈에 의해 특정 사회 운동에 동원된다.

인터넷의 부상과 함께 시민 사회와 정치 생활에 참여할 기회는 크게 확대되었다. 디지털 시민성은 간단히 말해 '온라인 사회에 참여할 권리'로 정의될 수 있다. 디지털 시민성에 대한 초기 접근은 디지털 격차 해소에 가장 큰 관심을 두었고, 접근성·포용성·의사소통의 권리와 자유가 우선순위였다. 그러나 소셜 미디어 플랫폼이 주류화되면서 접근성 문제의 상대적 중요성은 감소했고, 페이스북과 트위터는 시민 참여의 주요 수단이 되었다. 디지털 맥락에서 시민성은 뉴스 피드를 해독하거나 디지털 정체성을 구축하는 일련의 작업·행위를 당연히 내포한다. 따라서 디지털 시민성은 단지 시민적·개인적 책임에 관한 것만이 아니라, 디지털이 새로운 형태의 참여를 어떻게 촉진하는지까지 포괄한다(Pangrazio & Sefton-Green, 2021).

한편 디지털 시민성의 정의는 다양하며, 종종 디지털 환경에서 적절하고 예의 바른 행동과 그 환경에서의 적극적 역할을 의미하기도 한다. 이 개념은 주로 교육적 맥락에서 사용되며 청소년과 디지털 미디어에 관한 논의에서 자주 등장한다. 여기에는 개인이 정보를 비판적으로 평가하고 다양한 디지털 자원을 활용해 의사소통하는 능력이 포함된다(Ylipulli & Luusua, 2021). 시민성은 공동체 내에서 성립하며 권리와 책임을 모두 포괄한다. 예컨대 공동체 구성원에게는 자유롭게 말할 권리가 있으며, 이러한 권리에는 상응하는 책임이 따른다. 책임은 공동체 구성원이 지켜야 할 경계를 설정하며, 몇 가지 작은 차이를 제외하면 이는 디지털 시민성에도 그대로 적용된다. 전통적으로 시민성의 기본 원칙은 존중, 예의, 책임, 사회에의 긍정적 기여로 알려져 있으며, 디지털 시민성의 원칙 역시 전통적 시민성과 크게 다르지 않다.

‘디지털 시민성’이라는 용어의 초기 사용은 온라인 접근성 문제를 다루었지만, 최근에는 안전하고 책임감 있는 온라인 행동을 의미하는 데 더 많이 쓰인다. 디지털 시민성은 책임, 권리, 안전, 보안의 개념으로 구성된 것으로 정의되기도 하며, 적절한 기술 사용, 안전·책임·존중에 기반한 온라인 선택을 내포하는 것으로 설명되기도 한다. 또한 교육적 노력의 초점과 평가를 명확히 하기 위해 ‘디지털 시민성 교육’을 ‘디지털 리터러시 교육’과 구분하기도 한다. 많은 전문가들은 ‘디지털 리터러시’를 효과적인 검색 전략, 개인 정보 설정 이해·활용, 신원 도용 방지 행동 실천, 안전한 비밀번호 생성, 온라인 정보의 정확한 인용, 스팸·전자 사기 회피 등 컴퓨터·인터넷 기반의 특정 기술을 가리키는 용어로 사용한다. 즉, 디지털 리터러시는 오늘날 디지털 시민성 아래에 설정된 다른 목표들에 비해 보다 협의의 기술 역량을 요구한다 (Jones & Mitchell, 2016).

커먼 센스 미디어 백서(Common Sense Media White Paper)에 따르면, 디지털 시민성은 기술을 능숙하게 사용하고 디지털 콘텐츠를 해석·이해하며 그 신뢰성 평가와 더불어 적절한 도구로 창작·연구·소통할 수 있는 능력을 의미한다. 또한 디지털 세계의 윤리적 기회와 도전에 대해 비판적으로 사고하고, 온라인에서 안전하고 책임감 있으며 존중하는 선택을 하는 것을 내포한다. 이를 확장하여, 리블과 베일리 등은 디지털 시민이 보여야 할 아홉 가지 중요 행동 영역을 식별했는데, 이는 ① 에티켓(전자적 행동 규범/절차), ② 커뮤니케이션(정보의 전자적 교환), ③ 교육(기술 및 기술 사용에 관한 교육·학습 과정), ④ 접근(사회 내 전자적 전면 참여), ⑤ 상거래(상품의 전자적 구매·판매), ⑥ 책임(행동·행위에 대한 전자적 책임), ⑦ 권리(디지털 세계에서 모두에게 주어진 자유), ⑧ 안전(디지털 기술 세계에서의 신체적 웰빙), ⑨ 보안(자기 보호를 위한 전자적 예방 조치)이다(Ribble, Bailey, & Ross, 2004). 교육적 맥락에서 디지털 시민성을 증진하는 일은 학생의 학습 및 학업 성과, 학교 내 상호작용, 학교 밖 생활과 행동 등 학생 발달의 핵심 측면을 강화하며, 디지털 시대의 도전과 기회를 다룰 준비가 된 디지털 시민을 양성하는 것을 목표로 한다(Isman & Gungoren, 2014).

인류 역사 전반을 통틀어 모든 아이들이 '좋은 시민'이 되기 위해 부모와 교사의 지도가 필요했듯, 오늘날 '디지털 네이티브'로 불리는 젊은이들 역시 디지털 세계에서 시민성 원칙을 적용하는 법을 배우는 데 지도가 필요하다. 디지털 시민성이 학교에서 새로운 교육 영역으로 자리 잡으려면, 그 목표가 명확히 정의되고 성과가 평가될 수 있도록 개념적·평가적 작업이 요구된다. 예를 들어 존중하는 온라인 활동과 시민 참여 연습 같은 명확한 정의를 토대로 학교 대상 디지털 시민성 교육 프로그램을 설계할 수 있다. 이는 청소년이 온라인 사회 기술을 구축·연습하는 데 초점을 두는 접근이다. 또한 디지털 시민성 교육을 디지털 리터러시 교육 및 사이버 괴롭힘 예방과 구분함으로써, 인터넷 자원을 활용해 청소년이 (1) 타인을 존중하고 관용적 행동을 연습하며, (2) 시민 참여 활동을 증대하도록 중점을 둘 수 있다. 이러한 디지털 시민성의 정의는 청소년 시민 교육의 방향과 밀접하게 일치하며, 긍정적 온라인 청소년 시민을 양성하는 데 기여할 것이다(Jones & Mitchell, 2016).

새로운 기술이 등장하고 학생들의 정보 수집·소통 방식이 변화함에 따라, 디지털 시민성은 학교 리더와 교사가 반드시 검토해야 할 필수 영역으로 점점 더 중요해지고 있다. 미국 국제기술교육협회(International Society for Technology Education, ISTE, 2016)가 널리 제시한 정의에 따르면, 디지털 시민성이란 학생들이 '상호 연결된 디지털 세계에서 살고, 배우고, 일하는 데 있어 권리·책임·기회를 인식하고, 안전하고 법적이며 윤리적인 방식으로 행동하는 능력'이다(Frau-Meigs et al., 2021). ISTE가 제시한 훌륭한 디지털 시민의 특성은 다음 <표 1>과 같다(Öztürk, 2021).

<표 1> Citizenship in the digital era (ISTE, 2016)

순	훌륭한 디지털 시민(A good digital citizen)
1	모든 사람을 위한 동등한 디지털 권리와 접근성을 옹호함
2	모든 관점을 이해하려고 노력함
3	디지털 프라이버시, 지적 재산권 및 다른 온라인 사람들의 권리를 존중함
4	디지털 채널을 통해 다른 사람과 의사소통하고 공감하며 그들을 공감적으로 대함
5	모든 온라인 자원에 대해 비판적 사고를 사용하며 가짜 뉴스나 광고와 같은 믿을 수 없는 자료를 공유하지 않음
6	기술을 사용하여 사회적 목표를 지원하고 발전시킴
7	디지털 도구를 사용하면서 신체적, 정서적, 정신적 건강을 중요시함
8	다른 사람들과 협력하기 위해 디지털 도구를 사용함
9	디지털 세계의 영속성을 이해하고 필요한 조치를 취함으로써 자신의 디지털 정체성을 관리함

(Öztürk, 2021, 32)

ISTE는 2016년 학생용 ISTE 기준의 최신 개정판을 발표했다. 이 기준은 K-12 학생들이 디지털 사회에서 능동적으로 살아가기 위해 필요한 28개의 기술·지식 영역을 제시하며, 이를 7개 그룹—권한을 부여받은 학습자(Empowered Learner), 디지털 시민(Digital Citizen), 지식 구성자(Knowledge Constructor), 혁신적 디자이너(Innovative Designer), 계산적 사고자(Computational Thinker), 창의적 커뮤니케이터(Creative Communicator), 글로벌 협력자(Global Collaborator)—으로 구성한다. ISTE는 또한 교사, 관리자, 컴퓨터 과학 교육자, 코치를 위한 기준도 제공한다. 아울러 커먼 센스 교육(Common Sense Education)의 K-12 디지털 시민성 커리큘럼 Scope and Sequence는 '학생들이 비판적으로 사고하고, 안전하게 행동하며, 디지털 세계에서 책임감 있게 참여하도록 장려'하기 위해 설계되었다. 이 커리큘럼은 개인 정보 보안, 디지털 발자국·정체성, 저작권, 커뮤니케이션, 정보 문해력, 사이버 괴롭힘, 인터넷 안전의 여덟 영역으로 구성된다(Öztürk, 2021).

이와 같이 디지털 시민성은 특정한 디지털 리터러시 기술을 포함하며, 이는 개인이 윤리적으로 행동하고 사회적 문제를 이해하며 시민적 과정에 참여하도록 돕는다. ISTE의 주요 디지털 시민성 기준이 주로 안전하고·법적이며·윤리적인 기술 사용에 필요한 지식과 기술에 초점을 맞추는 반면, 디지털 시민성의 더 비판적·수사적 측면을 강조하는 관점도 존재한다. 이 관점에서는 디지털 시민성 개념이 사회의 정치적·사회적·경제적·문화적 문제에 대해 의식적(conscious)일 것을 요구한다. 연구자들의 디지털 시민성 개념과 교육 목표에서 공통 요소를 추출·정리하면 다음 <표 2>와 같으며, 이는 디지털 시민성 개념이 현대 디지털 사회의 다양한 요구를 어떻게 반영하는지, 그리고 사람들이 디지털 공간에서 '윤리적'이고 '책임감' 있는 방식으로 행동하도록 어떻게 지원하는지를 설명한다. 각 역량은 디지털 시민으로서 필수적 능력을 강조하며, 교육 프로그램 설계나 정책 결정의 중요한 참고 자료가 될 수 있다.

<표 2> 디지털 시민성 공통 역량

순	역량	설명
1	디지털 평등	모두를 위한 평등한 디지털 권리와 접근성을 옹호
2	타인의 권리 존중	디지털 프라이버시, 지적 재산권 및 타인의 온라인 권리를 존중
3	공감과 소통	디지털 채널을 통해 타인과 소통하고 공감적으로 협력
4	비판적 사고	모든 온라인 자원을 비판적으로 평가하고 신뢰할 수 없는 자료를 공유하지 않음
5	기술 개발	기술을 사용하여 사회적 목표를 지원하고 촉진
6	건강 관리	디지털 도구 사용 시 신체적, 정서적, 정신적 건강을 중시
7	연대와 협력	협력을 위해 디지털 도구 활용
8	디지털 정체성 관리	디지털 세계의 영속성을 이해하고 자신의 디지털 정체성을 적절히 관리

디지털 시민성은 현대 사회에서 점점 더 중요해지고 있으며, 디지털 공간에서 잘-informed 되고 책임 있게 참여하는 것을 포함한다.

곧, 디지털 시민성은 단순한 기술적 능력을 넘어 사회적·윤리적 참여까지 포괄하는 광범위한 개념이다. 이러한 역량을 갖춘 시민은 디지털 세계에서의 권리와 책임을 이해하고, 더 적극적으로 자신의 디지털 환경을 형성할 수 있다. 이는 데이터 주도 시대의 민주적 과정에 필수적 요소로, 시민이 자신의 디지털 존재와 권리를 보호·증진할 수 있는 기반을 제공한다.

결과적으로 디지털 시민성은 전통적 시민성의 개념을 디지털 맥락에 적용한 것으로, 디지털 공간에서의 적절하고 예의 바른 행동, 권리와 책임의 이해, 능동적 참여를 포함한다. 도덕성과 디지털 시민성의 공통점은 두 개념 모두 윤리적 행동·책임감·공동체 기여를 강조한다는 데 있다. 반면 차이점은 도덕성이 일반적으로 모든 사회적 맥락에 적용되는 데 비해, 디지털 시민성은 디지털 환경에 특화된 개념이라는 점이다. 요컨대 디지털 시민성은 인격과 도덕성의 개념을 토대로 발전했으며, 개인이 사회적·디지털 환경에서 윤리적이고 책임감 있게 행동하도록 돕는 핵심 요소들이 결합된 개념이다.

한편, 벌코위츠(Marvin W. Berkowitz)의 도덕 해부학(Moral Anatomy) 모델은 다음과 같은 이유로 디지털 시민성 교육에 적용 가능하다. 첫째, 벌코위츠가 도덕적 발달에서 강조한 요소들은 디지털 시민성 함양에 필요한 복합적 도덕 역량을 포괄한다. 둘째, 이 모델은 도덕적 기능을 지원하는 특성과 기술적 역량을 보조하는 특성을 명확히 구분함으로써, 디지털 환경에서의 도덕 판단·행동을 보다 체계적으로 이해하고 적용하도록 돕는다. 셋째, 디지털 시민성 교육은 학생이 온라인에서 도덕적이고 책임 있는 행동을 수행하도록 이끄는 것을 목표로 하는데, 도덕 해부학은 이러한 목표 달성을 위한 구조적 틀을 제공한다. 넷째, 벌코위츠는 인격이 올바른 행위를 이끄는 심리적 특성들에 의해 제약·형성된다고 보았으며, 이러한 요소들은 학생이 디지털 환경에서 적절한 판단과 실행을 내릴 수 있도록 하는 심리적 기반을 제공한다.

이와 같은 이유로 도덕 해부학은 디지털 시민성 함양을 위한 유용한 도덕 교육 모델로 제안될 수 있다. 이어지는 장에서 벌코위츠의 인격 교육(PRIMED 등)에 관한 아이디어를 보다 상세히 살펴본다.

III. Berkowitz의 도덕 해부학과 PRIMED 모델
: 도덕적 인간의 7가지 요소

1. 도덕 해부학과 인격 교육

인격은 본질적으로 복합적인 개념이며, 효과적인 도덕적 대리인으로 기능하려면 여러 능력의 개발이 요구된다. 여기에는 최소한 인지, 행동, 정서, 성격이 포함된다. 만약 인격에 대한 정확하고 완전한 정의를 마련할 수 있다면, 그에 기초한 과학적으로 타당한 인격 교육 모델을 구축할 수 있다. 도덕적 특성은 저절로 발현되는 자생적 성질이 아니며, 건강한 심리 구성의 핵심과 분리되어 있지도 않다. 오히려 한 개인의 도덕적 본성은 그 사람의 심리적 구성의 다른 측면들과 완전히 통합되어 있다.

콜비와 데이먼(1992)은 도덕적 모범에 대한 연구에서 낙관주의, 확신과 같은 공통 특성을 확인했다. 벌코위츠가 제시한 '도덕 해부학'의 마지막 구성 요소인 메타-도덕적 특성은 이러한 특징을 반영한다. 도덕적 특성은 본질적으로 도덕 또는 윤리를 표상하지만, 메타-도덕적 특성은 도덕적 기능에 필수적이면서도 그 자체로 본질적 도덕성은 아니다. 즉, 도덕적 목적에도 비도덕적 목적에도 사용될 수 있다. 예컨대 도덕적으로 효과적인 행위를 위해서는 자제력이 필요하지만, 자제력은 범죄나 고통을 야기하는 행동을 지원하는 데도 쓰일 수 있다. 레스트는 도덕적 행동의 구성 요소 모델에 감수성과 자아 강도와 같은 이러한 특성들을 포함시켰고, 아리스토텔레스는 현명함이나 교양을 도덕적 미덕 달성에 필요한 지적 능력으로 기술했다(Berkowitz & Grych, 1998).

한편, Josephson 윤리 연구소는 인격의 보편적 기초 블록을 이룬다고 주장되는 6가지 '인격의 기둥'―'신뢰성', '존중', '책임', '공정성', '배려', '시민성(시민 의식)'―을 제시했다. 벌코위츠는 도덕적 발달을 '효과적인 도덕적 주체로서의 개인 능력의 성장'으로 정의하고, 도덕적 기능의 7가지 요소―'도덕적 행동(behavior)', '도덕적 가치(values)', '도덕적 인성(personality)', '도덕적 감정(affect)', '도덕적 추론(reasoning)', '도덕적 정체성(identity)', '메타-도덕적 특성(meta—moral characteristics)'―를 확인했다. 그는 이를 7가지 도덕적 기능의 측면을 포괄하는 '도덕적 해부학

(Moral Anatomy)'이라는 심리학적 모델로 제안했다. 이 가운데 메타-도덕적 특성은 그 자체로 도덕적이지 않지만 도덕적 기능을 지원하거나 기술적 역량을 추가하는 특성이다. 이 모델에서 인격은 주로 도덕적 성격, 즉 도덕적으로 행동하는 지속적 경향으로 이해되지만, 더 넓게는 전체 도덕 해부학을 포괄하는 일반 명칭으로도 이해될 수 있다. 특히 이 모델은 도덕적 특성, 메타-도덕적 특성, 비도덕적 특성 사이의 중요한 구분을 명확히 하며, 벌코위츠는 많은 인격 정의가 이 구분을 간과한다고 지적한다(Berkowitz, 1999). 그가 도덕 해부학이라 부르는 것은 완전한 도덕적 인간을 구성하는 심리적 요소들을 뜻한다. 여기서 유념할 점은 성격이 지극히 복잡한 심리 개념이라는 것이다. 성격은 옳고 그름을 사유하는 능력, 도덕적 감정(죄책감, 공감, 연민)을 경험하는 것, 도덕적 행동(나누기, 자선 기부, 진실 말하기)에 참여하는 것, 도덕적 선을 신념으로 지니는 것, 그리고 정직·이타심·책임감 등 도덕적 기능을 뒷받침하는 특성들을 지속적으로 나타내는 경향을 포함한다(Berkowitz, 2002). 따라서 그가 제안한 도덕 해부학은 단일 개념어라기보다, 도덕과 도덕성에 대한 분석적 접근으로 이해하는 것이 타당하다.

벌코위츠는 인격이 옳은 일을 하도록 영향을 미치는 일련의 심리적 특성에 의해 구속(형성)된다고 보았다. 그는 이를 인간의 도덕 해부학이라 명명했으며, 이러한 특성은 도덕적으로 기능할 수 있는 능력과 경향을 촉진한다. 따라서 인격은 도덕적 가치, 도덕적 추론, 도덕적 감정, 도덕적 정체성, 그리고 메타-도덕적 특성(그 자체로 도덕적이지 않지만 도덕적 기

<능을 지원하거나 기술적 역량을 추가하는 특성)의 구성 설정에서 비롯된다. 아울러 그는 인격이 습관적 우수성과 연결되어 일상의 행동 최전선에 있어야 한다고 보았고, 그리스인들이 이러한 도덕적 우수성을 '아레테(arete)' 라고 불렀으며 이를 '덕(virtue)'과 동형으로 이해했다고 설명한다. 이 맥락에서 이해되는 덕은 일관되게 '옳은 일을 하는 것'이다. 덕은 본질적으로 존재의 상태 혹은 품질로 여겨졌고, 그 속에서 개인은 자신의 잠재력을 실현하며 우아하고 설득력 있게 그리고 일관되게 그렇게 한다고 서술된다(Zeidler, Berkowitz, & Bennett, 2013).

결과적으로 벌코위츠의 도덕 해부학은 인격을 7가지 기능적 특성/양상으로 구체화하며, 도덕적 의사 결정과 행동이 이성을 넘어서는 다양한 요소들에 의존함을 시사한다(Berkowitz & Simmons, 2003; Sadler & Zeidler, 2003). 위 내용을 정리하면 다음 <표 3>과 같다.

<표 3> 벌코위츠의 도덕 해부학: 인격의 7가지 심리적 도메인

순	구성 요소
1	도덕적 행동(moral behavior)
2	도덕적 인격(moral character)
3	도덕적 가치(moral values)
4	도덕적 추론(moral reason)
5	도덕적 정서(moral emotion)
6	도덕적 정체성(moral identity)

이와 같이 그는 인격 발달을 인간의 윤리적 가치를 대변하는 개인 차원의 성장으로 규정한다. 이는 행동, 인지, 정서, 가치, 성격, 정체성, 그리고 도덕 그 자체라기보다 도덕적 기능을 지원하는 기술을 포함한다는 뜻이다. 궁극적으로 어떤 사람의 성품을 언급한다는 것은 그 사람의 선량함에 대한 판단을 표명하는 일이며, 이는 전반적 의미와 엄밀한 심리학적 의미 모두에 해당한다. 이러한 정의를 인격 교육으로 어떻게 번역할지는 대개 해당 기관의 가치와 임무에 크게 좌우된다. 예컨대 공립 대학은 민주 시민 사회 형성과 관련된 측면을 강조할 수 있고, 종교 기반 기관은 특정 신앙 전통에 뿌리를 둔 인격 개념을 채택할 수 있다. 다른 기관들은 학사 부정행위나 인종 차별 같은 특정 캠퍼스 사건에 대한 대응으로 교육을 구성하기도 한다. 어떤 인격 교육 계획이든 해당 기관이 달성하고자 하는 결과와 직접 연결되어야 하며, 그 결과가 포괄적일수록 계획은 다양하고 다면적이며 체계적이어야 한다. 따라서 실제로 포괄적 인격 교육에 참여하려는 기관은 다양한 요소를 갖추고 이를 교육 환경 전반에 구현해야 한다. 인격 교육은 도덕적 인간과 핵심 가치에 대한 분명한 비전을 바탕으로 넓게 퍼진, 다기관적 노력임을 이해하는 것이 중요하다(Berkowitz & Fekula, 1999).

벌코위츠는 인격 교육 분야가 덕·가치·행동·추론 능력 가운데 무엇을 중점에 둘지에 관한 논쟁으로 가득하다고 보았다. 체험 학습, 또래 토론, 교육적 가르침, 지역 사회 봉사, 참여적 거버넌스, 인격 관련 독서 등이 그 예다. 이러한 논쟁은 이론·철학적 차이에 깊은 뿌리를 두고 있다. 그러나 인격 교육의 핵심은 철학적 구분, 교육 이데올로기, 정치나 기타 개념적 불일치가 아니라 아동의 발달이다. 곧, 인격이 무엇을 의미하는지, 어떻게 발달하는지, 그리고 그 최적 발달을 어떻게 촉진할 수 있는지를 살핌으로써 인격 교육의 과학을 시작할 수 있다 (Berkowitz, 2002).

미국에서 인격 교육(character education)은 보다 보수적·전통적·행동적 접근과, 도덕 교육은 보다 자유주의적·구성주의적·인지적 접근과 연관되는 경향이 있다. 벌코위츠는 아이들이 좋은 사람이 되도록 그들의 발달을 돕는 데 과학을 적용하는 일이 시급하다고 역설했다. 발달심리학은 학교 등 다양한 환경 요인 가운데 특히 부모의 양육 방식과 아동의 발달 결과 간의 유의한 상관관계를 중시해 왔으며, 이를 다룬 연구가 매우 풍부하다.

그가 확인한 바는 다음과 같다. (1) 관련 연구가 이미 방대하게 존재하며, (2) 인격 발달을 촉진하는 공통 양육 변수를 실증적으로 식별할 수 있고, (3) 이러한 변수를 교사 행동과 인격 교육에 적용할 수 있다는 점이다. 발달심리학자들이 폭넓게 연구한 8가지 인격 변수—사회적 지향성(애착), 자기 통제, 순응, 자존감, 공감, 양심, 도덕적 추론, 이타성—를 제시하면서, 교실 내 딜레마 토론에 관한 광범위한 연구가 학생들의 도덕적 추론 능력 발달에 효과적임을 보여 주었다고 지적한다. 인격 교육의 과학을 구축하는 데 있어 실증적 기반의 부족을 보완하는 한 방법은 관련 과학적 증거를 타 분야에서 탐색하는 것이다. 예컨대 아동 인격 발달의 주요 영향은 타인이 아이를 어떻게 대하는가에 있다. 가정이든 학교든, 효과적인 인격 교육을 위해서는 특히 아이에게 중요한 사람들이(그들만은 아니지만) 아이를 어떻게 대하는지에 초점을 맞춰야 한다. 또한 학교는 모든 구성원에게 좋은 인격을 요구해야 한다. 다시 말해 인격은 명확한 우선순위와 기대가 되어야 하고, 그 기대는 분명하고, 높되, 달성 가능해야 하며, 학생과 다른 구성원들이 그 기대를 충족할 수 있도록 지원 구조가 마련되어야 한다(Berkowitz, 2002).

인격 교육은 다양한 역사를 지닌다. 과거에는 대체로 전통적/보수적 행동 경향을 비교적 제한된 교육 과정—권고, 롤 모델 연구, 관련 가치를 강조한 예술 프로젝트 등—을 통해 주입하려는 시도를 뜻했다. 그러나 오늘날 인격 교육자들은 학교 거버넌스 참여, 봉사 학습 등 훨씬 다양한 방법을 활용해, 학교에 대한 긍정적 인식이나 사회 정의 활동과 같은 다각적 발달 결과를 도출하려 한다. 인격 교육은 개인의 도덕적 기능 전반 또는 그 일부를 향상시키려는 의도적 개입으로서 주로 학교 기반 노력에 국한되며, 행동·가치·추론·성격·정체성·정서 혹은 이들 요소의 조합을 증진하는 데 목적을 둔다(Berkowitz, 1999).

그러나 벌코위츠가 지적하듯, 인격 교육은 여전히 복잡하다. 워커와 동료들은 도덕적 인물의 40가지 구체적 특성—배려심, 정직, 인내,

공정성 등—을 식별했다(Walker, Pins, Hennig, & Matsuba, 1995). 흥미롭게도 높은 학업 성취는 이러한 목록에 거의 포함되지 않는다. 벌코위츠는 '도덕적 해부학'을 포함해 7가지 심리 영역—도덕적 행동(moral behavior), 가치(values), 정체성(identity), 도덕적 인성(moral personality), 도덕적 정서(moral emotions), 사회-도덕적 추론(socio-moral reasoning), 그리고 기초 인격(foundational characteristic)—을 식별했다. 여기서 기초 인격은 인내심처럼 비도덕적 성격 측면이지만, 그럼에도 인간이 삶에서 잘 수행하도록 돕는다. 인격 교육 파트너십(Character Education Partnership)은 인격을 '핵심 윤리적 가치를 이해하고, 그것에 관심을 가지며, 그에 따라 행동하는 것'으로 보다 단순하게 정의한다. 리코나와 데이비슨은 좋은 인격의 포괄적 모델을 제시하며 도덕적 인격(윤리적으로 사고하고, 존중하고, 책임감 있는 사람)과 수행 인격(비판적 사고, 목표 설정, 인내를 보이는 사람)을 구분한다. 인격의 복잡성이 시사하는 핵심은, 좋은 인격을 기르기 위해 학교가 모든 면에서 성공적이어야 한다는 점이다(Berkowitz & Schwartz, 2006).

2. PRIMED의 기본 아이디어는 무엇인가

벌코위츠는 『PRIMED 인격 교육론(PRIMED for Character Education: Six Design Principles for School Improvement)』(2021)에서 학교 인격 교육을 위한 여섯 가지 원칙을 제안한다. 그는 먼저 인격 교육의 포괄적 개념과 중요성을 설명하며, 인격 교육이 단순한 교실 내 지식 전달이 아니라 인간의 선함을 함양하고 사회적·도덕적 발달을 촉진하는 과정임을 강조한다. 이어 PRIMED 모델을 소개하며 인격 교육을 체계화하는 여섯 가지 핵심 원칙(Prioritizing, Relationships, Intrinsic motivators, Modeling, Empowering, Development perspective)을 제시하는데, 이 원칙들은 학교뿐 아니라 가정과 사회 전반에서 인격 발달을 지원하는 설계 원리로 기능한다.

PRIMED 모델은 인격 교육의 다양한 측면에 통합적으로 접근하려는 시도로 볼 수 있다. 각 원칙은 인격의 세 요소―머리(지식), 가슴(감정), 손(행동)―와 연결되어, 교육이 단지 지식 전달을 넘어 도덕적·사회적 존재로서 학생의 전인적 발달을 지향해야 함을 분명히 한다.

그는 인격 교육이 삶의 방식과 깊이 연결되어 있음을 강조하며, 인격 교육을 존재의 방식으로서의 교육이라는 관점에서 바라볼 것을 제안한다. 이는 교육이 학생에게 지식을 주입하는 차원을 넘어, 그들의 존재와 행동에 긍정적 영향을 미쳐야 함을 시사한다. 이러한 접근은 교육자로 하여금 자신의 역할을 재고하고 교육의 실질적 목적을 다시 성찰하게 한다. 더불어 공교육의 인격 형성 초기 무대라 할 수 있는 초등학교 현장, 특히 초등 도덕과 교육에 주는 시사점이 크다.

아울러 인격 교육은 사회적 상호 작용과 관계 형성에 중점을 두어야 한다는 점도 중요한 논의 지점이다. 인격 교육은 인간의 선과 도덕성을 함양하는 데 주안점을 두며, 개인의 도덕적·지적·시민적·수행적 측면을 포섭하는 포괄적 접근을 요구한다. 따라서 교육자는 학생에게 고정된 경로를 제시하기보다, 스스로 선한 인격을 발달시킬 수 있는 환경을 제공해야 한다.

주목할 점은 벌코위츠가 '티꾼 올람(Tikkun Olam, 세상을 치유한다)'이라는
개념을 통해 인격 교육의 궁극적 목표를 설명하며, 인간의 도덕적 발
달을 최대화하는 일이 중요하다고 강조한다는 것이다. 티꾼 올람이라
는 유대교적 개념은 세상을 치유한다는 뜻으로, 인간에게 세상을 개선
하고 더 나은 방향으로 이끌 책임이 있음을 가르치며 인격 교육의 근
본 목적을 제공한다. 이러한 이유로 인격 교육은 자아의 성장뿐 아니
라 사회 전체의 윤리적 발전을 목표로 하며, 교육이 개인과 사회에 미
치는 영향을 부각한다.

PRIMED 모형은 우선순위(Priority), 관계성(Relationships), 내적 동기
부여(Intrinsic Motivation), 모델링(Modeling), 권한 부여(Empowerment), 발달적
교육학(Developmental Pedagogy)의 6가지 설계 원리로 구성된다. 각 원리
는 인격 발달을 촉진하고 교육 실천에 효과적으로 적용될 수 있도록
구체적 방향성을 제공한다. 이들 요소는 다음 <표 4>와 같이 정리할
수 있다.

<표 4> PRIMED: 효과적인 인격 교육을 위한 6가지 설계 원리

순	요소	내용
1	우선순위 (Priority)	학교의 사명, 비전, 정책, 그리고 실천에서 인격 발달을 진정하고 가장 중요한 우선순위로 설정
2	관계성 (Relationships)	모든 이해 당사자 집단 내부 및 집단 간에서 의도적이고 전략적으로 건전한 관계성을 함양

3	내적 동기 부여 (Intrinsic Motivation)	인격적인 사람이 되기 위해 인격과 내적 동기 부여를 내면화하면서 외재적 동기 부여를 피하기
4	모델링 (Modeling)	모든 성인과 다른 역할 모델들이 학생들이 발달하기를 원하는 인격을 구현하고 사례를 제시
5	권한 부여 (Empowerment)	모든 이해 당사자들의 의견을 요청하고, 그들의 목소리를 경청하며, 그들이 말해야만 하는 것을 진지하게 고려함으로써 각자가 중요한 변화를 가져올 수 있는 가능성을 가질 수 있도록 권한을 부여하는 문화와 지배 구조를 창조
6	발달적 교육학 (Developmental Pedagogy)	학생들의 장기적인 학습과 인격 발달을 지원하는 방식으로 교육을 진행함으로써 교육 철학과 실천에 있어서 발달적인 관점을 가지는 것

(Berkowitz, 2024, 87-90)

학교와 교실의 풍토는 '잠재적 교육 과정'으로서, 학교의 운영 방식과 교육 과정이 학생들의 인격 발달에 미치는 영향을 결정짓는 핵심 기제이다. 따라서 효과적인 인격 교육을 위해서는 긍정적인 학교 풍토 조성이 필수적이다. 즉, 모든 학생과 교직원이 주체적으로 참여하는 문화를 형성하고, 학교 운영 전반에 걸쳐 인격 교육의 가치가 일관되게 반영되도록 해야 한다. 인격 교육의 우선순위를 드러내는 또 다른 방법은 인격 교육 요소의 가시성을 높이는 구조를 갖추는 일이다. 많은 학교가 인격 교육을 우선시하려는 진지한 의도를 표명함에도, 그 의도를 현실로 전환하고 지속할 구조적 장치가 부족하여 계획이 무산되는 사례가 적지 않다. 이 때문에 벌코위츠는 인격 교육을 우선시하기 위한 다섯 가지 구조적 전략—① 포괄적 접근, ② 학교생활 전반에 통합, ③ 타 학교와의 협업, ④ 학교 전체 및 주변의 명시적 표시, ⑤ 학생 인격 평가 및 피드백 제공—을 제안한다.

한편 관계성은 인격 교육과 학교 전반의 성패를 좌우하는 필수 구성 요소로 작동한다. 그는 학교 안팎의 관계 형성이 학생들의 인격 발달과 학교 성공에 중요한 이유를 증거 기반 실천과 함께 제시한다. 관계는 인간의 기본 욕구 중 하나로서, 학생의 인격 발달과 학습에 중대한 영향을 미치며 자기 결정 이론에서도 핵심 요소로 강조된다. 관계성은 학생·교사·교육 공동체 전체의 긍정적 상호 작용을 포함하며, 이는 학생이 안전하고 지지적인 환경에서 성장하도록 돕는다. 교육에서 관계성을 체계적으로 구축하는 일은 학생의 학교생활뿐 아니라 사회·정서적 발달에 깊은 영향을 준다. 간과해서는 안 될 점은, 학생들이 학교에 오는 주된 이유가 순수한 교육 내용만이 아니라 사회적 관계에 기반을 둔다는 사실이다.

내적 동기 부여는 외적 보상이나 인정보다 자기 내부에서 우러나오는 동기, 즉 '옳은 일을 하는 것'에서 비롯되는 동기를 뜻한다. 인격 교육은 학생이 자신의 인격을 스스로 개발하고 내면화된 가치를 통해 내적 동기를 형성하도록 하는 것을 목표로 하므로, 교육자는 학생이 외적 동기가 아닌 내적 동기를 기초로 인격적 성장을 이루도록 도와야 한다. 특히 물질적 보상은 일시적으로 행동을 증가시킬 수 있으나, 그 행동의 가치 내면화를 방해할 수 있다. 예컨대 학생이 선한 행동으로 보상을 받게 되면, 그 행동을 보상을 위해서 수행하게 되고 행동 자체의 가치를 충분히 인식하지 못할 위험이 있다.

발달적 교수법은 아동 교육을 단순한 지식 전달에 한정하지 않고, 장기적 성장과 발달을 체계적으로 지원하는 방법론을 포함한다. 그 핵심은 개인화된 학습으로, 각 학생의 개별 필요와 발달 단계를 면밀히 파악하여 그에 맞춘 교육을 제공하는 것이다. 이는 학생에게 자신의 속도와 방식으로 학습할 수 있는 환경을 조성해 주며 더 높은 학습 효과를 이끈다. 여기에 도전적이되 달성 가능한 목표 설정, 사회적 상호 작용 촉진, 반성적 사고의 고양, 정서적 지원 제공 등이 병행되어야 한다. 학생에게 새로운 기술과 능력을 개발할 기회를 체계적으로 제공하는 일 역시 중요하며, 이는 사회·정서적 학습(SEL) 프로그램을 통해 구현될 수 있다. 이러한 프로그램은 학생이 인격적 기술을 발전·실천할 수 있는 환경을 마련한다. PRIMED 프레임워크는 바로 이러한 관점을 반영하는 여섯 가지 주요 설계 원칙에 기반을 둔다.

P(Prioritizing): 인격 교육을 우선시하여 학생들이 성장할 수 있는 환경 조성

R(Relationships): 교육 과정에서 관계의 중요성 강조

I(Internalization): 학생들이 학습 내용을 내면화할 수 있도록 돕는 교육 방법 활용

M(Modeling): 교사와 교육자가 모범을 보임으로써 인격적 가치 전달

E(Empowerment): 학생들에게 자율성과 선택권을 부여하여 자기 주도

적 학습 촉진

D(Development): 학생들의 전반적인 발달을 지원하는 교육 정책 및
실천 채택

이 프레임워크는 학교와 교실 환경에서 학생들의 사회·정서적 및
도덕적 성장을 지원하는 데 초점을 맞추며, 각 원칙이 상호 작용함으
로써 교육 효과를 극대화한다.

벌코위츠는 PRIMED 원칙을 교육 환경에 통합하는 과정에 여러 도
전이 따르더라도, 그 과정을 통해 교육자와 학생 모두에게 더욱 풍부
하고 포괄적인 교육 경험을 제공할 수 있다고 본다. 결과적으로 이러
한 접근은 학생들이 자신의 잠재력을 최대한 발휘하고, 도덕적·사회
적 책임감을 지닌 인격을 형성하는 데 중요한 역할을 수행할 수 있다.

IV. 도덕 해부학에 기반한 통합적 디지털 시민성 수업 설계

1. 디지털 시민성과 도덕 해부학

디지털 시민성은 앞에서 살펴보았듯, 전통적 시민성 개념이 인터넷
시대에 적응하며 발전한 개념이다. 이는 개인이 온라인에서 적극적이
면서도 윤리적으로 행동할 수 있는 권리와 책임을 포괄한다. 초기에
는 디지털 접근성과 격차 해소에 초점을 맞추었으나, 오늘날에는 온라

인 행동 규범, 정보 평가, 안전한 인터넷 사용까지 아우르는 폭넓은 의미로 확장되었다. 특히 교육적 맥락에서 중요하게 다뤄지며, 청소년이 디지털 미디어를 통해 사회·정치적 참여를 증진하도록 돕는 데 초점을 둔다. 한편, 벌코위츠의 인격 개념은 인간의 도덕적 발달을 다루며, 도덕 해부학 모델을 통해 인격을 일곱 가지 심리적 영역으로 분류한다. 이 모델은 올바른 일을 수행하는 데 필요한 윤리적 가치와 행동 경향을 촉진한다.

디지털 시민성과 벌코위츠의 인격 개념은 여러 공통 요소를 공유한다. 두 개념 모두 책임 있는 행동, 사회적 상호 작용, 자기 계발과 교육, 윤리적 판단, 권리와 책임의 균형 있는 이해를 중시한다. 공통 요소를 정리하면 다음과 같다.

첫째, 책임감 있는 행동이다. 디지털 시민성은 안전하고 책임 있는 온라인 행동을 강조하고, 벌코위츠의 인격 개념은 도덕적 행동을 통해 개인이 사회에서 올바르게 행동하도록 이끈다.

둘째, 사회적 상호 작용이다. 디지털 시대에는 협력적 소통 도구가 필수적이며, 이는 벌코위츠가 도덕적 인성과 정체성을 통해 타인과의 관계 형성을 강조하는 점과 맞닿아 있다.

셋째, 자기 계발 및 교육이다. 디지털 시민성은 정보의 비판적 사용을 요구하고, 이는 벌코위츠가 제안한 도덕적 추론과 교육을 통한 지적 성장과 연결된다.

넷째, 윤리적 판단이다. 온라인 정보의 윤리적 사용은 디지털 시민성의 핵심이며, 벌코위츠의 메타-도덕적 특성은 이러한 윤리 판단을 뒷받침한다.

다섯째, 권리와 책임의 이해이다. 디지털·현실 세계 모두에서 개인은 자신의 권리를 인식하는 동시에 책임을 져야 하며, 이는 도덕적 가치를 통해 권리와 책임의 균형을 도모하는 벌코위츠의 인격 개념과 상통한다.

이러한 공통 요소를 통해 디지털 시민성과 벌코위츠의 인격 개념은 개인이 사회적·윤리적 참여자로 성장하는 데 필요한 근본적 토대를 제공한다. 두 개념은 현대 사회에서 중요한 역할을 수행하며, 교육과 사회적 환경 속에서 이러한 원칙들이 어떻게 구현되는지에 대한 이해를 증진하는 데 주안점을 둔다. 이를 정리하면 <표 5>와 같다.

<표 5> 디지털 시민성과 벌코위츠의 인격 개념 공통 요소(예)

순	디지털 시민성	벌코위츠의 인격	공통 요소
1	안전하고 책임감 있으며 존중하는 선택	도덕적 행동을 통해 적절하고 올바른 결정을 내림	책임감 있는 행동
2	디지털 도구를 사용하여 타인과 협력 및 의사소통	도덕적 인성과 도덕적 정체성을 통해 타인과의 관계를 구성	사회적 상호 작용
3	디지털 리터러시를 통한 정보의 비판적 평가 및 활용	도덕적 추론과 교육을 통한 개인의 지적 성장	자기 계발 및 교육

| 4 | 디지털 콘텐츠의
신뢰성 평가 및
윤리적 사용 | 메타-도덕 특징을 통한
윤리적 판단 지원 | 윤리적 판단 |
| 5 | 디지털 세계에서의
권리와 책임 인식 | 도덕적 가치를 통해
올바른 권리와 책임의 균형 이해 | 권리와 책임의
이해 |

2. 인격 함양 디지털 시민성 교육의 가능성

: 디지털 시민성과 PRIMED 모델의 통합

현대 사회는 빠르게 진화하는 기술 환경과 복잡한 도덕적 문제들로 가득 차 있다. 인공지능(AI)의 발전은 일상생활 깊숙이 스며들며 우리의 도덕적 가치와 행동 규범에 지속적인 영향을 미치고 있다. 특히 기술이 삶 전반에 통합됨에 따라 디지털 시민성의 중요성은 한층 더 커지고 있다. 정보 접근성의 향상과 데이터 경제의 등장은 개인의 생활 방식을 재구성하고, 통신·업무 처리·교육에 이르기까지 모든 영역을 혁신하고 있다. 디지털 시민성은 이러한 기술적 변화에 더해 데이터의 안전한 사용과 개인의 권리 보호를 위한 새로운 규범과 법적 틀을 요구한다. 디지털 세상은 디지털 원어민인 학생들에게 또 하나의 삶의 공간이자 생활의 장이므로, 오프라인 사회에서 시민성이 요구되는 것과 동일하게 디지털 시민성에 대한 관심과 함양이 필요하다. 곧, 디지털 삶이라는 도전에 대응하고 새로운 윤리적 딜레마를 해결하기 위해 디지털 시민성 교육이 요구된다.

벌코위츠의 이론을 바탕으로 한 교육 프로그램은 이러한 역량을 학생들이 실질적으로 함양하는 데 효과적이다. 디지털 리터러시와 함께 윤리적 판단, 사회적 상호 작용, 책임 있는 행동을 통합적으로 교육함으로써, 학생들은 디지털 시민으로서의 역할을 충실히 수행할 수 있다. 이에 기존의 디지털 시민성과 벌코위츠의 도덕 해부학, 그리고 PRIMED 모델을 통합해 이에 부합하는 디지털 시민성 교육을 제안할 수 있다. 이는 초등학생들이 디지털 세계에서도 윤리적으로 행동하고 적극적으로 참여하도록 돕는 데 목적이 있다. 오늘날 초등학생은 스마트폰·AI·가상 현실 등 디지털 미디어에 익숙하며 이전 세대보다 기술에 밝고 창의적이다. 이들을 위해 초등 도덕교과에서 활용 가능한 디지털 시민성 교육 방안은 다음과 같이 제시할 수 있다.

디지털 시민성 교육은 현대 사회에서 디지털 기술과 미디어를 윤리적이고 책임감 있게 사용하는 능력을 개발하는 것을 목표로 한다. 본 교육은 벌코위츠의 도덕 해부학 이론과 PRIMED 인격 교육 모델을 통합하여, 디지털 원주민이자 알파 세대인 초등학생이 디지털 세계에서도 성숙하고 도덕적인 결정을 내릴 수 있는 역량을 갖출 수 있게 장려하도록 설계되었다. 교육의 주된 목적은 학생들이 디지털 환경에서 발생할 수 있는 윤리적 딜레마와 사회적 상황을 효과적으로 관리하는 능력을 기르는 데 있다. 이를 통해 학생들은 자신과 타인의 디지털 권리를 이해하고 존중하는 방법을 배우며, 디지털 공간에서의 책임 있는 행동을 내면화한다. 구체적 교육 목표는 다음과 같다.

첫째, 도덕적 인식 증진: 디지털 매체 사용 시 발생 가능한 윤리적 문제에 대한 인식을 높인다. 둘째, 비판적 사고 개발: 정보의 진위를 판별하고 디지털 콘텐츠를 비판적으로 평가하는 능력을 기른다. 셋째, 사회적 상호 작용 능력 강화: 디지털 도구를 활용하여 건설적인 대화와 협력을 수행하는 역량을 강화한다. 넷째, 자기 관리 능력 향상: 자신의 디지털 발자국을 관리하고 개인 정보를 보호하는 방법을 습득한다. 교육 방법으로는 다음과 같은 수업 방안을 활용할 수 있다.

- 사례 기반 학습: 현실적인 디지털 상황을 모의 체험하여, 실제 맥락에서의 선택과 결과를 이해한다.
- 토론 및 그룹 활동: 다양한 시나리오를 팀으로 해결하며 상호 작용과 협력의 중요성을 학습한다.
- 역할 놀이: 여러 디지털 행위자의 역할을 맡아 상황을 재현함으로써, 타인의 관점에서 문제를 바라보는 능력을 기른다.
- 인터랙티브 미디어 사용: 동영상, 시뮬레이션 게임, 인터랙티브 퀴즈 등을 통해 학습 내용을 흥미롭고 몰입감 있게 다룬다.

이러한 방법들은 기존 도덕 교과에서 활용해 온 접근들과 맥을 같이 하며, 디지털 맥락에 맞게 확장·적용된 형태다.

교사의 역할은 다음과 같이 정리된다.

- 가치 중립성 유지: 제시되는 사례와 토론이 문화·사회적 가치관

에서 편향되지 않도록 하고, 다양한 개인적 견해를 존중한다.

- 학생 참여 격려: 모든 학생이 수업에 적극적으로 참여하도록 독려하고, 다양한 의견을 공평하게 다루어 자발적 참여를 유도한다.
- 개인 정보 보호 강조: 디지털 시민성 교육에서 다루는 개인 정보 관련 내용은 학생 보호 관점에서 신중하게 처리한다.
- 디지털 리터러시 강화: 학생들이 정보를 비판적으로 평가하고 다양한 디지털 자원을 활용해 효과적으로 의사소통할 수 있도록 지도한다.

이를 종합하면 다음 <표 6>과 같다.

<표 6> 기존 디지털 시민성과 PRIMED 모델을 통합한 인격 함양 디지털 시민성 교육

분류	내용	설명
교육 개요	인격 함양 디지털 시민성 교육	디지털 기술과 미디어의 윤리적 사용에 중점을 둔 교육
교육 목적	디지털의 윤리적 사용 촉진	디지털 환경에서의 책임감 있는 행동 유도
교육 목표	도덕적 인식과 비판적 사고	윤리적 문제 인식 및 정보의 진위 판별 능력 개발
교육 방법	다양한 상호 작용 기반 학습	사례 분석, 토론, 역할 놀이를 통한 실습 중심 교육
지도 시 유의점	가치 중립성 및 참여 격려	학생들의 다양한 의견을 존중하고 개인 정보 보호에 주의

이러한 통합적 접근법은 학생들이 디지털 세계에서 요구되는 도덕적 판단력과 사회적 기술을 고르게 발달시키는 데 크게 기여할 것이다. 나아가 초등학교 도덕과의 디지털 시민성 교육이 학생들의 인격을 함양하는 교육으로 확고히 자리매김하도록 하는 데 중요한 토대가 될 것이다.

V. 나오는 글

본 장에서는 현대 디지털 사회의 핵심 과제인 디지털 시민성을 벌코위츠(Berkowitz)의 도덕 해부학(Moral Anatomy)과 PRIMED 모델을 중심으로 통합적 관점에서 고찰하였다. 이러한 통합적 접근은 디지털 환경에서 요구되는 윤리적 판단력과 사회적 역량을 체계적으로 함양하는 데 초점을 맞추고 있다.

디지털 시민성은 기술이 일상의 제반 영역에 심층적으로 통합됨에 따라 그 중요성이 더욱 부각되고 있다. 이는 단순한 온라인 행동 규범의 준수를 넘어, 정보 접근성의 민주화, 사회적 상호 작용 방식의 근본적 재편, 그리고 디지털 공론장에서의 시민적 참여에 이르기까지 광범위한 영향을 미치는 핵심 개념으로 자리매김하고 있다. 디지털 시민성이 요구되는 사회적 배경에는 정보의 자유로운 접근과 활용, 교육 기회의 확장, 개인 정보 보호 및 데이터 주권과 같은 새로운 윤리적 과제들이 복합적으로 작용한다. 디지털 시민권 개념은 이러한 변화에 능동적으로 대응하면서 디지털 리터러시와 더불어 안전하고 책임감 있는 온라인 참여를 강조하는 규범적 틀을 제공한다.

벌코위츠의 도덕 해부학과 PRIMED 모델은 디지털 시민성을 인격 교육의 영역으로 통합할 수 있는 이론적 토대와 실천적 방향성을 제시한다. 도덕 해부학은 개인의 도덕적 기능을 구성하는 제 요소들을 정밀하게 분석함으로써 도덕적 판단과 행동을 지지하는 심리적·인지적 구조를 명료화한다. PRIMED 모델은 이러한 도덕성을 교육 현장에서 실천적으로 구현할 수 있는 구체적 원칙들을 제공한다. 특히 PRIMED의 여섯 가지 핵심 원칙—우선순위 설정(Prioritization), 관계 형성(Relationships), 내재적 동기(Intrinsic motivation), 모델링(Modeling), 역량 강화(Empowerment), 발달적 교육학(Developmental pedagogy)—은 자기 존중과 타인 존중, 내적 동기 부여, 사회적 관계 형성을 통해 학습자가 윤리적 디지털 시민으로 성장하도록 지원하는 실천적 지침을 제공한다.

인격 함양을 지향하는 디지털 시민성 교육은 기술 활용에 관한 도구적 지식의 전달을 넘어서, 윤리적 판단력, 사회적 상호 작용 능력, 정보의 비판적 평가 역량을 포괄하는 전인적(全人的) 교육으로 설계되어야 한다. 교육의 궁극적 목표는 학습자가 디지털 환경에서 직면하게 될 다양한 윤리적 딜레마와 사회적 상황에 책임감 있게 대응할 수 있는 실천적 역량을 배양하는 데 있다. 이를 위해 사례 기반 학습(case-based learning), 구조화된 토론, 역할극과 같은 참여적 교수법을 활용함으로써 이론과 실제 사이의 간극을 효과적으로 좁힐 수 있다. 교육적 실천에 있어서는 학습 과정 전반에 걸친 가치 다원성의 존중과 학습자의 능동적 참여 보장이 핵심적 원칙으로 견지되어야 한다. 이러한 접근은 초등학생들이 디지털 세계의 윤리적 도전을 구체적으로 이해하고 적절히 대응할 수 있는 실천적 역량을 함양하도록 지원한다.

종합하면, 디지털 시민성과 PRIMED 모델의 통합적 적용을 통해 설계된 인격 함양형 디지털 시민성 교육은 현대 교육이 직면한 디지털 윤리 문제에 대한 심층적 이해와 체계적 대응 방안을 제공한다는 점에서 의의가 크다. 이는 미래 사회가 요구하는, 윤리적이고 사회적으로 책임 있는 시민을 양성하는 데 필수적 토대가 되며, 인성 교육과 시민성 교육이라는 양대 축을 견지하는 도덕과의 경우, 교과 정체성과 위상을 한층 공고히 하는 데 기여할 것이다. 나아가 이러한 접근은 학생들에게 전인적 성장과 발달을 지원하는 핵심적 교육 기제로 기능할 것으로 기대된다.

제7장.
AI 의인화는 왜 위험한가
: 비판적 리터러시 함양 교육

I. 들어가는 글

인공지능(AI) 기술은 일상에 급속히 침투하여 아동의 사고방식, 감정 반응, 관계 형성 방식에까지 영향을 미치고 있다. 무엇보다 대화형 인공지능의 비약적 발전은 사용자와의 상호 작용에서 인간과 거의 구분되지 않을 정도의 대화를 가능하게 만들었다. 고도화된 AI의 확산은 사용자로 하여금 해당 기술에 인간적 속성을 부여할 가능성을 높인다. 이러한 오해는 AI의 정체가 명시되지 않았을 때, 즉 사용자가 자신이 인간과 상호 작용한다고 착각할 때 발생할 수 있으며 심지어 AI임이 분명히 밝혀진 경우에도 무의식적 의인화(anthropomorphism)를 통해 형성될 수 있다. AI에 대한 의인화는 그 자체로 해악이 될 수 있는데, 그 이유는 의인화가 사용자의 자율성을 저해하기 때문이다. 다시 말해, 의인화에서 비롯된 잘못된 믿음은 사용자가 행동 규범을 오용하도록 유도함으로써 자율성에 영향을 미친다(Marchegiani, 2025). 더 심각한 것은 초등학생 또한 이러한 현상에서 예외가 아니라는 점이다. 챗봇, 교육용 로봇, 음성 비서 등과 상호 작용하는 과정에서, 초등학생들은 무의식중에 AI를 일상의 편의를 위한 단순한 도구가 아니라 감정을 느끼고 도덕적 판단을 내릴 수 있는 존재로 인식하기도 한다.

음성 기반 대화형 비서(Conversational Assistants, CAs)인 Alexa, Siri, Google Home 등이 가정에 보편적으로 보급되면서 많은 아동이 일상적으로 AI 시스템과 상호 작용하게 되었다. 이러한 상호 작용은 아동의 AI에 대한 이해와 그 기능에 대한 인식 형성에 직접적인 영향을 준다. 스코틀랜드 지역의 6세에서 11세 사이 초등학생을 대상으로 설문지와 면담을 병행한 혼합 연구에 따르면, 다수의 아동이 AI의 지능을 실제보다 과대평가했으며 AI가 감정을 갖는지 혹은 자율성을 지니는지에 대해서는 불확실한 태도를 보였다. 또한 데이터 프라이버시와 보안에 대한 정확한 이해가 부족했고, AI에 무례하게 말하는 것은 잘못된 행동이라고 인식하는 경향도 확인되었다(Andries & Robertson, 2023). 아동 발달의 특성을 고려하면 이러한 현상은 한국의 초등학생에게도 예외가 아닐 것이다. 따라서 AI 기반 기술에 대한 아동의 인식 특성을 탐색하는 연구는 교육적으로 중요한 함의를 지닌다. 아동기의 기술 이해는 장기적으로 학습 태도와 디지털 시민성 형성에 영향을 미치기 때문이다.

비인간적 존재에 감정이나 의도를 부여하는 심리적 경향인 의인화는 인지 발달 초기 단계에 있는 아동에게서 더욱 강하게 나타난다. 유아는 종종 무생물에 감정, 사고, 욕구 등 다양한 내적 상태를 부여하며, 이러한 부여가 아동의 행동을 이끄는 역할을 하기도 한다(Severson & Woodard, 2018). 의인화 현상은 때로 학습 몰입이나 친밀감을 유도하여 긍정적 교육 효과를 기대하게 하지만, 동시에 AI를 '판단하는 존재'로 인식하게 함으로써 도덕적 주체성의 전이, 윤리적 책임의 모호성, 기술 권위에 대한 무비판적 수용 등 부정적 결과를 초래할 위험을 수반한다. 극단적 가정일 수 있으나, 예컨대 AI 챗봇과 학교 폭력이나 또래 갈등 문제를 논의하는 과정에서 'AI가 괜찮다고 했으니 이제 문제 없다'라는 결론에 이르는 학생을 상정해 볼 수 있다. 이는 AI의 반응이 부모나 교사의 견해와 다를 수 있을 뿐 아니라, 바람직하지 않은 의견을 제시할 가능성도 존재한다는 점에서 문제적이다. 더 나아가 학생이 부모나 교사의 조언을 통해 자율적 판단을 형성하는 사고와 숙고의 과정을 거치기보다 AI의 반응에 의존함으로써, AI에 도덕적 정당성을 부여하고 그 판단을 무비판적으로 수용할 위험이 있다. 이는 교육적 관점에서 도덕 판단의 외주화, 윤리적 책임감의 약화, 디지털 시민성의 불균형한 형성 등 구조적 위험으로 이어질 수 있다.

한편, AI 의인화 또는 AI 윤리 교육과 연관된 국내 연구로는 AI 교육 혹은 AI 윤리 교육의 필요성(유인환, 김우열, 전재천, 유원진, 배영권, 2020; 변순용, 2020), AI 윤리의 교육 적용(박형빈, 2023; 김지언, 이철현, 2021), AI 윤리 교육 활용 결과(김은경, 이영준, 2022), AI 의인화(최지혜, 노기영, 2022; 김현준, 이광석, 2023) 등이 있다. 국외 연구로는 AI 윤리 교육 필요성(Borenstein & Howard,

2021), AI 윤리 교육 적용(Sam & Olbrich, 2023), AI 의인화 문제(Salles, Evers, & Farisco, 2020) 등이 보고되어 왔다. 그러나 AI를 '사람처럼' 대하는 방식이 초등학생에게 미치는 영향에 대한 철학적·심리학적·신경과학적 심층 논의는 상대적으로 미진한 실정이다.

따라서 이 글에서는 아동의 발달적 특성을 고려하여 AI 의인화 현상이 아이들에게 미치는 영향을 AI 윤리 및 디지털 시민성과의 연관성 속에서 검토하고자 한다. 나아가 이러한 분석을 바탕으로 학교 현장에서 디지털 시민성 교육이 어떤 방향으로 설계되어야 하는지를 모색한다. 본 연구에서 검토할 주요 문제는 다음과 같다. 첫째, 의인화 현상의 철학적·심리학적·뇌신경과학적 기제는 무엇인가? 둘째, 아동의 발달적 특성을 고려할 때 디지털 시민성과 AI 윤리 교육은 어떤 핵심 역량을 중심으로 구성되어야 하는가? 셋째, 의인화 현상을 비판적으로 성찰하고 디지털 시민성을 균형 있게 함양하기 위해 학교 디지털 시민성 교육에서는 구체적으로 어떠한 방법을 활용할 수 있는가?

II. AI 의인화 현상의 심리적 함정

1. 의인화 개념과 인간 심리 발달 기초

인간은 사회적 맥락 속에서 타인의 의도와 정서를 추론하도록 진화해 왔다. 이러한 인지적 틀은 비인간 대상과 상호 작용할 때에도 자동으로 작동하여, 기계적 존재에게조차 마음을 부여하려는 심리적 현상을 낳는다. '의인화(anthropomorphism)'란 비인간 존재의 실제 혹은 상상된 행동에 인간과 유사한 특성, 동기, 의도, 감정을 부여하려는 경향을 뜻한다. 이 경향은 놀라울 만큼 보편적이지만, 항상 동일한 강도로 나타나는 것은 아니다. 의인화는 비인간 존재자에 대한 귀납적 추론의 한 과정으로 이해될 수 있으며, 이를 수행하는 기본 인지 작용은 다른 유형의 귀납적 추론과 본질적으로 다르지 않다. 첫째, 인간은 과거의 대인 경험을 활용해 낯선 대상을 신속히 이해하려 하고, 둘째, 환경을 예측·통제하려는 충동이 기계의 행동을 의도로 환원하게 만든다. 셋째, 사회적 고립을 경험할 때 사람은 대체적 관계 대상에 정서적 의미를 투사한다(Epley, Waytz, & Cacioppo, 2007). 이 삼중 메커니즘은 아동이 AI 스피커를 '친구'라 부르며 그 감정을 배려하는 현상을 이론적으로 정당화한다.

피아제의 이론은 감각 운동기(출생-2세), 전조작기(2-7세), 구체적 조작기(7-11세), 형식적 조작기(12-16세)의 네 발달 단계로 구성된다. 그는 무생물에 감각, 감정, 의도 같은 의식적 속성을 부여하는 아동의 애니미즘 경향을 최초로 관찰한 심리학자였다. 피아제는 아동이 다양한 존재에 대해 의식을 어떻게 적용하고 생명성을 어떻게 판단하는지를 단계적으로 설명했다. 그의 견해에 따르면 아동은 대상의 자율적 움직임 여부—즉 스스로 움직일 수 있는가—를 생명성 판단의 기준으로 삼는다. 1단계의 아동은 거의 모든 사물에 광범위하게 의식을 부여하고, 2단계에서는 움직이는 것에 한해 의식이 있다고 본다. 3단계에 이르면 자기 추진력을 지닌 사물에만 의식을 부여하며, 마지막 4단계에서는 동물에 한정해 의식이 있다고 판단한다. 곧, 의식의 범위는 점차 좁아지고 정교화된다. 피아제는 이러한 광범위한 초기 의식 적용이 경험의 축적에 따라 점진적으로 수정된다고 보았다(Goldman & Poulin-Dubois, 2024). 다시 말해, 전조작기 아동은 상징적 사고와 자기중심성이 두드러지며 무생물에 생명력을 부여하는 애니미즘적 사고를 보인다. 그는 아동의 자발적 애니미즘 과정에서 두 시기를 구분했는데, 첫 번째(대략 4-5세)는 내재적·암묵적 의인화가 뚜렷하여 아동이 목적성과 의식을 모두 지닌 존재로 세계를 해석한다. 6세 무렵 시작되는 두 번째 시기에는 질문을 통해 주제를 탐색하기 시작하면서 암묵적 애니미즘이 점차 소거되고 지적 체계화가 일어난다. 이때 아동은 앞선 두 시기의 전개 양상을 처음으로 의식적으로 탐구하게 된다(Piaget, Tomlinson, & Tomlinson, 1929). 세 번째 단계인 구체적 조작기의 주요 특징은 논리적 사고의 적절한 수행, 추론 능력의 향상, 문제 해결력의 증가, 논리적 방식에 의한 장애 극복이다. 이 시기에 이르면 아동의 사고 능력은 이전보다 한층 발달하여 성인기 사고와 유사한 수준으로 성숙하지만, 개념적·이론적·추상적 사고는 아직 충분히 발달하지 않았다(Ghazi & Ullah, 2015).

피아제에 따르면, 약 2-3세부터 10세까지의 어린이는 생기론자(animist)이자 인공론자(artificialist)로서, 생물학적으로 생명이 없는 사물도 살아 있다고 여기고 세계 대부분이 인간 혹은 인간과 유사한 신에 의해 만들어졌다고 믿는다. 그는 이러한 사고방식이 성숙과 함께 점차 줄어들며 청소년기 이전에 대체로 사라진다고 보았다. 그러나 최근 연구들은 아동이 피아제가 주장한 만큼 본질적으로 의인화적이지는 않다는 데 의견을 모은다(Guthrie, 2006). 피아제가 주로 바람이나 달처럼 비일상적이거나 낯선 대상을 예로 들어 질문했기 때문에 판단이 과장되었을 가능성도 제기된다(Goldman & Poulin-Dubois, 2024).

아동 발달심리학에서 애니미즘을 비합리적 사고의 전형으로 규정하고 아동기에 주로 나타나나 성인기에는 극복되는 양식으로 보는 관점은 피아제에게서 시작되었다. 이에 대한 주목할 만한 예외가 거스리(Stewart Elliott Guthrie)다. 그는 애니미즘과 의인화(anthropomorphism)를 비합리적이라고 규정하는 대신, 지각 세계의 모호성에 대한 합리적 대응으로 본다. 현대 산업 사회에서 성인 대부분은 인공물에만 목적을 부여하고, 자연 현상 가운데서는 귀·발 등 생물체의 일부에만 목적을 부여한다. 사자 같은 전체 유기체나 구름·돌 같은 무생물 자연물에는 목적을 부여하지 않는 경향이 있다는 것이다. 그러나 어린이는 다르다. 심리학자 켈러먼(Deborah Kelemen)은 약 4-8세 아동이 '무분별한 목적론'을 보인다고 밝혔다. 대부분의 아동은 10세가 되면 이러한 목적론적 사고를 점차 버리기 시작한다. 아이들과 마찬가지로 성인 또한 식물·동물·인간과 같은 복잡한 유기체를 보며 설계된 듯한 감각을 경험하곤 한다. 이를 설명하는 이론이 바로 '의인화 이론(a theory of anthropomorphism)'—비인간적 대상이나 현상에 인간적 특성을 부여하려는 경향이다. 우리는 가능한 한 마음·설계·의도를 지닌 존재를 인식하려는 경향이 강하며, 이를 수정하는 것은 매우 어렵다. 이러한 인지적 편향은 통찰뿐 아니라 오류도 낳는다. 인간은 문화를 초월하여 광범위하고 무의식적인 의인화를 수행한다. 일상에서 우리는 바람 소리를 목소리로 착각하고, 구름에서 얼굴을 본다. 의인화는 사고의 깊은 층위에 자리 잡고 있으며, 그 범위는 우리가 통상 인식하는 것보다 훨씬 넓고 다양하다(Guthrie, 2006).

고대 철학자 크세노파네스(Xenophanes)는 신들이 사람과 닮았다는 점을 지적하며 최초로 의인화 개념을 언급했다. 그는 신성을 신자들이 어떻게 상상하고 묘사하는지에 대해 발생론적 설명을 제시했다는 점에서 포이어바흐(Ludwig Feuerbach)나 프로이트(Sigmund Freud) 등—종교적 신념의 근원을 인간 심성의 특정 특징에서 찾은—현대 사상가들의 고대적 선구자로 볼 수 있다. 그가 비판한 신의 속성은 명백히 인간적 특징이었기에, 종교에서의 의인화에 대한 선구적 비판을 수행한 인물로 평가된다. 그의 관찰은 의인화가 발생하는 두 가지 주요 방식을 반영한다. 첫째, 비인간 대상에 인간과 유사한 신체적 특성을 부여하는 것, 둘째, 인간과 유사한 정신적 특성을 부여하는 것이다. 의인화는 단순한 행동 묘사나 성향 추론을 넘어, 비인간 존재에 인간의 형상 또는 인간의 마음을 부여하는 인지적 과정이다. 예를 들어, 여우를 '빠르다'라고 묘사하는 것은 관찰된 행동의 기술에 그치지만, '교활하다'라고 표현하는 것은 명백한 심리적 특성의 부여로서 의인화에 해당한다(Lesher, 2013).

심리학에서는 '의인화(anthropomorphism)'라는 용어가 비교적 느슨하게 사용되어, 비인간 행위자에 대한 잘못된 추론부터 거의 모든 유형의 성향적 추론에 이르기까지 폭넓게 적용되어 왔다. 다만 의인화는 생명 없는 사물에 생명을 부여하는 사고인 애니미즘과 구별된다. 그 본질은 의도성, 감정, 인지 등 인간 특유의 정신적 능력을 비인간 행위자에게 귀속시키는 데 있다. 인간다움의 핵심은 바로 이러한 정신 상태의 존재에 있으며, 인간과 유사한 얼굴이나 몸의 움직임은 그러한 정신 상태의 존재를 암시하곤 한다(Waytz, Cacioppo, & Epley, 2010). 거스리는 다음의 예를 든다. 곰이 자주 출몰하는 지역에서 조깅을 한다면 처음에는 바위를 곰으로 오인할 가능성이 크다. 이러한 순간적 착각은 인간이 지각적 불확실성에 대해 '틀리느니 조심하자'라는 전략을 사용함을 보여 준다. 이 전략은 실제 위협이 될 수 있는 존재를 감지해야 하는 필요에 의해 형성된 것이며, 인간만의 특성이 아니라 다른 동물과도 공유되는 보편적 인지 전략이다(Airenti, 2018). 이 관점에서 애니미즘과 의인화는 연속선상의 현상으로 이해된다. 사람들은 세계를 해석할 때 인간 중심적 모델을 사용하는데, 이는 인간의 사고와 행동이 그들이 아는 가장 고차원적 조직 구조이기 때문이다. 요컨대 의인화는 인지 자원을 절약하고 사회적 욕구를 충족하는 적응적 전략으로, 도덕 판단 구조에도 깊이 관여한다.

2. 의인화 메커니즘과 인간과 기계의 상호 작용

의인화는 인간이 동물, 식물, 초자연적 존재, 자연 또는 사회 현상과 같은 비인간 존재를 마치 인간인 것처럼 사회적으로 대하는 경향을 의미하는 심리학적 현상이다. 이러한 인간 중심적 상호 작용은 행동(비인간 존재와의 상호 작용 방식), 감정(그 존재에 대해 느끼는 감정), 지각(그 존재를 인식하고 사고하는 방식) 전반에서 드러난다. 의인화는 다양한 사회적·문화적·종교적·역사적 맥락에서 관찰되며, 심리학·신경과학·정신의학·철학·동물행동학·교육학 등 여러 학문 분야에서 꾸준히 연구되어 왔다. 특히 20세기 중반 이후 환경의 디지털화가 급격히 진행되면서 인간이 기술과 사회적으로 상호 작용하는 방식을 탐구하는 데 의인화 개념의 중요성이 한층 커졌다. 개인용 컴퓨터, 로봇, 전자 장난감 등이 그 범주에 포함되며, 기술 발전이 지속됨에 따라 의인화는 관련 문헌에서 주요 연구 주제로 자리해 왔고, 특히 디지털 음성 비서와의 상호 작용 맥락에서 활발히 논의되고 있다(Festerling & Siraj, 2022).

AI 스피커, 챗봇, 소셜 로봇 등 비인간 존재에 대한 의인화는 단순한 착시가 아니라, 인간의 사회·인지적 진화 과정에서 형성된 심층 메커니즘의 산물이다. 인간은 타인의 의도와 감정을 신속히 추론해 대응할수록 생존 확률이 높았고, 이러한 능력은 두뇌의 기본 작동 방식으로 고정되었다. 따라서 언어나 정서를 표현하는 기술적 대상이 등장하면 우리는 무의식적으로 그것을 사회적 행위자로 해석하고 그에 맞게 상호 작용을 조직한다.

아울러 의인화는 사회심리학·인지심리학·발달심리학·신경과학 등 다양한 학문 영역을 포괄하는 광범위한 현상이다. 전통적으로 심리학에서 의인화는 비인간 동물 연구 맥락에서 그 정확성을 둘러싼 논쟁의 주제로 다뤄져 왔으나, 최근에는 사람들이 비인간 행위자를 인간처럼 해석하고 반응하는 경향 그 자체에 대한 관심이 급증했다. 신경과학에서는 사회적 인지의 뇌 메커니즘, 인지심리학에서는 추론·귀납 과정, 발달심리학에서는 마음 이론 발달 등 거의 모든 하위 분야의 핵심 주제와 맞닿아 있다. 예컨대 신경과학자들은 의인화와 관련된 신경 활성 패턴을 확인했다. 인간과 원숭이의 거울 뉴런 시스템은 관찰한 행동을 내적 표상으로 변환하는데, 이 시스템이 산업용 로봇의 유사 행동을 볼 때에도 반응하는지 탐구한 결과, 거울 뉴런 시스템은 인간의 행동 뿐 아니라 로봇의 행동을 볼 때에도 강하게 활성화되었고, 두 행위자 (인간과 로봇) 간 활성화 수준의 유의미한 차이도 관찰되지 않았다(Gazzola, Rizzolatti, Wicker, & Keysers, 2007).

의인화의 뇌신경과학 차원 연구 가운데, 자폐 진단을 받은 사람들에게서 의인화 결핍이 나타난다는 결과도 보고되었다. 자폐 스펙트럼 장애 또는 아스퍼거 증후군 성인 10명과 일반 성인 10명을 대상으로 애니메이션 시청 중 양전자 방출 단층 촬영(PET)을 실시한 연구에서, 자폐 집단은 일반 집단보다 설명의 빈도와 정확성이 낮았다. 무작위적으로 움직이는 형상과 비교했을 때, 정신화(mentalizing)를 유도하는 애니메이션을 시청하는 동안 일반 집단은 이미 알려진 '정신화 신경망(mentalizing network)'—즉 내측 전전두엽 피질, 측두두정 접합부의 상측두고랑, 측두극—에서 유의미한 활성 증가를 보였으나, 자폐 집단은 이 모든 영역에서 낮은 활성화를 보였다. 이 네트워크는 타인의 생각·감정·의도 등 정신 상태를 추론·이해하는 데 관여하는 뇌 영역들의 연결 망으로, 해당 결과는 자폐인의 정신화 기능 결손이 고차 인지 처리와 저차 지각 처리의 상호 작용에 존재하는 병목에서 비롯된 생리학적 원인을 가질 수 있음을 시사한다(Castelli, Frith, Happé, & Frith, 2002).

의인화는 봉제 인형이나 마케팅 도구에 대한 감정적 반응 수준을 넘어, 기술 행위자와의 상호 작용을 규정하고 인격성·존엄성을 누구에게 부여할 것인지 결정하는 데 중요한 역할을 한다. 의인화에 대한 이해는 '비인격적 존재'에 대한 새로운 학문적 접근을 가능케 할 뿐 아니라, 전통적 '인물 지각' 논의에도 핵심적 통찰을 제공한다(Waytz, Cacioppo, & Epley, 2010). 의인화를 촉발하는 동기로는 지식 활성화, 효과성 동기(effectance), 사회성 동기(sociality)가 거론된다. 과거 대인 경험에서 얻은 스키마가 새로운 대상 해석에 즉시 동원되고, 환경을 통제·예측하려는 욕구는 AI의 반응을 인간적 의도로 재해석하게 하며, 사회적 고립은 비인간 대상에 정서적 의미를 투사하도록 만든다. 특히 사회적 의존성이 큰 아동기나 노년기에 이러한 경향이 두드러져 AI 스피커를 '친구'로 부르거나 로봇 청소기를 '부지런한 녀석'으로 평가하는 현상이 나타난다(Epley, Waytz, & Cacioppo, 2007). 더불어 사람들이 무심결에 컴퓨터에 사회적 규칙과 기대를 적용한다는 증거도 있다. 예컨대 인간의 성별이나 인종과 같은 사회적 범주를 컴퓨터에 과도 적용하거나, 예절·상호성 같은 자동화된 사회적 행동 패턴을 컴퓨터에도 나타내는 것이다(Nass & Moon, 2000).

흥미로운 점은 소비자가 기술과 상호 작용할 때와 사람과 상호 작용할 때 도덕적 우려와 행동이 다르게 나타난다는 사실이다. 개인의 AI 에이전트 및 셀프 서비스 기계에 대한 도덕적 행동을 조사한 연구에 따르면, 인간 계산대에 비해 AI 계산대·셀프 계산대에서는 도덕적 의도(오류 보고 의도)가 나타날 가능성이 낮았다. 또한 사람들이 기계를 덜 인간적으로 인식할수록 도덕적 의도는 감소했으며, 이는 새로운 기술과의 상호 작용에서 죄책감이 덜 유발되기 때문임이 입증되었다. 상호 작용의 비인간적 특성이 죄책감 감소를 초래하고, 궁극적으로 도덕적 행동의 저하로 이어진다는 것이다(Giroux, Kim, Lee, & Park, 2022). 요컨대 의인화는 항상 긍정적 효과만을 낳지 않는다. 과도한 의인화는 시스템 오류에 대한 맹목적 신뢰, 개인 정보 과다 공개, 책임 전가를 유발할 위험이 있다. 반면 적절히 조율된 의인화는 기술 수용성, 사용자 만족도, 취약 집단의 정서적 복지를 증진할 수 있다. 이에 따라 인터페이스 설계자는 정서적 반응의 범위를 명확히 규정하고, 시스템의 권한과 책임 한계를 투명하게 제시하며, 사용자가 주기적으로 AI는 도구임을 인식하도록 하는 신뢰 보정 기제를 포함해야 한다. 동시에 교육·정책 차원에서는 디지털 리터러시 프로그램에 의인화 편향 모듈을 통합해 사용자가 '도구적 신뢰'와 '인격적 신뢰'를 구분하도록 훈련할 필요가 있다. 결국 AI 의인화는 마음 이론의 전이, 사회적 대체 동기, 진화적 위험 회피가 얽힌 복합적 적응 전략이며, 문화·디자인·윤리적 조절 장치를 통해 부정적 측면을 최소화하고 긍정적 잠재력을 극대화할 수 있다.

III. AI 의인화와 비판적 디지털 리터러시 역량

1. 디지털 시민성·AI 리터러시 핵심 역량

학생들이 접하는 AI 기술은 이제 학습 도구를 넘어 일상에서 상호 작용하는 하나의 대상으로 경험된다. 따라서 디지털 환경에서 책임 있게 행동하는 시민적 역량과 AI의 한계 및 윤리적 함의를 비판적으로 성찰하는 능력은 필수적이다. 디지털 시민성 개념은 전통적으로 온라인 공간에서 책임감 있고 윤리적으로 행동하는 능력이라는 규범적 정의에서 출발해 왔다. 이 개념은 새로운 것이 아니며 다양한 교육 프로그램에서 채택되어 왔으나, 다수의 프로그램이 디지털 사회가 요구하는 윤리적·기술적 판단을 위한 충분한 지식과 실제적 연습 기회를 제공하지 못했다는 비판도 존재한다.

대표적으로 사이버 불링(cyber bullying)은 모바일 기술의 확산과 함께 나타난 부정적 현상으로, 기술을 이용해 타인을 괴롭히거나 위협하는 행위를 뜻한다. 그 파급력은 전통적 괴롭힘을 넘어설 수 있으며, 온라인·오프라인의 경계가 흐려지면서 학교는 책임 귀속과 개입 범위를 둘러싼 새로운 난제에 직면하고 있다. 이러한 맥락에서 리블(Mike Rib-ble)의 디지털 시민성 틀은 주목할 만하다. 그는 접근·상거래·소통·에

티켓·문해·법률·권리/책임·건강·보안의 9가지 요소를, 정보 사회가 요구하는 기술적·사회적·윤리적 규범의 최소 집합으로 체계화했다. 리블은 디지털 시민성을 "디지털 환경에서 지식·기술·태도를 조화롭게 활용해 윤리적·법적·사회적 책임을 실천하는 능력"으로 규정하고, 이를 위해 디지털 리터러시, 디지털 권리와 책임, 디지털 보안을 필수 요소로 제시한다(Ribble, 2015). 디지털 시민성의 핵심 요소 9가지는 다음과 같다.

<표 1> 리블의 디지털 시민성의 9가지 핵심 요소

	항목	내용
1	디지털 접근 (Access)	모든 사용자가 디지털 사회에 동등하게 참여할 수 있는가?
2	디지털 상거래 (Commerce)	디지털 환경에서 안전하게 구매와 판매를 할 수 있는 지식이 있는가?
3	디지털 커뮤니케이션 (Communication)	다양한 디지털 소통 방법을 이해하고 적절히 사용하는가?
4	디지털 정보 소양 (Literacy)	기술을 배우고 타인과 지식을 나눌 수 있는가?
5	디지털 예절 (Etiquette)	디지털 환경에서 적절한 행동 규범을 알고 있는가?
6	디지털 법률 (Law)	법과 정책을 인지하고 행동에 책임을 질 수 있는가?
7	디지털 권리와 책임 (Rights and Responsibilities)	자신의 권리를 보호하고 타인의 권리를 존중할 수 있는가?
8	디지털 건강과 웰빙 (Health and Wellness)	기술 사용 시 신체적·정신적 건강을 고려하는가?
9	디지털 보안 (Security)	자신의 데이터와 타인의 정보를 보호하기 위한 조치를 취하는가?

유엔은 '2030 아젠다: 지속 가능 발전 목표 4(SDG 4)'를 채택했으며, 그 목표는 '모두를 위한 포용적이고 공정한 양질의 교육 보장 및 평생 학습 기회 확대'이다(Sachs-Israel, 2016; Kuroda & Nakasato, 2022). 이 문서가 강조하는 핵심 가운데 하나는 현대 사회의 요구에 부합하는 노동 시장 진입을 위해 필요한 기술 역량의 습득이며, 그중에서도 특히 중요한 축이 정보 통신 기술(ICT) 역량이다. 경제 협력 개발 기구(OECD) 역시 기술이 빠르게 일상에 통합됨에 따라 사회 전체가 새로운 사고방식을 요구받고 있음을 지적한다. 디지털 기술은 우리의 삶을 재편하고 개인과 사회의 웰빙에 중대한 영향을 미치며, 일상 속에 이러한 기술이 더 깊숙이 스며들수록 그 긍정적·부정적 영향에 대한 인식을 제고하는 일이 중요하다(Lee & Žarnic, 2024).

20세기 말 기술의 급속한 발전과 함께 '디지털'이라는 용어는 거의 모든 생활 영역에 침투했다. 오늘날 디지털은 21세기를 상징하는 현상이 되었고, 디지털 시대, 디지털 시민과 같은 용어가 보편화되었다. 현재 디지털 리터러시는 대체로 단순·복합 작업을 아우르는 다양한 디지털 도구 활용 능력, 디지털 환경에서의 안전한 사용을 위한 보안 조치, 인터넷을 통한 정보 탐색 및 활용 능력 등으로 이해된다. 많은 연구자들이 디지털 리터러시를 단순한 기술 숙련을 넘어서는 복합적·확장된 역량 집합으로 보려 하지만, 어떤 역량을 포함할지, 어떻게 교육할지에 대해서는 여전히 합의가 부족하다. 오늘날 사회에서 디지털 기술에의 접근 자체는 더 이상 핵심 문제가 아니다. 오히려 어떻게 활용할 것인가, 그리고 그에 필요한 역량은 무엇인가가 관건이다(Bieza, 2020). 다시 말해, 디지털 기술이 일상에 빠르게 통합됨에 따라 개인·조직·사회 전체가 행동 방식과 사고방식을 새롭게 재고해야 한다.

한편 초등학생은 인지 발달상 구체적 조작기에 속하기 때문에, 가시적 단서와 행동 유사성에 근거해 AI를 생명체처럼 해석하는 경향이 두드러진다. 아직 메타 인지가 충분히 성숙하지 않아 AI 시스템의 내부 작동을 추상적으로 모델링하기 어렵고, 그 결과 AI를 마치 전지적 존재로 과대평가할 위험도 높다. 정서적으로도 대화형 AI와 쉽게 유대감을 형성하며, 도덕 판단이 외적 규칙 의존 단계에 머물러 AI의 권위를 무비판적으로 수용할 소지가 있다. 이러한 의인화는 역으로 사용자의 자기 대상화를 낳을 수 있다. 기계를 '친구' 혹은 '관리자'로 상정하는 행위는 사용자가 자신의 경험과 정체성을 데이터/지표로 환원하도록 유도한다. 이 과정은 주로 비자각적·암묵적으로 진행되므로, 의인화 경향에 대한 비판적 고찰과 함께 자기 기계화·자기 수치화에 대한 성찰이 병행되어야 한다. 이는 공존의 관점에서 특히 중요한데, 인간이 기계의 기준에 일방적으로 적응하는 공존은 바람직하지 않으며, 인간의 자율성과 존엄을 전제로 한 상호 보완적 공존이 교육의 목표가 되어야 한다.

따라서 초등학교 단계의 디지털 시민성 교육은 리블의 9 요소를 토대로 한 책임 있는 디지털 행위와, AI 리터러시를 통한 비판적 AI 이해가 상호 보완적으로 설계될 때 비로소 완결성을 갖는다. 구체적으로는

① 'AI는 인간이 설계·통제하는 도구'임을 명확히 인식시키고, ② 검증-의심-대안 제시의 사고 루틴을 습관화하며, ③ 무엇을 기계에 위임하고 무엇을 인간 판단으로 보존할지 경계를 설정하도록 지도한다. 아울러 교사는 사이버 불링, 개인 정보 침해, 알고리즘 편향 등 현실 사례를 통해 학생이 디지털 공간의 권리·책임과 AI 기술의 한계를 구체적으로 체감하게 해야 한다. 이러한 통합적 접근은 기술 친화성과 비판적 거리감을 동시에 길러, 미래 사회가 요구하는 윤리적·민주 시민적 역량을 조기에 형성하는 토대를 마련한다.

2. 아동의 의인화와 도덕 판단 형성 메커니즘

AI 시스템은 교육용 앱과 스마트 스피커를 넘어 소셜 로봇, 생성형 도구에 이르기까지 아동의 삶 속으로 점점 더 깊이 스며들고 있다. 따라서 아동 사용자의 발달 요구에 부합하면서도 직관적이고 정서적으로 이해 가능한 AI 인터페이스를 어떻게 설계할 것인가가 핵심 과제로 부상한다. 피아제 발달 이론과 아동-컴퓨터 상호 작용(HCI) 관점에서 아동 애니메이션 작품을 분석한 연구는, 발달에 적합한 직관적 인터페이스가 기술 최적화만으로는 충분히 구현되지 않을 수 있음을 시사한다. 애니메이션이 오랫동안 효과적으로 활용해 온 서사적 리듬, 정서적 피드백, 감각적 일치 같은 도구를 차용하면, 디자이너는 아동이 생각하고 느끼고 학습하는 방식에 공감하는 AI 인터페이스를 구축할 수 있다는 제안이다. 실제로 아동은 명시적 지시가 없어도 캐릭터의 감정이나 다음 전개를 예측할 수 있다(Kurian, 2025).

초등학생은 인지 발달상 일반적으로 저·중학년은 구체적 조작기, 고학년은 구체적 조작기에서 형식적 조작기로 이행하는 초기 단계에 위치한다. 이 때문에 눈동자·음성·움직임과 같은 가시적 단서를 근거로 AI를 살아 있는 행위자로 범주화하기 쉽다. 그 과정에서 아이들은 AI가 '무엇을 원한다'라는 목적성을 추정하고, 감정·의도 같은 내적 상태를 부여하며, 시스템 오류를 의도적 배신으로 오해하기도 한다. 이러한 추론은 '모든 대상은 고유한 목적을 지닌다'라는 목적론적(teleological) 사고와 관련된다. 목적론적 경향성은 모든 사물이 특정 목적을 위해 존재한다고 가정하는 성향으로, 낯선 인공물이나 동물의 특이한 해부학적 구조를 보았을 때 우리가 먼저 던지는 질문—'저것은 무엇을 위한 것인가?'—에서 잘 드러난다. 이는 사물이 곧 기능의 측면에서 설명될 수 있다는 전제를 내포한다. 최근 학계는 이러한 목적론적 사고의 기원과 범위, 그리고 아동이 생물학적 세계에 대한 이론을 형성하는 과정에서 목적론이 수행하는 역할에 주목한다. 사물을 '특정 목적을 위해 설계되었다'라고 여기는 편향은 아동이 의도적 행동과 인공물을 특권적으로 이해하기 때문으로 보인다. 문제는 이 경향이 무분별한 목적론으로 확장되기 쉬워, 아동이 인공물뿐 아니라 다양한 자연물까지도 특정 기능을 위해 존재한다고 여기게 만든다는 점이다(Kelemen, 1999). 이때 본질주의적 편향이 결합하면 이러한 경향은 더욱 강화된다. 예컨대 아동은 동물의 표면적 특징(예: 별)이 그대로여도, 그 목적이

바뀌면(예: '별이 이제 거미줄을 친다') 그 개체를 다른 자연종(예: 거미)의 구성원으로 분류할 가능성이 더 높았다. 이는 목적론적 속성이 자연종의 본질을 부분적으로 구성한다는 해석을 뒷받침한다(Rose, Jaramillo, Nichols, & Horne, 2022).

특히 대화형 AI는 표정 애니메이션·음성 합성·즉각적 피드백을 통해 아동에게 유사 사회적 관계를 형성한다. 반복적 상호 작용은 애착 대상을 인간에서 AI로 확장시키고, 응답의 일관성은 신뢰로 해석된다. 그 결과 초등학생의 공감 회로는 활성화되지만, 상호 작용의 대상이 인간이 아니기 때문에 도덕적 책임 귀속이 모호해지는 역설이 발생한다. 따라서 교사는 실제 인간관계와 인공적 상호 작용을 명시적으로 비교·대조하여, 아동이 두 경험을 개념적으로 구분하도록 도와야 한다. 피아제의 타율적 도덕 단계에 있는 아동은 규칙을 절대시하므로 AI의 '권고'를 불변 규정으로 수용할 위험이 크다. 콜버그의 1·2단계(처벌-복종, 도구적 상대주의)에서도 보듯 아동의 도덕 판단은 보상 구조와 상호 호혜에 크게 의존한다. 또 튜리엘의 사회-도덕 영역 이론에 따르면, 이 연령대는 규범 위반(사회적 관습)과 도덕 위반(정의·복지)을 아직 분명히 구분하지 못한다(Turiel, 1983).

피아제에 따르면, 어린 아동의 도덕적 사고는 구체적·처벌 지향적이며 권위와 기존 규칙의 유지에 초점을 둔다. 도덕 발달은 성인 권위와 규칙에 대한 강한 존중(타율성)에서 출발해, 후기 아동기에 또래 간 협력적 관계 속에서 규칙을 사회적 구성물로 이해하는 자율적 도덕성으로 이행한다. 즉 어린 아동은 사회 규칙을 고정·불변으로 간주하고, 도덕적 의무를 권위자의 규칙·명령의 엄격한 준수로 개념화한다(Piaget, 2013; Lickona, 1969). 콜버그 역시 초기 아동의 도덕 추론을 처벌 회피를 위한 권위 복종으로 특징지었다. 그는 도덕 발달이 전인습-인습-후인습의 단계를 거치며, 성인은 소수만이 추상적 정의와 권리의 원칙에 도달한다고 보았다(Kohlberg, 1981; Gibbs, 1979). 반면, 튜리엘 등 영역 접근법 연구자들은 아동의 사고가 어린 시절부터 도덕(해악·공정성·권리)과 사회적 관습(집단 상호 작용 조정 규칙)의 영역으로 조직된다고 본다(Helwig & Turiel, 2002).

이러한 견해를 종합하면, 아동은 AI와의 지속적 상호 작용 속에서 자신이 이미 지닌 목적론·본질주의 편향과 권위 지향적 도덕 추론을 결합해, AI가 제시하는 지침을 절대적 규칙으로 오해하거나 그 사회적 함의를 충분히 숙고하지 못할 위험이 크다. 특히 도덕·규범·관습을 미세하게 구분해야 하는 상황에서 AI의 응답은 아동에게 옳고 그름을 단정하는 외재적 기준으로 받아들여지기 쉽다. 따라서 교사는 AI 산출물의 출처·의도·맥락을 함께 탐구하도록 유도하고, 누가·왜·어떤 상황에서 해당 규칙을 만들었는지 질문하게 함으로써 아동이 규칙의 도덕적·관습적·개인적 영역을 스스로 식별하도록 지원해야 한다. 이러한 메타 인지적 대화를 통해 아동은 AI 권위와의 비판적 거리 두기를 학습하고, 같은 규칙이라도 해악·공정성·권리의 문제와 단순한 사회 관습을 구분해 평가하는 도덕 판단 틀을 정교화할 수 있다. 나아가 이는 인간-기계 공존의 원리를 배우는 과정이기도 하다. 즉 AI를 오류 가능성이 있는 도구로 위치시키고, 맥락에 따라 신뢰 수준을 보정하며, 인간의 판단과 책임 영역을 보존하도록 지도해야 한다. 마지막으로 교육 현장에서는, AI가 제시하는 규칙이 어느 영역(도덕/관습/개인)에 속하는지 분류 절차를 수업 흐름 속에 명료화할 필요가 있다.

IV. AI 의인화 교육을 통한 비판적 디지털 리터러시 함양 교육 전략

1. 도덕 판단 및 사회적 책임 인식에 대한 AI 의인화의 영향

인간은 눈 깜박임, 음성, 몸짓과 같은 외형적 단서와 정서적 피드백을 바탕으로 대상의 행위자성을 신속히 추론한다. 피아제가 규정한 구체적 조작기 아동이 관찰 가능한 인과에 의존해 사고한다는 점을 고려하면, 반응-주도형 AI를 살아 있는 존재로 분류하는 경향이 크다고 볼 수 있다. 이때 아동은 'AI가 무엇을 원한다'라고 추정하면서 목적성과 의도를 부여한다. 발달 심리 연구에 따르면 이러한 판단은 두 가지 인지적 편향으로 강화된다. 첫째, 목적론적 사고는 모든 대상이 고유한 목적을 가진다고 전제한다. 둘째, 본질주의적 사고는 외형 뒤에 변하지 않는 본질을 가정해, 오류나 고장조차 의도적 배신으로 오독하게 만들 수 있다. 초등학생은 여기에 메타 인지가 미숙해 알고리즘·데이터·프로그래밍 같은 추상 개념을 충분히 표상하기 어렵기 때문에, AI

를 전지적 행위자로 과대평가하거나 반대로 실패를 나쁜 마음씨로 해석할 위험이 있다.

　더욱 심각한 것은 의인화가 정서적 수준으로도 확장된다는 점이다. 스마트 스피커, 소셜 AI 같은 대화형 AI는 일정 수준의 일관된 칭찬과 피드백으로 유사 사회적 관계를 형성하고, 아동은 이를 신뢰나 애착으로 해석하기 쉽다. 그러나 AI의 칭찬이나 견책을 인간 교사나 또래의 평가와 동일 선상에 놓을 경우, 도덕 판단 기준이 기술 권위에 위임되고 책임 귀속이 모호해진다. 그 결과 자율적 비판 능력보다 기술 의존성이 강화되고, 디지털 공간에서의 사회적 책임 인식이 흐려질 위험이 있다. 이러한 점을 감안할 때, 의인화를 단순히 억제하기보다 비판적 학습 자원으로 전환해야 한다. 학습 초기의 친밀감은 동기를 자극하되, 기술의 한계와 윤리적 함의를 함께 조명할 때 비로소 디지털 시민적 역량이 성장한다. 다음은 디지털 시민 역량 강화를 위한 세 가지 설계 원리와 핵심 전략 예시이다.

<표 2> 디지털 시민 역량을 위한 설계 원리와 핵심 전략(예시)

설계 원리	핵심 전략
① 인지 투명성 (Cognitive Transparency)	알고리즘 입력 규칙 출력 구조를 시각화·실험으로 단계적 노출
② 정서 거리 두기 (Affective Distancing)	'감정 일지'로 AI 경험과 기분을 분리 기록
③ 사회적 책임 귀속 (Social Accountability)	역할극·딜레마 토론으로 AI·사용자 관점 순환 탐색

이를 적용한 예시 활동으로 'AI 헌법 만들기' 프로젝트를 제안할 수 있다. 먼저 체험-분석(인지 투명성) 단계에서 학생들은 이미지 분류 챗봇을 직접 사용하고, 입력 픽셀을 조작하여 결과가 어떻게 변하는지를 실험한다. 다음으로 표상(정서 거리 두기) 단계에서는 칭찬이나 질책을 받은 경험을 감정 일지로 기록해 'AI 반응'과 '개인 감정'을 분리한다. 마지막으로 규범 설계(사회적 책임 귀속) 단계에서 학급 규칙과 챗봇 운영 규칙을 비교하며, 책임 주체·권리·투명성 항목을 명시한 'AI 헌법'을 작성한다. 이러한 다층적 접근은 AI와 인간 사이의 경계를 분명히 인식하게 하면서도 공감·책임·비판적 사고를 함께 길러, 초등학생이 디지털 공간에서 윤리적·민주 시민적 행위자로 성장할 수 있는 토대를 구축한다.

2. AI 의인화 디지털 시민성 교육

디지털 시민성 교육은 아동이 온라인에서 보이는 행동을 가치와 연결하는 구체적 경로를 제공한다. 이러한 관점에서 주체성·정서·사회성을 고려하여, 의인화가 위험 요소에 머무르지 않고 학생들의 도덕적 자율성을 강화하는 교육적 지렛대로 기능하도록 해야 한다. 이를 위해서는 무엇보다 의식적인 지도가 전제되어야 한다. 초등학교 디지털 시민성 교육에서는 아동의 의인화 측면을 포함한 설계로서 '행위성-정서-사회성(Agency-Emotion-Social; A-E-S)' 모델을 제안한다. 이 모델의 핵심은 의인화의 위험과 기회를 동시에 포착하는 데 있다. 초등 디지털 시민성 교육은 아동의 발달 특성을 정확히 이해하고 AI 윤리 측면을 온전히 반영할 때 비로소 성공적으로 구현될 수 있다. A-E-S 모델의 가정은 다음과 같다.

첫째, 행위성 요인은 자율·목적 지향 행동을 드러내는 AI의 외형과 인터랙션 설계가 강조될수록 증폭된다. 둘째, 정서 요인은 칭찬·위로·개인화 피드백 같은 친화적 정서를 매개로 할 때 활성화된다. 셋째, 사회 요인은 AI가 규칙·지침·평가를 제시하며 권위적 위치를 점할 때 강화된다. 이 세 축은 상호 작용적으로 아동의 의인화를 심화시키지만, 메타 인지적 재귀가 개입하면 'AI는 도구'라는 상위 표상이 통합적으로 구축될 수 있다. 또한 교사의 교육적 개입은 다음 네 가지 전략으로 구체화된다.

① 역할 바꾸기 토론: 학생이 인간·AI 관점을 번갈아 수행하며 행위 의도와 책임 범위를 진술하도록 유도해 규범 구분 능력을 확장한다.

② 모델 해부 활동: 간단한 머신 러닝 모형 시각화와 입력 변형→출력 변화 실험을 통해 AI 판단의 비결정성과 편향 가능성을 체험적으로 인식시킨다.

③ 규범 재작성 프로젝트: 동일한 학급 규칙을 인간용·AI용으로 이원화해 작성하게 하여 도덕 원칙과 운영 규칙의 차이를 구체적 언어로 비교·분석한다.

④ 정서 거리 두기 훈련: 감정 성찰 일지로 'AI 칭찬이 나에게 미친 정서적 영향'을 기록·분석해 감정·행동 분리 능력을 강화한다.

교사가 디지털 시민성 교육에서 AI 의인화를 염두에 두고 토론-모델 분석-규범 재정립-감정적 거리 두기를 엄격히 적용할 때, 학생들은 AI를 지배적 존재가 아닌 도구로 인식하는 능력을 습득한다. 그 결과 디지털 시민성은 비판적 사고·책임감·감성적 인식으로 풍부해지며, 이는 지능과 윤리 의식을 겸비한 미래 시민을 양성하는 데 결정적 단계가 된다. 이러한 교육적 개입을 조직화하는 교수-학습 설계는 '인지 갈등-모델 구축-사회적 대화' 3단계 순환 구조를 따른다.

① 인지 갈등 단계: 의인화를 유발하는 장면(예: AI 스피커가 농담에 웃음으로 반응)과 비인격적 오류 사례(예: 잘못 코딩된 루프가 무의미한 출력을 반복)를 병치하여 불일치 경험을 제공한다.

② 모델 구축 단계: 학생들이 '입력-처리-출력' 흐름도를 그림·카드·블록 코딩 등 구체적 표상 도구로 재구성해 AI 내부 작동을 시각적 기호 체계로 전환한다.

③ 사회적 대화 단계: 교사는 소크라테스식 질문(예: "AI도 책임을 질 수 있을까?")으로 기술 한계와 윤리 쟁점을 학생 스스로 언어화하도록 촉진한다.

이 순환을 반복하면 아동은 AI를 친근한 동료이자 오류 가능성을 지닌 도구로 인식하는 이중적 시각을 내면화하게 된다. 그 결과, AI 의인화 활용 초등 디지털 시민 교육은 다음 다섯 축의 디지털 시민 역량을 체계화할 수 있다.

① 비판적 AI 문해(algorithmic thinking 및 편향 인식)
② 자율적 행위 주체성 및 디지털 자기 결정권
③ 책임 귀속 인식(개발자·사용자·플랫폼 간 책임 경계 이해)
④ 참여·연대 의식(온라인 공익 활동 참여 능력)
⑤ 정의·포용 감수성(AI가 소수자에게 미칠 영향 평가)

예컨대 학생들은 챗봇 윤리 헌장을 공동 작성하며 규범·책임 담론을 실습하고, 데이터 셋 편향을 분석하며 데이터 정의감을 학습한다. 이러한 경험은 의인화를 맹목적 수용/배척에서 '비판적 공감'으로 전환시켜, 궁극적으로 학생들이 기술을 사회 정의 실현의 수단으로 활용하도록 돕는다.

결론적으로, AI 의인화 활용 초등 디지털 시민성 교육이 지향하는 바는 '자율성-책임성-공공성-비판적 사고'를 축으로 하는 '디지털 공화 시민'이다. 이는 개인의 자유로운 기술 활용을 보장하되, 행위가 공동체 복지와 충돌할 때 공적 숙의로 조정하도록 요구한다. 학생들은 AI 결과에 대해 '누구에게, 어떤 기준으로 책임을 물을 것인가'를 토론하며 책임 윤리를 내면화하고, 다양한 문화·성별·능력을 반영한 데이터 셋 설계 프로젝트를 통해 포용적 상상력을 기른다. 이렇게 기술·윤리·시민성이 통합된 교육 접근은 초등학생을 능동적 디지털 시민이자 책임 있는 AI 이용자로 성장시키는 토대를 마련할 것이다.

<표 3> A-E-S 기반 초등 디지털 시민성 교육 설계 요약

항목	핵심 내용
교육 방향	디지털 시민성 교육을 아동의 가치·행동과 연결하여, '의인화'를 위험 요소에서 교육적 지렛대로 전환
핵심 모델	A-E-S 모델: 행위성(Agency)-정서(Emotion)-사회성(Social); 의인화의 위험과 기회를 동시에 포착
모델 가정	① 행위성: 자율·목적 지향 외형/인터랙션이 강조되면 의인화 증폭 ② 정서: 칭찬·위로·개인화 피드백이 정서적 결속 활성 ③ 사회성: 규칙·지침·평가를 제시하는 권위적 위치일수록 강화 　→ 메타 인지 개입 시 'AI는 도구'라는 상위 표상 정립
교사 전략 (4)	① 역할 바꾸기 토론(인간·AI 관점 순환, 의도·책임 진술) ② 모델 해부 활동(간단 ML 시각화, 입력-출력 변화 실험) ③ 규범 재작성(인간용/AI용 규칙 비교) ④ 정서 거리 두기(칭찬의 정서 영향 기록·분석)
수업 순환 (3단계)	인지 갈등(의인화 장면 vs 비인격적 오류 병치) → 모델 구축(입력-처리-출력 흐름도/블록 코딩) → 사회적 대화(소크라테스식 질문으로 한계·책임 언어화)
기대 역량 (5축)	① 비판적 AI 문해(algorithmic thinking·편향 인식) ② 자율적 행위 주체성(autonomous agency) 및 디지털 자기 결정권 (digital self-determination) ③ 책임 귀속 인식(개발자·사용자·플랫폼 경계) ④ 참여·연대 의식(온라인 공익 참여) ⑤ 정의·포용 감수성(소수자 영향 평가)
활동 예시	챗봇 윤리 헌장 공동 작성, 데이터 셋 편향 분석으로 데이터 정의감 학습

최종 지향	디지털 공화 시민: 자율성-책임성-공공성-비판적 사고의 통합; 기술은 지배 주체가 아닌 도구로 인식
구현 유의	아동 발달 특성 반영, AI 윤리 전면 반영, 규칙의 영역 구분(도덕/관습/개인) 명료화

V. 나오는 글

학생들이 인공지능(AI)을 인간처럼 대하는 심리적·사회적 경향—곧 의인화—을 전제할 때, 이를 비판적으로 활용하는 디지털 시민성 교육의 설계 방향을 정하는 일이 중요하다. 이를 위해 의인화 현상의 인지적·정서적·사회적 기반을 먼저 이해하고, 그 경향이 아동의 도덕 판단과 디지털 시민성 역량에 미치는 영향을 교육적으로 환류할 수 있는 구조를 탐색할 필요가 있다.

먼저, 의인화는 단순한 오해나 비합리적 신념이 아니라 인지적 효율성·정서적 보상·사회적 의존이라는 세 동기가 상호 작용하는 적응적 전략으로 이해된다. 특히 아동은 눈짓·목소리·움직임 같은 가시적 단서에 근거해 AI에 행위성·정서·사회성의 세 측면에서 인간적 속성을 투사하며, 그 결과 AI를 도덕적 판단의 외부 대리인으로 오해하거나 책임성의 전이가 발생할 수 있다. 그러나 이러한 의인화 경향을 위험 요소로만 보는 대신, 학습 자원으로 전환하는 'A-E-S 모델(Agency-Emotion-Social)'을 교육적 틀로 활용할 수 있다. 이 모델은 AI가 자율적 행위자처럼 작동할수록, 친밀한 정서를 유발할수록, 규범적 언행을 수행할수록 의인화가 심화된다는 점에 주목하며, 교사가 메타 인지적 성찰을 유도해 'AI는 도구'라는 상위 표상을 재구성하도록 돕는다. 구체적 교육 방안으로는 다음의 4가지 교수-학습 전략을 설계할 수 있다.

첫째, 역할 바꾸기 토론으로 학생들이 AI와 인간의 관점을 번갈아 수행하며 도덕적 판단 권한을 구분하도록 돕는다. 둘째, 모델 해부 활동으로 AI의 내부 알고리즘/작동 원리를 시각적으로 해부하여 기술 투명성에 대한 이해를 높인다. 셋째, 규범 재작성 프로젝트를 활용해 AI가 제시하는 규칙을 비판적으로 재구성함으로써 책임 귀속 판단 능력을 증진시킨다. 넷째, 정서 거리 두기 훈련을 통해 감정과 행동을 분리하는 훈련으로 감성적 반응의 통제 능력을 기른다. 이러한 경험은 디지털 시민성의 핵심 요소인 비판적 사고·책임감·정서적 자각을 통합적으로 강화하는 효과를 가진다.

이를 바탕으로, 디지털 시민성 교육의 최종 목표를 '디지털 공화 시민'의 양성으로 제안할 수 있다. 디지털 공화 시민은 자율성·책임성·공공성·비판적 사고 역량을 균형 있게 갖춘 존재로서, AI를 창의적으로 활용하되 그 결과가 공동체 가치와 충돌할 경우 공적 숙의를 통해 문제를 조정할 수 있어야 한다. 이때 교사는 기술적 이해·윤리적 성찰·시민적 실천을 통합적으로 연결하는 촉진자이자 설계자의 역할을 수행한다. 정책·실천적 측면에서 다음과 같은 점들을 제안할 수 있다.

첫째, 교육 과정 차원에서는 디지털 시민성을 독립 교과가 아닌 통합 주제로 편성하고, AI 활용 수업 전반에 A-E-S 기반 윤리 모듈을 삽입하는 것이 바람직하다. 동시에 도덕과는 아동의 도덕성 발달과 정의로운 민주 시민 양성이라는 이중 지향을 갖는 만큼 중핵 역할을 수행해야 한다. 둘째, 교사 연수에서는 알고리즘 구조와 편향에 대한 기술적 이해와 윤리적 딜레마 토론의 실천 기법을 결합한 직무 연수가 필요하다. 셋째, 교육 기술(EdTech) 설계에서는 학습용 AI의 입력-처리-출력 과정을 시각화하고, 오류 발생 시 원인 추적이 가능하도록 하여 학습자의 메타 인지를 유도해야 한다. 이때 초등학생 눈높이에 맞춘 전략이 요구된다. 넷째, 가정·지역 사회 차원에서는 학부모 대상 교육 자료를 개발하고, 지역 공공 기관 워크숍과 연계해 학교 밖 학습 환경도 동일한 원칙으로 조직되도록 해야 한다.

끝으로, AI 의인화 활용 디지털 시민성 교육은 아동이 자기 자신과 공동체를 동시에 고려하며 성장하는 '디지털 공화 시민'으로 나아가기 위한 핵심 관문이다. 의인화를 억제하는 데 그치지 않고, 이를 비판적 성찰과 학습 동력으로 전환함으로써 공감 능력과 거리 두기 능력을 함께 함양해야 한다. A-E-S 모델과 네 가지 교수-학습 전략은 그러한 교육의 설계 청사진을 제시하며, 향후 한국형 디지털 시민성 교육의 새로운 표준을 발전시키는 데 기여할 수 있을 것이다.

제8장.

인간 증진은 어디까지 허용되어야 할까
: BCI 기술의 윤리적 쟁점과 교육

I. 들어가는 글
: 신경 인터페이스를 통한 뇌와 기계의 융합,
새로운 인간 탄생의 전조인가?

2024년 1월, 전 세계의 주목을 받은 도전이 있었다. 당시 30세였던 사지 마비 환자 놀랜드(Noland Abau)가 일론 머스크가 이끄는 뉴럴링크(Neuralink)의 뇌-컴퓨터 인터페이스(Brain-Computer Interface, 이하 BCI) 칩을 인간으로서는 최초로 이식받은 것이다(BBC, 2025). 이 전례 없는 수술은 '생각을 컴퓨터 명령으로 변환한다'라는 공상 과학적 상상을 현실화했다는 점에서 기술사적으로 특별한 의미를 지닌다. 동시에 오랫동안 휠체어에 의존해 온 한 개인의 삶에 전혀 새로운 국면을 열어 주었다는 점에서, BCI가 인간의 일상을 어떻게 혁신할 수 있는지를 극적으로 보여 주는 사례가 되었다.

놀랜드가 언론과의 인터뷰에서 밝힌 바에 따르면, BCI는 의학적 재활 도구에 그치지 않고 즐거움과 경쟁의 영역까지 확장될 수 있는 가능성을 시사한다. 그는 WIRED와의 인터뷰에서 "컴퓨터를 생각만으로 조작할 수 있게 되어 새로운 독립성을 얻었다"라고 설명하며, BCI 칩을 통해 웹 서핑, 컴퓨터 게임, 커서 조작 신기록 달성 등 이전에는 불가능했던 활동을 할 수 있게 되었음을 밝혔다(WIRED, 2024). 또한 Joe Rogan과의 대화에서는 "게임에서 마치 '에임봇(aimbot)'을 얻은 것 같다. 너무 정확해서 공정하지 않을 정도"라고 말하며, 의료적 재활을 넘어 오락과 경쟁의 영역에서도 이 기술이 새로운 가능성을 연다는 점을 강조했다(NEOSCOPE, 2024).

이 사례는 인간 뇌에서 발생하는 신경 신호를 디지털화하고 해석함으로써 기존의 기능적 한계를 초월하거나 전혀 새로운 감각과 능력을 부여할 수 있다는 BCI의 잠재력을 잘 보여 준다. BCI는 뇌 신호를 직접 감지해 디지털 명령으로 변환하는 시스템으로, 신경공학과 인공지능(AI)의 융합을 통해 인간의 인지·운동·감각 능력을 확장하는 새로운 패러다임을 제시한다. 실제로 임상 재활 분야에서는 중증 마비 환자가 생각만으로 로봇 팔이나 휠체어를 조작하거나 인지 보조 기기를 통해 의사소통 능력을 회복하는 사례들이 보고되고 있다.

그러나 동시에 BCI는 심각한 사회적·윤리적 문제를 불러일으킨다. 뇌 신호가 대규모로 수집·분석될 경우 개인의 내밀한 정신적 프라이버시가 침해될 수 있으며, 잘못된 해석이나 조작은 의도치 않은 결과를 초래할 수 있다. 또한 인간의 생각과 의도가 기계적으로 읽히고 조종될 수 있다는 사실은 프라이버시의 경계를 재정의할 뿐 아니라, 자율성과 정체성에 관한 근본적인 문제를 제기한다. 더불어 고비용·고난도의 침습형 BCI는 사회·경제적 격차를 심화시킬 우려가 있으며, 통제와 감시 목적으로 악용될 경우 인간 존엄을 위협할 가능성도 존재한다.

이에 본 장에서는 BCI가 제시하는 기술적 혁신과 인간 능력 확장의 잠재성, 그리고 그에 수반되는 윤리·사회·법적 함의를 종합적으로 검토하고자 한다. 이러한 논의는 초등학교 도덕과 교육 현장에서 AI 윤리 수업 콘텐츠로 활용될 수 있다. 본 연구에서는 다음과 같은 세 가지 핵심 연구 문제를 제기한다. 첫째, BCI 기술은 어떠한 역사적·이론적 맥락을 거쳐 발전해 왔으며 그 기술적 원리는 무엇인가? 둘째, BCI가 의료 및 인간 증강 영역에서 보여 주는 혁신적 활용 사례와 성과는 무엇이며, 향후 어떤 가능성과 위험이 예상되는가? 셋째, BCI 확산 과정에서 발생할 수 있는 윤리적·법적·사회적 쟁점은 무엇이며, 이를 초등 도덕과 AI 윤리 수업에서 어떻게 다룰 수 있는가? 궁극적으로 첨단 신경공학이 인간 삶 전반에 가져올 변화를 심도 있게 다루고, BCI가 치료와 재활을 넘어 인간 잠재력 확장의 긍정적 기능을 발휘하면서도 그 부작용을 최소화할 수 있는 균형점을 모색하고자 한다.

II. 뇌-컴퓨터 인터페이스(BCI)의 작동 원리와 기술적 진화

1. BCI의 역사와 개념

뇌-기계 인터페이스(Brain-Machine Interface, BMI)는 BCI라고도 하며, 뇌 신호를 수집·분석해 이를 명령으로 변환하고 출력 장치에 전달함으로써 사용자가 원하는 행동을 수행하게 하는 시스템이다(박형빈, 2025). 이와 관련한 다양한 장치가 개발되어 왔고, 2016년 설립된 뉴럴링크(Neuralink)는 2023년 5월 미국 FDA로부터 인체 이식 시험 승인을 받아 2024년 인간 대상 실험을 시작했다. BCI 기술의 1차적 목표는 마비 환자 등 신경 기능에 손상을 입은 이들이 자신의 뇌 활동만으로 직접 장치를 제어할 수 있도록 하는 데 두고 있다(Parikh & Venniyoor, 2024).

뇌파 검사(Electroencephalography, EEG)는 100년 이상의 역사를 지닌 기술로, BCI 기반 시스템의 핵심 요소 가운데 하나인 '뇌 진동의 정밀 측정'을 가능케 한다. EEG-BCI 시스템은 사용자가 수행 중인 작업을 반영하는 신경 활동을 실시간으로 포착한다. 지금까지 신호 획득 기법은 크게 침습적 방식과 비침습적 방식으로 발전해 왔다. 침습적 방식은 뇌 수술을 통해 전극을 뇌 내부 또는 표면에 직접 삽입하는 기술이며, 비침습적 방식은 외부 센서로 뇌 활동을 모니터링한다. EEG는 전극(센서)을 모자 형태의 장치에 부착해 뇌 전기 신호를 포착하는데, 사용이 간편하고 이동이 용이하며 비용이 비교적 저렴하다는 점이 장점이다. 더불어 EEG는 매우 우수한 시간 해상도를 제공한다.

BCI는 역사적으로 기존 신경 재활을 보완·대체하거나 뇌가 직접 제어하는 보조 기기를 구현하기 위한 기술로 구상되었다. 독일의 정신과 의사 한스 베르거(Hans Berger)는 1929년 EEG에 관한 연구 논문을 발표하며 인간 뇌의 전기적 활동을 기록하는 기술을 확립했다(Dhiman, 2023). 이어 1969년 에버하르트 페츠(Eberhard Fetz)는 무마취 원숭이의 전중심 피질 단일 뉴런 활동을 조작적 조건화로 조절할 수 있음을 보였고, 원숭이가 스스로의 신경 활동을 조절해 기계 장치를 구동할 수 있음을 입증함으로써 BCI 개념의 실질적 근거를 제시했다(Fetz, 1969).

EEG를 기반으로 한 BCI를 체계적으로 구현하려는 최초의 시도는 1973년 비달(Jacques Vidal)에 의해 이루어졌다. 그는 비침습 기술인 EEG로 두개골을 통해 대뇌 피질의 유발 전기 활동을 기록했다. BCI 기술은 손상된 신경 회로에서 시냅스 가소성을 인위적으로 자극·재활성화하여 기존 운동 장애 재활의 대안이 될 수 있으며, 손상되지 않은 인지·정서 기능을 활용해 뇌와 손상된 말초 부위 간 연결을 재구축하는 것을 목표로 한다(Saha et al., 2021). 이는 키보드·마우스·음성 인식 같은 간접 입력 수단을 거치지 않고 EEG, 뉴런 활동, 기능적 근적외선 분광법(functional Near-Infrared Spectroscopy, fNIRS) 등을 분석해 기계 명령으로 곧바로 변환한다는 점에서 혁신적이다. fNIRS는 약 1cm의 공간 해상도와 100밀리초(ms) 수준의 시간 해상도로 대뇌 피질의 대사 활동을 측정할 수 있으나, 신경 활동과 혈액 내 산소 농도 변화 사이에는 수 초의 지연이 존재한다. fNIRS 기반 BMI는 2004년 셜리 코일(Shirley

Coyle) 등이 처음 시연했으며(Coyle, Ward, Markham, & McDarby, 2004), 피험자가 공을 쥐는 '운동 심상'을 떠올릴 때의 뇌 신호를 추출해 화면으로 시각적 피드백을 제공했다. 해당 BMI 시스템은 상상 동작을 75% 정확도로 인식했고, 혈류 역학적 반응 변화를 감지하는 데 약 5초가 소요되었다(Lebedev & Nicolelis, 2017).

기계 학습과 딥러닝의 발전으로 복잡한 뇌 신호를 실시간 해독할 수 있게 되면서 BCI는 단순 재활 기기를 넘어 다양한 산업적 적용 가능성을 모색하기 시작했다. 놀랜드 사례는 향후 '인간 능력 확장'과 같은 트랜스휴머니즘의 가능성이 현실화될 수 있음을 시사한다. BCI의 초기 목적이 재활 도구 제공에 있었지만, 현재 응용 범위는 크게 확장되었다. 근위축성 측삭 경화증(ALS), 뇌성마비, 뇌 또는 척수 손상으로 인한 외상 등 다양한 신경 근육계 질환을 가진 환자들 등, 폭넓은 대상에게 도움을 줄 수 있다(Ortiz-Rosario & Adeli, 2013).

최근 AI와 신경공학의 동반 발전에 힘입어 BCI 기술은 의료 재활에서 인간 증강에 이르기까지 폭넓은 응용 가능성을 보여 주며 사회·윤리적 파급력 또한 커지고 있다. BCI는 뇌와 외부 장치 간 직접 소통을 가능하게 하는 혁신적 수단으로 부상했으며, 신경 질환의 진단 및 치료에서도 매우 유망한 결과를 보이고 있다(Zhang et al., 2024). 더 나아가 운동 장애 재활을 넘어, 신체적 또는 인지적 차원에서 인간의 작업 능력을 증강하는 데에도 활용될 수 있다.

2. AI와 BCI 융합

초기의 EEG 연구부터 최근의 침습형 칩 이식 기술에 이르기까지, BCI 기술은 지속적으로 진화해 왔으며, 단순한 질병 치료의 영역을 넘어서 인지 증강·감각 보조 등 포괄적인 인간 능력 확장을 목표로 삼고 있다. 이와 같은 급격한 기술적 발전은 의료·공학·법·윤리 등 다양한 분야에서 새로운 규범과 제도를 마련해야 할 필요성을 제기하고 있다.

기술적 차원에서 살펴볼 때, BCI가 처리해야 하는 뇌 신호(EEG, MEG, fNIRS 등)는 시간적, 공간적으로 매우 복잡한 특성을 지니고 있으며, 개인별 편차가 큰 것이 특징적이다(Mughal et al,, 2022). 머신 러닝 모델과 딥 러닝 모델의 활용은 대규모 뇌파 데이터를 학습하여 특징을 자동으로 추출하고, 사용자의 의도를 고정밀도로 파악할 수 있게 해 주는 핵심적 기술로 부상하고 있다. 특히 딥러닝은 머신 러닝 알고리즘의 일종으로서, 특징 추출과 분류기 학습을 EEG 데이터로부터 동시에 수행하는 강력한 기능을 제공한다. 현재 다양한 딥러닝 알고리즘이 존재하는 가운데, 그중에서도 가장 널리 사용되고 활발히 연구되고 있는 기법은 심층 신경망(Deep Neural Network, DNN)이라고 할 수 있다.

BCI는 피험자의 의도를 정확히 파악하기 위해 뇌 신호를 측정하는 다중 구성 요소 장치로서, 일반적으로 세 가지 기본 구성 요소, 즉 신호 획득, 신호 처리 그리고 효과기 장치로 구성되는 것이 특징이다. 이 중 신호 획득 단계는 뇌에서 발생한 신호를 정확히 기록하는 역할을 수행하며, 신호 처리 단계는 획득된 신호를 체계적으로 분석하여 원하는 행동으로 변환 가능한 특징과 지표를 추출하는 것을 목표로 한다. 마지막으로 효과기 장치는 컴퓨터 커서, 로봇 팔 또는 의수, 문자 입력기, 휠체어 등 매우 다양한 형태로 구현될 수 있다(Ortiz-Rosario & Adeli, 2013).

구체적인 예를 들어보면, 뇌에 직접 전극을 이식하는 침습적 방식을 통해 미세한 뉴런 신호를 정밀하게 감지 및 처리하여 로봇 의수, 의족을 섬세하게 제어하는 기술이 현재 개발되고 있는 상황이다. 또한 단순히 신호를 내보내는 일방향적 기능뿐만 아니라 감각 정보를 되돌려 받아 사용자가 물체의 질감이나 위치 정보를 생생하게 인지할 수 있도록 하는 양방향 소통에 관한 연구가 활발히 진행되고 있다. 이러한 맥락에서 양방향 BCI를 활용하여 시각 피드백을 촉각 지각으로 효과적으로 보완한 인터페이스는 운동 피질로부터 신경 활동을 정확히 기록하고 체성감각 피질(somatosensory cortex)에 피질 내 미세 자극을 적절히 제공함으로써 자연스러운 촉각 감각을 유도하는 메커니즘을 보여 준다. 이와 같은 첨단 시스템을 통해 사지 마비 환자들은 로봇 의수를 활용한 과제 수행 능력을 크게 향상시킬 수 있었다는 연구 결과가 보고되고 있다(Flesher et al., 2021).

III. 치료에서 증강으로
: BCI의 의료적 응용과 인간 능력의 확장

1. 의료와 BCI

고령화 시대에 접어들면서 알츠하이머, 파킨슨, 근위축성 측삭 경화증(ALS) 등의 신경 질환이 증가하고 있으며, 이와 함께 다양한 신경 퇴행성 질환과 뇌졸중, 척수 손상 환자의 수가 늘어나고 있다. 이러한 상황은 기능적 회복과 재활을 위한 새로운 치료 패러다임의 필요성을 강력히 제기하고 있다. BCI와 EEG 기술의 통합적 활용은 재활 과정에서의 운동 기능 향상에 있어 매우 유망한 결과를 보여 주고 있으며, 차세대 의료 기술로서의 가능성을 입증하고 있다.

BCI 기술의 핵심적 장점은 뇌 신호를 직접 해석하고 조작하여 마비된 신체 기능을 대체하거나 효과적으로 보완해 줄 수 있다는 점이다. 예를 들어, 손상된 중추 신경계 회로를 우회하여 로봇 팔이나 휠체어 등의 보조 기기를 정밀하게 제어함으로써 환자의 일상생활 능력과 삶의 질을 현저하게 향상시킬 수 있다. 특히 대표적인 적용 사례로서 뇌졸중 및 척수 손상 재활 분야에서는 침습형 혹은 비침습형 BCI를 활용하여 마비된 환자가 오직 생각만으로 외부 기기를 자유롭게 조작할 수 있도록 하는 기술이 개발되고 있다. 이러한 BCI 시스템은 운동 제어 향상 및 로봇 기술 통합 측면에서 다양한 장점을 지니고 있으며, 기존의 재활 실천을 근본적으로 재구성할 수 있는 혁신적 잠재력을 보여 주고 있다(Elashmawi et al., 2024).

의사소통 지원 분야에서 BCI는 마비 환자들을 위한 빠르고 직관적인 소통 수단을 제공할 수 있으며, 이는 말하려는 시도에 수반되는 피질 활동을 컴퓨터 화면의 문자로 실시간 변환함으로써 구현된다. 최근 연구에서 피험자가 말하려고 시도할 때의 신경 활동을 정교하게 해독하여 단어를 출력하는 신경 보조 발화 시스템 실험이 진행되었으며, 이 시스템은 평균 97.5%의 놀라운 정확도를 지속적으로 유지하는 성과를 보여 주었다. 이는 언어 능력을 상실한 환자들에게 새로운 소통의 가능성을 제공한다는 점에서 매우 고무적인 결과라고 할 수 있다 (Card et al., 2024).

진단 및 예후 예측 영역에서는 AI가 뇌 영상을 체계적으로 분석하여 치매, 파킨슨병 등 신경 퇴행성 질환의 진행 정도를 조기에 정확히 진단하는 연구가 활발히 진행되고 있다. AI와 신경 영상 기술의 융합은 치매의 진단 및 예후 예측에 있어 기존 방법론을 뛰어넘는 새로운 가능성을 제공하고 있다. 특히 인지 신경 퇴행성 질환(cognitive neuro-degenerative diseases)의 진단 및 예후 예측을 위해 최첨단 신경 영상 기법에 AI 기술이 광범위하게 적용되고 있는 상황이다. 현재까지의 연구에서 AI 기법으로는 알고리즘 기반 분류기가 가장 빈번하게 사용되었으며, 판별 모델은 알츠하이머병과 정상 대조군을 구분하는 데 가장 우수한 성능을 나타내는 것으로 확인되었다(Borchert et al., 2023). 이러한 AI와 BCI의 효과적 연동을 통해 치료적 개입을 극대화할 수 있는 최적의 타이밍을 놓치지 않고 환자의 상태를 예측하고 체계적으로 관리할 수 있는 시스템이 구축되고 있다.

뇌 신호 해석의 고도화를 위해서는 복잡하고 미묘한 뇌 신호에서 유의미한 패턴을 정확히 추출하고 이를 실시간으로 해석 및 제어하기 위한 정교한 AI 알고리즘이 필수 불가결하다. 특히 기계 학습과 딥러닝 기술을 통해 개별 환자의 고유한 뇌 활동 특징을 심층적으로 학습함으로써 보다 정확하고 신속한 신경 재활을 효과적으로 지원할 수 있게 되었다. 환자별로 질병 진행 정도와 기능 보존 상태가 현저히 다르다는 점을 고려할 때, AI를 적극 활용한 개인별 맞춤형 BCI 치료 프로토콜의 개발과 적용이 매우 유용한 접근법이 될 수 있다. 구체적인 예로, 방대한 뇌파 데이터 베이스를 체계적으로 누적하고 분석하여 질환 유형별로 최적화된 자극 패턴과 훈련 방식을 과학적으로 설계할 수 있는 시스템이 구축되고 있다. 더 나아가 원격 재활 시스템 분야에서는 사물 인터넷(IoT) 기반의 첨단 기술을 활용한 원격 모니터링이 현실화되면서, 환자가 가정이나 요양 시설과 같은 일상적 환경에서도 지속적으로 BCI 훈련을 받을 수 있는 혁신적인 원격 재활 플랫폼이 개발되고 있는 상황이다.

그러나 BCI의 의료 적용이 갖는 광범위하고 혁신적인 이점에도 불구하고, 여전히 존재하는 다양한 한계와 도전 과제들을 간과하기는 어려운 상황이다. 먼저 기술적 제약 측면에서 살펴보면, 전극 삽입으로 인한 침습성 문제, 뇌파 신호에 포함된 다양한 노이즈의 효과적 제거, 개인 맞춤형 알고리즘의 정교한 설계 등에 대한 지속적이고 체계적인 연구가 반드시 필요한 상황이다. 특히 데이터 품질 확보 문제는 간과할 수 없는 중요한 과제인데, 임상 환경에서 실제로 발생하는 뇌 신호 데이터는 매우 다양하고 복잡한 특성을 지니고 있어 대규모의 표준화된 데이터 셋 확보가 성공적인 BCI 시스템 구현을 위한 필수적 요소가 되고 있다.

더욱 중요하고 근본적인 문제는 윤리적 및 법적 과제들로서, 민감한 뇌 정보의 무단 수집 및 활용 가능성, 기기의 예상치 못한 오작동으로 인한 환자 자율성 침해 등의 심각한 위험을 방지하기 위한 포괄적이고 실효성 있는 제도적 안전장치가 시급히 마련되어야 한다는 점이다. 향후 전극 소재의 획기적 발전, 무선 통신 기술의 혁신, 고성능 신호 처리 알고리즘의 정교한 개발 등이 유기적으로 결합될 경우, BCI는 더욱 정밀하고 안정적인 차세대 의료 재활 도구로서 확고히 자리매김할 수 있을 것으로 예상된다. 하지만 동시에 이는 더욱 민감하고 개인적인 정보 처리 과정에서 발생할 수 있는 보안 위협과 프라이버시 침해 위험을 동반하게 될 것이다.

지속 가능성의 관점에서 검토해 볼 때, 고비용의 전문 장비와 고도로 숙련된 전문가가 필수적으로 요구되는 현재의 BCI 시스템이 안고 있는 경제적 부담 문제, 그리고 환자의 장기적 치료 순응도와 관련된 다양한 문제들을 체계적으로 해결해야만 비로소 의료 현장에서의 실질적 대중화가 가능할 것으로 판단된다. 이러한 복합적 과제들의 효과적 해결을 통해 BCI 기술이 진정한 의미에서 환자들의 삶의 질 향상에 기여할 수 있는 보편적 의료 솔루션으로 발전할 수 있을 것이다.

2. 인간 능력 증진과 트랜스휴머니즘은 BCI의 또 다른 가능성인가

BCI 기술이 의료 재활의 영역을 넘어 인지·감각·운동 등 다양한 인간 능력을 획기적으로 강화할 수 있는 잠재력이 주목받으면서, 인간과 기술 간의 경계가 점차 희미해져 가는 미래상을 더욱 구체적이고 현실적으로 상상할 수 있게 되었다. 뇌 신호를 직접 디지털 정보로 변환하여 외부 장치를 정밀하게 제어하거나, 역으로 디지털 정보를 뇌에 직접 전달하는 이러한 혁신적 기술은 단순한 재활 보조 기기의 범위를 훨씬 넘어서서 '트랜스휴머니즘(transhumanism)'이 상정하고 추구하는 '인간 능력의 획기적이고 근본적인 확장'을 실현할 수 있는 가장 대표적이고 실질적인 도구로 평가되고 있다.

트랜스휴머니즘은 첨단 기술이 생물학적 한계를 근본적으로 초월할 수 있는 미래를 적극적으로 상상하며, AI, BCI, 첨단 보조 장치 등의 혁신적 기술들을 인간 삶의 모든 영역에 유기적으로 통합하는 포괄적 방향성을 제시하고 있다(Togooch & Norovsambuu, 2025). 이러한 기술들의 의료, 교육, 산업 분야에 대한 광범위한 적용은 인간의 기본적 능력을 획기적으로 향상시킬 수 있는 무한한 가능성을 지니고 있다. 그러나 동시에 이는 기술에 대한 접근성 격차, 민감한 개인 정보 보호 문제, 인간 존재에 대한 실존적 위협 등 매우 심각하고 복합적인 윤리적 딜레마를 동반하고 있다는 점 또한 간과할 수 없다. 인간의 근본적 한계를 넘어서는 혁신적 기술적 진보가 실제로 구현될 경우, 전통적인 윤리 개념이나 인간성(humanity)에 대한 근본적 재정의가 불가피할 것으로 예상된다. 따라서 BCI가 인지, 감각, 운동 능력을 구체적으로 어떻게 확장할 수 있는지에 대한 대표적 사례들을 체계적으로 살펴봄으로써, 트랜스휴머니즘의 시각에서 발생할 수 있는 다양한 철학적, 윤리적 쟁점들을 심도 있게 논의할 필요가 있다.

첫 번째 주요 영역은 집중력과 학습 능력 향상 등을 포함하는 포괄적인 인지 강화 분야이다. BCI 기반의 정교한 뇌파 피드백 시스템은 사용자의 집중도를 실시간으로 정확하게 평가하고, 그 세밀한 정보를 적극 활용하여 학습 효율을 현저히 높이는 혁신적인 교육 및 훈련 방식으로서 큰 주목을 받고 있다. 뇌파, BCI, BMI 관련 연구들은 사회적 웰빙을 근본적으로 혁신할 수 있는 강력한 잠재력을 지닌 변혁적 분야로 급속히 부상하고 있는 상황이다. 특히 BCI 기술은 보조 기술 개발, 신경학적 이상 탐지, 집중력 향상을 위한 바이오피드백 메커니즘 구축 등 매우 다양하고 광범위한 분야에서 실질적으로 활용될 수 있는 가능성을 보여 주고 있다.

최근 EEG 데이터를 기반으로 한 뇌파 패턴과 집중 수준 간의 상관관계 탐색 연구에서는 매우 흥미로운 결과가 도출되었다. 연구 결과에 따르면, 인지적 몰입 수준에 따라 델타 및 베타 주파수 대역에서의 뇌파 활동이 뚜렷하고 일관된 변화 양상을 나타내는 것이 과학적으로 확인되었다(Velingkar, Kulkarni, & Patavardhan, 2024). 실제 교육 현장에서의 적용 사례를 살펴보면, 주의력 장애(ADHD)를 가진 학생들이 체계적인 뇌파 피드백 훈련을 받은 후 시험 성적이 통계적으로 유의미한 수준으로 향상되었다는 고무적인 실험 결과가 보고되기도 했다.

뉴로피드백 기술은 조작적 조건 형성의 원리를 통해 개인이 자신의 뇌 활동을 능동적으로 조절할 수 있도록 체계적으로 훈련시키는 EEG 기반의 정교한 바이오피드백 기법이다. 특히 뇌파의 피크 알파 주파수(Peak Alpha Frequency, PAF)는 인지 수행 능력과 양의 상관관계를, 아동기 이후의 연령과는 음의 상관관계가 있음이 과학적으로 명확히 밝혀졌다. 이러한 발견을 바탕으로 한 PAF 뉴로피드백 훈련은 인지 처리 속도와 실행 기능을 현저하게 향상시키는 것으로 확인되었다(Angelakis et al., 2007). 이는 BCI 기술이 단순한 뇌 신호 기록과 모니터링을 넘어서서 학습 행동과 인지 패턴을 능동적이고 근본적으로 변화시킬 수 있는 강력한 도구임을 명확히 드러내는 중요한 증거라고 할 수 있다.

다음으로 감각 능력 확장이라는 새로운 지각 채널의 창조를 생각해 볼 수 있다. 감각 능력 확장 분야에서는 전기적 자극(Intracortical microstimulation, ICMS)이 자연스러운 촉각과 일관된 지각적 편향을 유발할 수 있는지에 대한 중요한 연구가 진행되었다. 연구 결과, ICMS에 의해 유발된 자극의 강도가 종종 과대평가되는 등의 체계적인 편향 현상이 나타났으며, 이는 일차 감각 피질의 직접적인 활성화만으로도 자연스러운 지각 편향을 효과적으로 유도하기에 충분하다는 것을 과학적으로 입증하는 결과였다(Greenspon et al., 2024). 이러한 획기적인 연구 결과는 마비 환자 또는 의수 사용자에게 인공적이면서도 자연스러운 촉각 피드백을 제공하는 새로운 감각 채널의 혁신적 가능성을 보여 주는 중요한 기초 연구로 평가될 수 있다.

더 나아가 시각 보철 장치나 정교한 촉각 피드백 시스템을 BCI 기술과 유기적으로 결합할 경우, 기존 감각을 상실한 사람에게 효과적인 대체 감각을 제공하거나, 정상적인 감각 기능을 가진 사람에게도 기존에는 존재하지 않았던 완전히 새로운 감각 채널을 열어줄 수 있는 놀라운 가능성이 열리고 있다(Murphy & Fouragnan, 2024). 이러한 혁신적인 응용 기술들은 단순한 의료적 재활 목적을 훨씬 넘어서서, 일상적 생활과 전문적 업무 영역에서의 인간 퍼포먼스를 근본적으로 업그레이드하고자 하는 트랜스휴머니즘적 목표와 직접적으로 연결되는 중요한 의미를 갖는다.

그렇다면 윤리적 딜레마와 사회적 쟁점은 어떠할까. 이러한 인간 퍼포먼스의 혁신적 향상이 공정성의 원칙, 건강에 미치는 장기적 영향, 기술에 대한 과도한 의존성 문제 등을 복합적으로 동반한다는 점에서, 실제 사회적 도입을 시도할 때마다 심각하고 광범위한 사회적 논쟁이 불가피하게 촉발되고 있는 상황이다. 예를 들어, 스포츠 경기라는 공정성이 핵심인 영역에서 BCI 기술의 사용이 과연 허용될 수 있는가, 또한 군사 분야에서 인간의 자율성을 기계가 얼마나 광범위하게 보조하고 대체해도 되는가에 대한 명확하고 구체적인 규범적 기준이 시급히 마련되어야 할 필요성이 제기되고 있다.

특히 디지털 기술과 인간의 뇌 사이의 양방향 소통이 본격적으로 가능해질 경우, 전통적 의미에서 이해되어 온 인간 정체성이나 의식에 대한 근본적 개념이 크게 변화할 수 있다는 점이 가장 심각한 우려 사항 중 하나로 지적되고 있다. 더욱 극단적인 시나리오로, 뇌-기계 결합을 통해 인공적 불멸을 추구하거나 인간의 감정을 기술적으로 제어할 수 있다는 미래적 전망은 인간성 자체가 근본적으로 훼손될 수 있다는 강력한 비판과 우려를 불러일으키고 있다.

기술이 인간의 능력을 지나치게 보완하거나 전면적으로 대체하게 될 경우, 결국 인간의 존엄성과 자유 의지라는 핵심적 가치를 어떻게 정의하고 보호해야 하는지에 대한 근본적이고 실존적인 의문이 제기될 수밖에 없다. 가장 심각하고 복합적인 문제는 인간의 생각과 감정을 데이터화하여 알고리즘에 의존하게 될 경우 발생하는 '내가 느끼고 생각하는 것의 어디까지가 진정한 나 자신인가?'라는 철학적 질문과, 기계 알고리즘이 깊이 개입하는 의사 결정 과정을 과연 진정한 자율성이라고 볼 수 있는지에 대한, 복잡하고 민감한 윤리적 쟁점의 대두이다.

따라서 우리가 고려해야 할 것이 교육적 대응과 미래 과제이다. BCI 기술이 지닌 혁신적 잠재력과 긍정적 가능성을 적극적으로 수용하되, 동시에 사회적, 교육적, 정책적 차원에서 그 부작용과 위험성을 효과적으로 최소화할 수 있는 포괄적이고 체계적인 다학제적 논의가 매우 시급한 상황이다. 특히 초등 도덕과 AI 윤리 교육을 비롯한 공교육 현장에서는 기술에 대한 과도한 의존이 개인의 자율성과 사생활을 심각하게 침해하지 않는지, 사회적 불평등과 격차를 더욱 심화시키지 않는지 등을 비판적이고 성찰적으로 검토하는 고도의 역량을 체계적으로 길러 주는 것이 무엇보다 중요하다.

이는 학생들이 단순히 미래의 기술 사회에 수동적으로 적응하는 차원을 넘어서서, 인간의 존엄성과 공동체적 가치를 견고히 지키면서 동시에 첨단 기술을 진정한 의미에서 온전한 도구로 현명하게 활용할 수 있는 능력을 함양하기 위해 필수적으로 요구되는 핵심적 역량이라고 할 수 있다. 궁극적으로 BCI 기술과 트랜스휴머니즘이 제시하는 미래상이 인간의 번영과 행복에 기여할 수 있도록 하기 위해서는, 기술적 발전과 인문학적 성찰, 사회적 합의가 조화롭게 이루어지는 통합적 접근이 반드시 필요할 것이다.

IV. 경계를 넘어서: 인간 증진(Human Enhancement) 기술이 제기하는 윤리적 쟁점

1. 뇌 정보 프라이버시: 인간 자율성과 신경권(Neurorights)

인간의 뇌를 전자 장치나 컴퓨터 소프트웨어에 직접 연결할 수 있는 기술적 가능성이 점점 더 현실화되고 구체화됨에 따라, 이러한 혁신적 기술은 의학, 군사, 그리고 엔터테인먼트 분야에서 매우 다양하고 광범위하게 활용될 수 있는 잠재력을 보여 주고 있다. 현재 실용화되고 있는 구체적인 기술들로는 인공 와우(cochlear implant), 심부 뇌 자극(Deep Brain Stimulation), 뉴로피드백, 신경 보철 장치(neuroprosthesis) 등이 대표적인 사례로 꼽힌다(Schermer, 2009).

BCI 기술의 핵심적 기능은 실시간으로 발생하는 뇌 신호를 정밀하게 분석하고 해석하여 다양한 기기의 동작을 효과적으로 제어하거나 의미 있는 메시지를 생성할 수 있다는 점이다. 그런데 이러한 복잡한 과정에서 알고리즘이 신호에 포함된 노이즈를 잘못 분류하거나 해석 과정에서 오판을 범할 경우, 사용자의 실제 의사나 진정한 욕구가 심각하게 왜곡될 수 있는 위험성이 상존한다. 분류 기법은 복잡하고 다층적인 신호를 의미 있는 레이블로 변환하는 데 매우 유용한 도구이지만, 동시에 신호를 사용자가 실제로 의도한 것과는 완전히 다른 명령으로 잘못 해석할 가능성을 내재하고 있다. 이러한 분류 오류는 특히 레이블이 정보 학습 또는 물리적 장치 제어에 직접적으로 사용되는 과제에서 심각한 성능 저하로 이어질 수 있다(Poonawala, Alshiekh, Niekum, & Topcu, 2017).

완전 마비 환자처럼 외부와의 의사소통 수단이 극도로 제한된 개인들에게는 BCI 기술이 새로운 소통의 창구로서 큰 도움과 희망을 제공할 수 있지만, 동시에 기술에 대한 과도한 의존성으로 인해 '진정한 자기 결정권'이 근본적으로 침해될 수 있는 잠재적 위험이 항상 존재한다는 점을 간과해서는 안 된다.

브레인-머신 상호 작용이 초래한 인간과 기계 사이 전통적 경계의 점진적 흐려짐은 우리가 세상을 이해하고 사고하는 데 오랫동안 사용해 온 익숙하고 견고한 범주들에 대한 근본적인 도전이다. 인체에 인공적인 부품이 더 많이 삽입되고 광범위하게 추가될수록, '어디까지가 인간이고, 어디서부터 기계인가'에 대한 불확실성과 혼란이 기하급수적으로 커지고 있다. 이러한 상황에서 세 가지 핵심적인 철학적 질문이 필연적으로 제기될 수 있다.

첫째, 인간과 기계의 전통적 구분에 대한 재고다. 인류는 더 이상 전통적인 '인간 혹은 기계'라는 이분법적 틀에 갇히지 않고, 인간과 기계가 유기적으로 결합된 존재인 '사이보그(cyborg)'라는 새로운 존재 양식과 점점 더 가까이 직면하게 될 것이다. 오랜 세월 동안 우리는 인간과 우리가 일상적으로 사용하는 도구, 기계, 각종 장치 사이를 비교적 명확하고 쉽게 구분할 수 있었다. 그러나 현대 사회에서 우리의 삶은 기계와, 더 넓게는 첨단 기술과 점점 더 복잡하고 깊게 얽히게 되었으며, 우리는 일상생활의 거의 모든 측면에서 다양한 형태의 기술에 광범위하게 의존하게 되었다.

이제는 인간의 신체 일부조차 첨단 기술로 대체되거나 효과적으로 보완되는 일이 점점 더 흔하고 자연스러운 현상이 되어가고 있다. 이러한 상황에서 도덕적으로 진정 중요한 구분은 전통적인 인간과 기계의 이분법이 아니라, 인격체와 비인격체 사이의 근본적 구분이 될 수 있다는 새로운 관점이 제기되고 있다. 이러한 혁신적 구분법은 인간과 기계 사이의 전통적인 구분과 반드시 완전히 일치하지는 않는다는 점에서 주목할 필요가 있다. '인격체'라는 개념은 여전히 매우 유용하고 중요한 가치를 지니고 있지만, 인간의 신체적 경계는 기술 발전과 함께 점점 더 모호하고 유동적인 것이 될 가능성이 높다.

둘째, 신체와 정신의 전통적 이원론에 대한 도전이다. 정신적 활동과 기능은 과학에 의해 점점 더 뇌의 물리적이고 생물학적인 기능으로 이해되고 있으며, 이는 정신을 육체적이고 기계적인 용어와 개념으로 설명하려는 환원주의적 경향으로 자연스럽게 이어지고 있다. 이러한 패러다임의 근본적 변화는 자유 의지나 도덕적 책임이라는 전통적이고 핵심적인 개념에 관한 매우 중요하고 복잡한 철학적 질문들을 불가피하게 불러일으키고 있으며, 그 광범위한 여파는 법학과 사법 분야에까지 깊고 광범위하게 미칠 수 있는 상황이다.

특히 브레인-머신 인터페이스의 혁신적 발전은 도덕적, 법적 책임의 분배와 귀속에 관한 매우 흥미롭고 복잡한 새로운 질문들을 지속적이고 체계적으로 제기하고 있다(Schermer, 2009). 예를 들어, BCI 시스템의 오작동이나 알고리즘의 잘못된 해석으로 인해 발생한 행동에 대해서는 누가 최종적인 책임을 져야 하는가? 사용자인가, 기술 개발자인가, 아니면 시스템 운영자인가? 이러한 질문들은 기존의 법적 프레임워크로는 해결하기 어려운 새로운 차원의 도전을 제시하고 있다.

셋째, 신경권(Neurorights)의 새로운 패러다임이다. 정신적 프라이버시, 심층 동의(deep consent), 데이터 해석에 대한 통제권 등을 핵심적 내용으로 하는 신경권(Neurorights)이라는 새로운 권리 개념도 매우 주목할 필요가 있는 중요한 이슈이다. 개인이 원치 않는 방식으로 무의식적 뇌 신호가 무단으로 분석되고 조작될 우려가 현실적으로 커졌기 때문에,

이러한 상황에서는 기존의 전통적인 개인 정보 보호 개념보다 훨씬 더 민감하고 깊은 차원의 포괄적 보호가 절대적으로 필요하다.

여기에는 반드시 정교하고 체계적인 법률적 고려 사항이 함께 이루어져야 하는데, 예를 들어 보다 세밀하고 지속적인 설명에 기반한 동의 절차를 바탕으로 사용자가 언제든지 자신의 뇌 정보 활용 범위를 자유롭게 수정하거나 완전히 철회할 수 있는 권리가 법적으로 보장되어야 한다는 것이다. 이는 뇌와 마음이라는 영역이 각 개인만의 고유하고 신성한 사적 공간임을 명확히 인식하게 해 주는 교육적 접근 방식과도 본질적으로 맞닿아 있는 중요한 문제이다.

결국 우리가 추구해야 할 방향은 개인의 자율성과 존엄성을 확고히 보장하는 것과 혁신적인 기술 발전을 촉진하는 것 간의 섬세하고 지혜로운 균형을 찾는 것이다. BCI 기술이 가져올 수 있는 엄청난 의료적, 사회적 이익을 포기할 수는 없지만, 동시에 그 과정에서 인간의 근본적 가치와 권리가 훼손되어서도 안 된다는 점이 핵심이다. 이를 위해서는 기술 개발자, 의료진, 법학자, 윤리학자, 그리고 일반 시민들이 모두 참여하는 포괄적이고 지속적인 사회적 대화와 합의 과정이 필수적이다. 특히 교육 시스템에서는 학생들이 이러한 복잡한 윤리적 쟁점들을 비판적으로 사고하고 성찰할 수 있는 능력을 기를 수 있도록 체계적인 교육 과정을 마련해야 할 것이다. BCI 기술과 관련된 윤리적 쟁점들은 기술적 문제로 치부하기보다 인간 존재의 본질과 미래 사회의 방향성에 관한 근본적인 질문들을 담고 있다고 보아야 할 것이다. 따라서 이러한 문제들에 대한 깊이 있는 성찰과 신중한 접근이 그 어느 때보다 중요한 시점이라고 할 수 있다.

2. AI 윤리 교육에서 BCI 이슈 활용 방법

BCI를 비롯한 AI 기술이 인간의 삶과 사고방식을 근본적으로 바꿀 수 있다는 사실을 초등학교 단계에서부터 체감하고 성찰하도록 교육하는 일은, 미래 사회의 시민을 길러 내기 위한 핵심 과제다. 이를 위해서는 단순한 기술 전수나 정보 제공을 넘어, 학생들이 스스로 문제를 발견하고 해결책을 모색하는 사례 기반 학습, 비판적 사고 훈련, 실천 활동이 함께 이루어져야 한다. 아래와 같이 BCI와 AI 윤리를 핵심 주제로 삼아, 학생 주도 교수·학습 방법을 구체적으로 적용할 수 있다.

첫째, 글쓰기 활동이다. '만약 내 뇌 신호가 잘못 해석된다면?'이라는 주제를 중심으로 조별 연극 대본을 작성하도록 할 수 있다. 가상 시나리오를 활용해 'BCI를 통해 내 머릿속 정보가 타인에게 유출된다면?'과 같은 상황을 제시하면, 학생들은 기술적 오작동과 프라이버시 문제를 보다 몰입감 있게 체험하고 토론할 수 있다. 이러한 활동을 통해 초등학생들은 기술이 제공하는 편리함을 인식하는 동시에, 개인 정보 오남용과 자율성 침해 같은 위험성 역시 구체적으로 파악하게 된다.

둘째, 활동 과정에서 롤플레이(Roll-Play) 기법을 적용하는 것도 효과적이다. 일부 학생은 BCI 기술의 '사용자', 다른 학생은 '개발자'나 '해커', 혹은 '윤리 위원회'나 '규제 기관'의 입장이 되어 서로의 권리와 책임을 논의함으로써, 잠재적 분쟁과 윤리적 갈등을 입체적으로 이해하게 된다. 이렇게 다양한 관점을 탐색하는 경험을 통해 학생들은 'AI 기술은 좋다 혹은 나쁘다'라는 단순한 이분법을 넘어, '인간 존엄과 권리를 보호하면서 기술 혁신을 수용하는 길은 무엇인가'라는 보다 고차원적 질문으로 사고를 확장할 수 있다.

셋째, 교육 과정의 통합을 통해 도덕·과학·실과 교과와의 연계를 자연스럽게 구성할 수 있다. 도덕에서는 자율성·타인의 권리·책임을, 과학이나 실과에서는 뇌와 몸의 구조, 전기 신호의 원리, 데이터 활용 방식을 학습하게 하여, 학생들이 AI와 뇌신경과학을 '삶의 문제'로 통합적으로 이해하도록 돕는다. 예컨대 '기계가 내 의사와 다르게 반응한다면 어떨까?'라는 질문으로 출발해 기술 의존성이 초래할 윤리적 딜레마를 탐구하고, 동시에 뇌 신호의 생물학적 원리를 설명함으로써 지식 교육과 가치 교육을 병행할 수 있다.

넷째, 프로젝트 학습을 통해 학생들은 미래의 생활상을 직접 구상하고, 'BCI가 일상화된 사회에서 지켜야 할 규칙'이나 '내 뇌 신호를 안전하게 보호하기 위한 사회적 제도'를 제안해 볼 수 있다. 이러한 창의적 활동은 '자신뿐 아니라 타인의 권리도 보호하려는 공감과 책임'을 자연스럽게 함양하도록 하며, 국제 사회 차원의 규범 제정이나 형평성 문제로까지 시야를 넓히는 계기를 제공한다. 예를 들어 '기술 격차로 인해 특정 계층만 BCI 혜택을 누리는 상황이 온다면, 어떻게 대처해야 할까?'와 같은 토의를 이끌면, 학생들은 글로벌 시민성과 도덕적 상상력을 함께 기를 수 있다. 이를 표로 정리하면 <표 1>, <표 2>와 같다.

<표 1> BCI를 주제로 한 AI 윤리 수업 방법(예시)

활동 유형	수업 목표	수업 방법	유의점	기대 효과
글쓰기 및 시나리오 활동	BCI 기술의 위험성과 윤리적 딜레마를 탐구하고 성찰	가상 시나리오에 기반한 연극 대본 작성 및 토론	학생 수준에 맞는 시나리오 제공 및 개인정보 개념 명확화	기술의 편리함과 위험성을 균형 있게 이해
롤플레이 (Roll-Play)	기술 관련 다양한 입장을 이해하고 책임 있는 토론 능력 함양	학생들이 역할을 맡아 입장별 토의 및 갈등 분석	편견 없이 역할에 몰입하도록 지도하고 상호 존중 유도	윤리적 갈등 상황에 대한 판단력 및 표현력 향상
교과 통합 수업	AI 및 BCI 기술을 과학적·도덕적으로 통합적으로 이해	도덕, 과학, 실과 교과와 연계한 문제 기반 수업	교과 목표와 AI 윤리 주제를 유기적으로 연결할 수 있도록 설계	지식과 가치에 대한 통합적 사고력 증진
프로젝트 학습	창의적으로 미래 사회를 설계하고 규범적 사고를 기름	미래 기술 사회에 필요한 규칙이나 제도 제안 활동	현실 기반의 문제 상황을 제시하고 공감 능력 함양 유도	글로벌 시민성, 공감 능력 및 책임감 향상

<표 2> BCI를 주제로 한 AI 윤리 생각할 문제(예시)

영역	주요 내용	생각할 문제	교육적 접근 방향
기술적 측면	뇌 신호의 해석 오류 가능성, 알고리즘의 분류 오류 및 성능 저하 문제	알고리즘이 내 뇌 신호를 잘못 해석하면 어떤 일이 벌어질까?	기술의 한계와 오류 가능성을 탐색하고 문제해결적 사고를 기르기
인간 존재론적 측면	인간과 기계의 경계 모호화, 사이보그 개념, 인격체와 비인격체 구분	기계로 보완된 내 몸은 여전히 '나'일까? 어디까지가 인간일까?	인간 정체성과 존엄성에 대해 토론하며 복합적 관점 이해하기

심리·정신적 측면	정신과 뇌의 동일시 경향, 자유 의지와 책임에 대한 개념 변화	기계가 내 생각을 예측하고 대신 행동하면, 나는 여전히 자유로운가?	도덕적 책임과 자유 의지를 다양한 시나리오로 논의하기
법·윤리적 측면	신경권(Neurorights), 뇌 정보 프라이버시, 심층 동의 및 데이터 통제권	내 뇌의 정보는 누구의 것인가? 나는 내 정보를 언제든 철회할 수 있을까?	심층 동의의 의미와 데이터 주권 개념을 이해하고 실천 방안 고민하기

<표 3>은 BCI 윤리를 주제로 한 교육에서, 학년군별 인지 및 사회·정서적 발달 특성에 맞춘 교육 목표, 주요 활동, 핵심 역량, 윤리 주제를 단계적으로 정리한 예시다. 이 표는 학년이 올라갈수록 목표·활동·역량·주제가 유기적으로 심화되도록 설계함으로써, 학년별로 점진적이고 통합적인 윤리적 사고 능력을 계발하도록 하는 교육 설계를 제안한다. 이는 교사의 재량에 따라 학교급별과 학년별로 새롭게 수정하여 적용 가능하다.

<표 3> BCI 윤리 교육 학교급별 수업 활동(예시)

학년군	목표	주요 활동	핵심 역량	윤리 주제
초등학교 중학교	BCI 신호 해석 오류와 그로 인한 윤리 문제를 탐색하고 창의적으로 표현	그림책 제작, 4컷 만화 만들기, 신호 오류에 다른 윤리 문제 분류 활동	윤리적 상상력, 비판적 사고	기술의 오류 가능성, 해석의 윤리

고등학교	BCI 관련 윤리 이슈(개인 정보, 자율성, 형평성, 신경권 등)를 토론하고 해결안 설계	모의 공청회, 캠페인 포스터 제작, 규범 제안 프로젝트	비판적 사고, 공동체 책임감	기술과 인권, 공정한 접근, 사회적 책임

<표 3>은 기술을 피상적으로 소개하는 데 그치지 않고, BCI라는 첨단 기술이 아이들의 도덕적 상상력과 시민적 책임 의식을 기를 수 있도록 체계적으로 설계된 수업 방향의 한 예다. 초등학교 또는 중학교 학생들은 BCI가 단지 신기한 도구가 아니라 잘못 작동할 가능성을 지닌 기술임을 인식하고, 그로 인해 발생할 수 있는 윤리적 문제에 주목하게 된다. 이 시기는 논리와 인과 관계에 대한 이해가 점차 성숙하는 단계이므로, 수업은 '뇌 신호가 기계로 잘못 전달되었을 때 어떤 일이 생길까?'라는 중심 질문을 토대로 구성할 수 있다. 학생들은 상상력을 발휘해 신호 오류로 인해 발생할 수 있는 윤리적 쟁점을 그림책이나 네 컷 만화로 표현하면서, 기술적 오류가 초래하는 도덕적 결과를 비판적으로 사고하는 기초 역량을 키운다. 한편 고등학교 단계에서는 BCI가 개인의 삶과 사회 전반에 미치는 윤리적 파장을 심층적이며 본격적으로 다룬다. 특히 개인 정보 유출, 자율성 침해, 기술 접근의 불평등과 같은 주제를 학생들이 직접 탐구하고 해결 방안을 제안하는 프로젝트 기반 학습이 효과적이다. 예컨대 모의 공청회나 지역 사회 캠페인 포스터 제작 활동을 통해 다양한 이해관계자의 입장을 고려하며, 모두에

게 공정한 BCI 사회를 만들기 위한 규범을 학생들 스스로 설계·제안해 볼 수 있다. 이러한 과정은 공동체에 대한 책임감과 시민적 태도를 함양하는 데 매우 의미 있는 교육 경험이 된다.

교사가 이러한 수업을 운영할 때에는 몇 가지 유의점과 고려 사항이 필요하다. 첫째, 학년이나 학교급별 인지 발달 수준에 맞추어 개념의 깊이와 설명 방식을 조절해야 한다. 예를 들어 어린아이들에게는 시각 자료와 동화 중심의 접근이, 청소년들에게는 토론과 탐구 중심의 수업이 적합하다. 둘째, 교사는 BCI와 관련된 기술 원리, 활용 사례, 윤리적 쟁점에 관한 충분한 사전 지식을 갖추고, 학생들의 다양한 질문에 성실히 대응할 준비를 해야 한다. 셋째, 놀이와 프로젝트 활동이 단순한 체험에 머물지 않도록 교육 목표와의 연계를 분명히 하고, 활동의 의도와 평가 기준을 명확히 설정해야 한다. 넷째, 수업에서는 개인 정보나 인권 등 민감한 주제를 다루므로, 학생 간 상호 존중과 개방적 토론 분위기를 조성하는 일이 중요하다. 마지막으로, 모든 수업 단계에서 사고의 출발점을 '나의 문제'에 두되 점차 '타인과 공동체의 문제'로 확장하도록 지도하는 것이 바람직하다.

결국 AI 윤리 교육은 최신 기술에 대한 단편적 소개나 흥미 유발을 넘어, 자율성, 프라이버시, 형평성, 공공선과 같은 핵심 가치를 학생들이 스스로 정의하고 실천 방안을 모색하도록 이끄는 데 목적이 있다. 이는 BCI 기술의 발전이 야기할 수 있는 윤리적·사회적 과제에 대비해, 학습자들이 진취적이면서도 책임 있는 시민으로 성장할 수 있도록 하는 기초를 마련해 준다. 특히 '뇌 정보는 누구의 것인가?', '기계가 내 생각을 완벽히 대변할 수 있는가?'와 같은 질문을 지속적으로 제기함으로써, 학생들은 인간의 사고와 기계적 해석이 언제나 일치하지 않을 수 있음을 깨닫고, 그 간극에서 발생할 수 있는 윤리적 쟁점을 스스로 탐색하게 된다. 이러한 경험이 차곡차곡 축적될 때, BCI는 '인간 증진'과 '사회적 공익'을 동시에 달성할 수 있는 도구로 자리매김할 것이며, 초등 AI 윤리 교육은 그 기반을 다지는 출발점이 될 것이다.

V. 나오는 글: 증강된 인간, 변화하는 인간성의 미래

뇌-컴퓨터 인터페이스(BCI)는 인간의 신경 신호를 직접 기계 명령으로 전환함으로써, 질병 극복과 능력 확장이라는 이중적 가능성을 동시에 구현한다. 사지 마비 환자 놀랜드 아보가 뉴럴링크를 통해 생각만으로 디지털 세계와 소통하며 새로운 삶의 통로를 열어 간 사례는, BCI가 의학·재활·일상생활 전반에 가져올 혁명적 변화를 예고한다. 그러나 BCI의 의미는 여기에 머물지 않는다. 인공지능(AI)과 결합된 BCI는 인간의 기억력, 집중력, 감정 조절 능력까지 증강할 수 있는 잠재력을 지니면서, 트랜스휴머니즘적 미래를 사변적 논의에서 현실적 의제로 끌어올렸다.

이제 우리는 동일한 기술이 한 사람에게는 상실된 기능을 회복시키는 치료(therapy)의 도구가 되고, 다른 누군가에게는 정상 범위를 넘어서는 증진(enhancement)의 수단이 되는 경계 지점에 서 있다. 이 과정에서 인간의 자율성·정체성·존엄성을 둘러싼 윤리적 질문은 한층 첨예해지며, '인간다움(humanity)'의 조건 자체가 근본적으로 재정의되도록 요구받고 있다. 우리는 더 이상 '기술이 무엇을 할 수 있는가'만을 묻는 것이 아니라, '기술이 인간을 어떻게 변화시킬 것이며, 그 변화를 어떻게 통제하고 방향 지을 것인가'를 물어야 하는 시대에 진입했다.

그러나 BCI의 기술적 경이로움은 그에 상응하는 강력한 '그림자'를 동반한다. 뇌 데이터 해킹과 정신적 프라이버시 침해는 개인의 가장 내밀한 영역인 '생각'까지 외부에 노출될 수 있음을 의미하며, 이는 단순한 정보 유출을 넘어 정신적 자율성의 근본적 위협으로 이어진다. 사용자가 자신의 의지와 무관하게 BCI 시스템에 의해 영향을 받거나 통제당할 가능성, 뇌 신호 데이터가 상업적·정치적 목적으로 악용될 위험 또한 간과할 수 없다.

더욱 심각한 것은 기술 격차에 따른 불평등 문제이다. 고비용의 BCI 장비와 시술은 경제적 여력이 있는 소수에게만 접근 가능하며, 이는 '증강된 엘리트'와 '일반 인간' 사이의 새로운 계급 구조를 만들어 낼 수 있다. 인지 능력의 격차가 사회 경제적 격차로 고착화되는 디스토피아적 미래는 더 이상 공상 과학의 영역이 아니다. 만약 인류가 이러한 문제에 대한 선제적·집단적 해법을 마련하지 못한다면, BCI는 인간 해방의 도구가 아니라 또 다른 사회적 갈등과 지배의 수단으로 전락할 위험이 크다. 이러한 양면성을 직시하면서, 본 장에서는 BCI 시대를 인간 중심적으로 설계하기 위한 다섯 가지 실천 전략을 제안한다.

첫째, 신경권(Neurorights) 제도화를 통한 권리 체계의 재구축이다. 정신적 프라이버시권, 인지적 자유권, 심층적 동의(deep consent), 뇌 데이터 해석에 대한 통제권을 법적으로 명문화하여, 기술 개발·운용·평가의 전 과정에서 준수해야 할 최소 기준으로 확립해야 한다. 칠레가 2021년 세계 최초로 헌법에 신경권을 명시하고, 브라질이 뒤를 이은 사례는 이러한 움직임의 선구적 모델이다. 각국은 자국의 법체계 안에 신경권을 구체화하고, 이를 실질적으로 보호할 수 있는 집행 체계를 갖춰야 한다.

둘째, 기술적·제도적 안전장치의 통합적 구축이다. 실시간 뇌 해킹 방지 시스템, 신경 데이터의 종단간 암호화(end-to-end encryption), 다중 인증 체계, 익명화 프로토콜과 같은 기술적 보호 조치는 그 자체로는 불완전하다. 이러한 기술적 장치가 법률·규제·윤리 가이드라인과 긴밀히 연동되어 작동할 때만 실질적 안전망이 형성된다. 기술 개발자, 정책 입안자, 의료 전문가, 시민 사회가 협력하여 '설계 단계부터의 윤리(ethics by design)' 원칙을 구현하고, 사후 규제가 아닌 사전 예방 중심의 거버넌스 체계를 확립해야 한다.

셋째, 형평성 확보와 글로벌 접근성 보장이다. BCI 기술이 소수 특권층의 전유물로 남지 않도록, 공적 의료 보험 체계 내에서의 지원, 공공 R&D 투자, 오픈 소스 기술 개발 촉진 등 다층적 정책 개입이 필요하다. 국제 공조를 통해 개발 도상국과 저소득층에게도 BCI 기술의 혜택이 공정하게 분배되도록 해야 하며, 기술 격차가 인간 능력 격차로, 나아가 사회적 계층화로 고착되는 것을 막기 위한 적극적 조치가 요구된다. '기술적 평등'은 단순한 이상이 아니라, 민주주의 사회의 지속 가능성을 위한 필수 조건이다.

넷째, 국제 공동 규범의 구축이다. BCI의 군사적 악용, 대량 감시 체계로의 전용, 비윤리적 인체 실험을 방지하기 위한 글로벌 협약을 마련해야 한다. 핵무기 확산 방지 조약(NPT)이나 생물 무기 금지 협약(BWC)과 유사한 수준의 국제적 합의가 필요하며, 이는 국가 간 신뢰 구축과 투명성 확보를 전제로 한다. 유엔, WHO, IEEE 등 국제기구가 주도하고 각국 정부·기업·시민 사회가 참여하는 다자간 협력 플랫폼을 통해, BCI 생태계 전반에 적용 가능한 윤리적 안전판을 구축해야 한다.

다섯째, 교육 현장에서의 선제적 대응이다. 이는 가장 근본적이면서도 장기적인 전략이다. 학령기부터의 AI 윤리 교육은 기술의 잠재력과 위험성을 균형 있게 다루며, 학생들에게 자율성·책임·공공선의 가치를 체화시킨다. 추상적 원칙 전달이 아닌, 구체적인 시나리오 기반 학습, 롤플레이, 토론 활동을 통해 학생들은 '능력 증강'과 '인간 존엄' 사이의 긴장을 스스로 사유하고 판단하는 능력을 기를 수 있다. 교사 연수 프로그램 개발, 커리큘럼 통합, 가정 및 지역 사회와의 연계를 통해 이러한 교육의 효과는 극대화될 것이다. 어린 시절의 윤리적 감수성은 성인이 되어서도 기술 선택의 나침반으로 작용하며, 사회 전체의 윤리적 역량을 상향 평준화하는 기반이 된다.

종합하면, BCI는 인류에게 유례없는 기회를 제공하는 동시에 전례 없는 윤리적·사회적 숙고를 요구한다. 기술 혁신의 속도에 뒤처지지 않는 제도적·사회적 합의가 병행될 때, 그리고 그 합의가 인간의 존엄성과 공공선을 중심에 둘 때, BCI는 장애 극복과 인간 능력 향상을 아우르는 진정한 인간 중심 기술(human-centered technology)로 자리매김할 수 있다.

그러나 이러한 미래는 저절로 도래하지 않는다. 그것은 오늘 우리가 내리는 선택, 우리가 구축하는 제도, 우리가 교육하는 가치관에 달려 있다. 특히 교육 현장에서의 선제적 노력은 단순히 미래 세대를 준비시키는 것을 넘어, 사회 전체의 윤리적 토양을 비옥하게 만드는 작업이다. 학령기의 공감·비판적 사고·책임 학습 경험은, 미래 사회의 시민이 '능력 확장'과 '인간 존엄' 사이의 균형을 스스로 설계하고, 기술을 인간의 가치에 복속시킬 수 있는 단단한 토대를 제공할 것이다.

결국 BCI 시대의 핵심 질문은 "우리가 어디까지 갈 수 있는가"가 아니라, "우리가 어떤 인간으로 남고 싶은가"이다. 기술이 인간을 규정하는 것이 아니라, 인간이 기술의 방향을 결정하는 주체로 남을 수 있도록, 지금 이 순간부터 집단적 지혜와 윤리적 성찰을 모아야 한다. 증강된 인간이 여전히 '인간다운' 존재로 남을 수 있는 미래, 그것은 우리 모두의 책임이자 선택이다.

제9장.
존재의 목자(牧者), 알고리즘의 시대
: 하이데거 기술철학으로 설계하는
존재론적 인공지능 윤리 교육

I. 들어가는 글

> "인간의 조건에 일어난 가장 급진적인 변화는 근대의 도래이며,
> 이는 '호모 파베르'의 승리를 가져왔다."
>
> - Hannah Arendt, *The Human Condition*(1958)

인류 역사에서 기술은 단순히 생산 도구에 그치지 않고, 사회의 권력 구조·계층 질서·가치관까지 근본적으로 재편하는 결정적 동력으로 작용해 왔다. 기술은 인간의 실존적 결핍을 보완하는 매개체인 동시에, 갈망의 지도를 형성하고 확장하는 구성적 역할을 수행한다. 인간은 욕구가 커질수록 기술에 더 깊이 의존한다. 그러나 이 의존은 어느 순간 통제를 벗어나며, 자신을 규정하는 주체는 인간이 아닌 기술

이 되어 버린다. 기술의 속성을 탐구함에 있어 공학 중심 기술철학은 규범적 평가보다는 서술적 분석에 방점을 둔다. 해당 접근은 공학적 실천과 산물을 둘러싼 방법론적·인식론적 쟁점을 명료하게 기술하는 것을 일차적 목표로 삼는다(Brey, 2010). 우리는 오래도록 기술 그 자체에는 선악이 없으며, 도덕적 평가의 대상이 되는 것은 오직 그것을 사용하는 인간의 의도라고 믿어 왔다. 이러한 도구적 기술관은 기술을 윤리적 성찰의 외부에 놓인 중립적 수단으로 간주하게 만들며, 기술이 실질적으로 행사하는 규정력을 충분히 인지하지 못하게 하는 결과를 초래한다.

그러나 생성형 AI와 플랫폼 기반 추천 알고리즘의 사례에서 드러나듯, 현대 기술은 단순한 편의 제공 장치에 머무르지 않는다. 이들은 사용자가 어떤 정보에 노출되고 무엇을 의미 있게 여길지의 범위를 구조적으로 선별·배열함으로써, 관심의 구조와 선택의 지평을 선행적으로 구성하는 매개로 작동한다. 이러한 점에서 기술은 인간 외부에 놓인 중립적 도구가 아니라, 인지·정동·행위 양식을 넘어 무엇을 가치 있는 것으로 판단할지에 관한 규범적 기준에까지 영향을 미치는 존재론적 조건으로 이해될 필요가 있다. 나아가 20세기 말 이후 등장한 다양한 첨단 기술들은 더 이상 상황에 따라 선택적으로 활용되는 보조적 장치가 아니라, 사회 운영 체제와 인간의 세계 경험 방식을 동시에 재편하는 포괄적 기술 환경으로 자리 잡고 있다. 이러한 기술들은 과거에는 불가능했던 방식으로 우리의 인식 체계, 인간관계의 양상, 경제 구조, 문화적 실천을 전면적으로 재편하고 있다. 더 이상 인간이 기술을 일방적으로 지배하는 것이 아니라, 양자 간의 경계가 흐려지며 복잡한 상호 의존 관계가 형성되고 있다. 이제 기술은 단지 인간의 목적을 효율적으로 실현하는 중립적 매개체가 아니다. 오히려 인간의 행위 방식과 선택지를 미리 규정하고, 특정한 삶의 방식을 강제하는 구조적 틀로 작동한다는 비판이 제기되고 있다.

기술에 대한 인간의 통제 가능성이 한계에 직면하면서, 기술의 존재론적 지위와 고유한 특성을 묻는 본질적 질문이 부각되고 있다. 기술의 '사용'에 관한 윤리에서 한 차원 나아가 기술의 '존재' 자체를 성찰해야 하는 단계에 이른 것이다. 따라서 기술을 인간이 통제 가능한 중립적 수단으로만 간주하는 도구주의적 관점으로는 오늘날 기술이 불러일으키는 윤리적·철학적 난제들을 제대로 포착하지 못한다.

이러한 맥락에서 오래전 하이데거의 통찰은 우리에게 깊은 울림을 제공한다. 하이데거(Martin Heidegger)는 『존재와 시간(Sein und Zeit)』과 「기술에 대한 물음(Die Frage nach der Technik)」에서 기술의 존재론적 근거를 탐색하며, 기술이 도구적 차원에 환원될 수 없음을 밝힌다. 특히 『존재와 시간』에 나타난 '용재성(Zuhandenheit, Zuhandensein)' 개념은 사물이 독립된 실체로서가 아니라, 인간의 실천적 관여와 유의미한 맥락 안에서 비로소 그 존재 의미를 획득함을 시사한다. 용재성이란 특정 목적과 상황 안에서 도구가 사용될 때 그 본래적 의미와 존재 방식이 드러나는 현상을 지칭한다(하이데거, 이기상 역, 1998). 이러한 존재론적 통찰은 「기술에 대한 물음」으로 확장되며, 현대 기술을 도구적 수단으로만 이해할 수 없다는 보다 급진적인 논의로 발전한다. 하이데거는 현대 기술이 세계를 특정한 방식으로 드러내고 조직하는 존재론적 힘을 지니고 있음을 강조하며, 이를 통해 기술에 대한 새로운 사유의 지평을 열어 놓는다.

이번 장에서 다루게 될 핵심 질문은 다음과 같다. 첫째, 하이데거의 용재성(Zeughaftigkeit) 개념은 기술을 단순한 도구로 보는 전통적 관점을 어떻게 근본적으로 재구성하는가? 둘째, 현대 기술을 '닦달(Gestell)'로 이해할 때, 인공지능과 같은 첨단 기술이 인간 존재와 세계를 조직하는 방식은 무엇이며, 이것이 AI 윤리에 던지는 함의는 무엇인가? 셋째, 존재 망각의 시대에 '내맡김(Gelassenheit)'과 '시적 사유(dichtendes Denken)'는 AI 윤리 교육을 어떻게 새롭게 설계할 수 있게 하는가?

II. 도구-세계-존재의 삼중 연관 구조
: 용재성/전재성과 도구적 전체성

1. 두 가지 존재 방식으로서 용재성(Zuhandenheit)과
전재성(Vorhandenheit)

하이데거(Martin Heidegger)는 현대 기술이 인간과 세계의 관계를 근본적으로 재정의한다고 보았다. 그는 기술을 일차적인 도구나 수단으로 한정하지 않고, 세계와 존재자를 드러내고 규정하는 존재론적 방식, 즉 닦달(Gestell, 또는 몰아세움)로 이해한다. 닦달은 인간이 세계를 특정한 방식으로 요구하고, 조직하며, 배치하는 실천의 형식으로서, 기술을 통해 세계가 드러나는 동시에 인간의 사유와 존재 양식이 구조화된다는 점을 함의한다. 기술은 세계의 모든 존재자를 효율적 관리와 동원이 가능한 '부품'으로 환원시키는 강제적 독해 방식이라 할 수 있다. 기술이 인간의 자기 이해, 타자와의 관계, 그리고 세계와의 관계 전반에 스며들어 근대성을 규정하는 핵심적 특징으로 작용한다는 점은, 하이데거 후기 사유의 중심 주제 중 하나이다. 그에 따르면, 닦달이 제기하는 도전은 개별적인 기술 장치나 도구 그 자체에 있는 것이 아니라, 그 장치들이 구현하고 있는 존재론적 전제들, 다시 말해 기술의 설계와 생산을 이끌며 그 안에 각인되어 있는 세계 이해의 방식에 있다. 따라서 어떤 영역에서든 기술의 사용에 대해 비판적 관점을 획득하기 위해서는, 기술을 가능하게 하는 근본 전제들 자체를 성찰하고 문제화하는 일이 선행되어야 한다(Mertel, 2020).

기술의 가치를 편의성이나 기능성으로만 환원하는 도구적 관점은 현대 기술이 초래한 존재론적 변화를 포착하는 데 한계를 드러낸다. 하이데거는 기술을 기계적인 활용 대상이 아닌, 인간이 존재를 경험하고 사유하게 만드는 존재론적 토대로 격상시켰다. 기술은 우리가 세계와 맺는 관계의 형식을 규정하는 결정적 요인이기 때문이다. 이러한 문제의식은 『존재와 시간(Sein und Zeit)』에서 서구 형이상학이 놓쳐 버린 존재의 의미를 묻는 작업과 맞닿아 있다. 그는 어떤 것이 철학적·

과학적 분석에 앞서 우리 앞에 '있다'는 것이 무엇인가라는 근본 물음을 잊어버리거나 무시해 왔다고 대담하게 주장한다(Blitz, 2014). 또한 그는 도구적 존재자의 존재 방식을 설명하며, 기술적 사물이 피상적으로 '거기에 놓여 있는(vorhanden)' 객체가 아니라, 인간의 실천적 삶과 목적 지향적 활동 속에서 의미화되는 존재임을 강조한다. 하이데거는 망치의 예를 통해 이 점을 구체화한다(하이데거, 이기상 역, 1998). 장인이 연장을 의식하지 않고 작업에 집중하듯, 오늘날 우리는 스마트폰의 액정을 물리적 유리 조각으로 인식하지 않고 세상과 소통하는 투명한 창으로 사용한다. 이러한 경험은 '용재성'—곧 '손 안에 준비되어 있음'—이 현대 기술 환경에서 드러나는 하나의 사례로 이해할 수 있다. 또한 생성형 인공지능을 사용할 때도 유사한 인식 구조가 작동한다. 사용자가 AI가 산출한 응답을 자연스럽게 수용할 때는 그 존재를 의식하지 않는다. 그러나 시스템이 할루시네이션을 보이거나 편향된 출력을 생성할 때, 비로소 사용자는 그것이 단순한 도구가 아닌 자신의 사고 과정에 개입하는 존재임을 인식하게 된다. 이러한 순간에 AI는 '편의적 도구'의 지위를 벗어나, 사용자 세계의 의미 구성에 실질적으로 영향을 미치는 매개체로 드러난다. 이러한 맥락에서 도구는 실천적 세계 안에서 '사용됨으로써 존재'하는 것이며, 이는 기술이 단순히 물질적 대상이 아니라 인간의 목적, 상황, 의미가 얽힌 세계적 존재 양식임을 보여 준다.

또한 하이데거는 용재성(Zuhandenheit)과 전재성(Vorhandenheit)의 구분을 통해 인간이 세계를 경험하는 방식의 차이를 설명한다. 도구가 목적 수행에 부합하게 작동할 때 그 존재는 의식의 배후로 물러나 투명해지지만, 기능적 오류나 결핍이 발생하여 도구적 연관이 단절될 때 비로소 '눈앞의 사물(Vorhandenheit)' 즉, 전재성으로서 대상화되어 인지된다(하이데거, 이기상 역, 1998).

용재성은 도구가 유기적으로 연결된 실천적 세계 안에서 인간의 목적에 부응함으로써 드러나는 존재 방식이고, 전재성은 그 연쇄적 기능이 단절될 때 '대상성'이 부각되는 존재 방식이다. 즉 사물을 사용하는 관계적 다룸으로 설명한 용재성은 일상성 속 '사용'의 우선성을 드러내기 위해 참조하는 중요한 사유의 원천 중 하나이다. 또한 전재성은 현존재가 세계 내 존재자들과 관계 맺을 수 있도록 하는 용재성의 드러남 방식을 은폐한다. 전재성의 방식에서는 존재자가 객관적이고 고립된 대상으로 접근되며, 그 결과 주체는 그것의 정체성을 규정할 수 있게 된다. 오직 전재성의 차원에서만, 우리는 주체와 객체의 인식론적 대립을 말할 수 있으며, 존재자가 자기 앞에 놓인 것인 인식의 대상이 되어 지배되고 파악될 수 있는 것으로 이해된다. 하이데거에게 이러한 객관화된 접근은 일상적 사용의 지평을 은폐하면서 동시에 그것에 의존한다(van der Heiden, 2020). 그렇기에 기술을 인간 주체 앞에 놓인 객관적 도구로만 파악하는 전통적인 기술관으로서의 시각은 근본적인 한계를 지닌다. 이 관점은 기술이 본래 지니는 실천적이고 관계적인 존재 방식인 '용재성'을 보지 못하고, 오직 기능이 멈추거나 이론적으로 분석될 때 드러나는 부차적인 상태인 '전재성'을 기술의 본질로 착각하기 때문이다(박찬국, 2013; 박형빈, 2024; 김태창, 2025 참고).

아울러 이러한 구분은 인간과 세계, 그리고 도구 간의 긴밀한 상호 작용적 구조를 보여 준다. 인간은 단지 도구를 사용하는 주체가 아니라, 도구적 세계 속에서 존재를 경험하고 의미를 구성하는 존재이다. 그러므로 기술은 인간의 외부에 놓인 표면적인 수단이 아니라, 인간 존재의 구조적 조건으로 이해되어야 한다. 기술은 세계와 존재자를 드러내는 동시에, 인간이 세계 속에서 자신을 이해하고 실천하는 방식을 지속적으로 형성하고 재조정하는 존재론적 힘으로 작용한다.

결국 하이데거의 기술론은 기술을 피상적 사용의 도구로 보는 도구주의적 관점에서 벗어나, 그것을 존재의 드러남의 한 양식으로 이해하려는 시도라 할 수 있다. 이러한 관점은 현대 기술 사회에서 인간이 기술과 맺는 관계를 단순한 활용의 차원을 초월해 존재론적 성찰의 차원으로 확장할 필요성을 제기한다.

2. 기술의 존재론적 본질과 AI 맥락에서의 전개

용재성의 시각에서 접근할 때, 기술적 존재자는 결코 가치 중립적 대상이 아니다. 기술적 존재자는 항상 이미 인간의 이해와 실천적 맥락 속에서 의미를 부여받으며, 그 의미는 고정되어 있지 않고 사용의 상황과 목적에 따라 역동적으로 구성된다. 하이데거에 따르면, 기술은 인간이 사용하는 수단에 그치지 않고, 인간이 세계와 관계를 맺고 해석하며 실존을 실현하는 근본적 방식을 규정하는 힘으로 기능한다

(Blitz, 2014). 오늘날 기술도 인간의 존재 방식을 형성하고, 세계에 대한 접근 가능성을 열어 주거나 제한하며, 인간이 자기 자신과 타자를 이해하는 틀을 제공한다. 예를 들어, 스마트폰의 내비게이션 앱을 생각해 볼 수 있다. 도구주의적 관점에서 이 앱은 단지 목적지까지 가장 빠른 길을 알려 주는 효율적인 수단에 불과하다. 하지만 용재성의 관점에서 보면, 이 앱은 우리가 도시와 공간을 경험하는 방식 자체를 근본적으로 재구성한다. 우리는 더 이상 지형지물을 익히거나 지도를 보며 길을 탐색하지 않고, 화면의 지시에 따라 움직이는 존재가 된다. 이 과정에서 도시는 고유의 역사와 의미를 지닌 공간이 아니라 실시간 교통량이 반영된 데이터의 집합으로 드러나며, 우리의 방향 감각과 공간 지각 능력은 점차 다른 방식으로 대체된다. 이처럼 내비게이션 앱은 단순한 길 안내 도구로 치부하기보다 우리가 길을 찾는 행위자로서 '세계-내에-존재'하는 방식 자체를 변화시키는 것이다.

그러므로 기술을 이해한다는 것은 그것의 사용법이나 기능적 메커니즘을 아는 것에 한정되는 것이 아니라, 인간이 기술과 상호 작용하면서 세계와 자신을 어떤 방식으로 드러내고 해석하게 되는지, 그리고 그 과정에서 어떤 존재론적 변화가 일어나는지를 탐구하는 일이 된다. 이는 기술의 도구적 정의만으로는 포착하기 어려운 존재론적 깊이와 복합성을 드러낸다. 상술하면 스마트폰은 전화나 문자 메시지라는 기본 기능에서 나아가 소통 방식, 정보 습득, 시간 관리, 사회적 관계 형성, 자아 정체성 구성에 이르기까지 포괄적인 실천 맥락 속에서 그 의미를 갖는다. 스마트폰은 단지 통신 도구가 아니라, 사용자가 세계와 연결되고 자신을 표현하며 타인과 관계 맺는 방식 자체를 재구성하는 존재론적 매개체이다. 마찬가지로 인공지능 역시 단순한 계산 도구나 자동화 시스템으로만 이해될 수 없다. AI는 인간의 결정 구조, 윤리적 판단, 감정 표현, 지식 생산, 노동 양식 등 다차원적 활동을 구조화하며, 인간 존재의 새로운 가능성과 한계를 동시에 드러낸다. AI는 인간이 무엇을 알 수 있고, 무엇을 결정할 수 있으며, 어떻게 행위할 수 있는지에 대한 조건 자체를 변화시킨다. 이 과정에서 AI는 인간의 자율성, 책임성, 주체성에 대한 전통적 이해를 재검토하도록 강제하며, 인간-기계 관계의 새로운 존재론적 의미를 부여받는다.

따라서 기술의 윤리적 책임과 영향에 대한 논의는 도구적 정의를 넘어서 존재론적 성찰로 나아가야 한다. 기술이 인간 존재의 조건을 형성하고 세계 이해의 방식을 구조화하는 한, 기술 윤리는 기능적 효율성이나 부작용 관리를 넘어 인간 존재의 의미 자체를 묻는 철학적 탐구가 되어야 한다. 특히 AI와 같은 복합적 기술 체계가 인간의 사고와 행위를 점점 더 깊이 구조화하는 상황에서, 기술은 도구 이상의 존재론적 의미를 갖게 된다. 인공지능은 인간 인지의 보조적 수단을 넘어, 세계 인식의 인식론적 프레임 자체를 재구성하는 존재론적 매개자로 기능한다. 알고리즘은 인간의 경험을 데이터로 치환하고 최적화의 논리로 재배열함으로써, 주체의 자기 이해 방식을 근본적으로 변형시킨다. 이러한 이해는 기술 윤리의 철학적 기초를 세우는 데 필수적이며,

AI 시대의 윤리적 과제를 단순히 규제나 원칙의 문제가 아니라 인간 존재의 근본적 조건에 대한 성찰로 확장시킨다.

III. 도구주의를 넘어선 기술의 존재론적 재해석

1. 도구주의 비판과 실체론적 기술 이론

도구주의(instrumentalism)는 기술이 본래 선도 악도 아니며, 다만 인간의 손에 쥐어진 도구일 뿐이고 그 사용에 따라 좋은 결과도, 나쁜 결과도 낳을 수 있다고 보는 이론이다. 기술은 다른 주체가 부여한 목적을 수행하는 가치 중립적인 수단이며, 그 자체로 내재적 도덕 가치를 포함하지 않는다는 것이다(De Cooman,2023). 이 관점에서 기술은 인간의 통제 아래 놓인 대상이며, 인간과 기술의 관계는 주체-객체의 수직적 구조로 전제된다.

이러한 도구주의적 관점은 기술이 인간의 삶과 존재 방식 전반에 미치는 존재론적·문화적 영향력을 간과한다는 비판을 받아 왔다. 우리가 기술(technologies)이라 부르는 것들은, 세계 속에서 질서를 구축하는 하나의 방식이다. 일상생활 속에서 중요한 역할을 하는 많은 기술적 장치들과 시스템들은 인간의 활동을 조직하고 배열하는 다양한 가능성을 내포하고 있다. 사회는 의식적이든 무의식적이든, 의도적이든 비의도적이든 간에, 사람들이 어떻게 일하고, 소통하며, 이동하고, 소

비할 것인지를 장기간에 걸쳐 규정하는 기술적 구조를 선택한다(Win-
ner, 2017). 이러한 점에서 기술은 단순히 인간의 의도에 종속된 도구가
아니라, 인간이 세계를 경험하고 해석하는 방식 자체를 구성하고 형성
하는 존재론적 조건이다. 실제로 기술은 인간의 사유, 사회 구조, 가치
질서, 심지어 인간됨의 의미 자체를 변형시키는 문화적·존재론적 매
개체로 작용한다.

　기술에 대한 도구주의적 관점의 한계를 보완하고자 등장한 실체론
적 기술 이론은 기술을 가치 중립적 도구가 아닌 특정한 가치와 세계
이해를 내재한 매개체로 본다. 이 관점에서 기술은 목적과 수단의 단
순한 결합이 아니라, 인간과 세계의 상호 형성적 관계를 드러내는 실
체적 장(場)으로 이해된다. 따라서 기술 발전은 오로지 인간의 외부 환
경을 변화시키는 과정이 아니라, 인간 존재의 구조 자체를 재편성하는
사건으로 간주된다(Feenberg, 1999). 하이데거 역시 기술을 도구적 효용성
으로 환원하는 태도가 기술의 본질적 의미를 왜곡한다고 지적했다. 그
는 기술을 인간의 목적을 위한 수단이 아니라, 존재가 세계 안에서 드
러나는 하나의 방식, 곧 '드러남의 양태'로 이해했다(하이데거, 이기상 외 역,
2008). 그에 따르면, 우리는 언제나 행동과 실천을 통해 세계를 구체적
전체로서 경험하며, 그 세계는 각 시대의 사유 양식에 따라 고유한 질
서와 드러남의 구조를 가진다. 기술은 바로 이러한 세계의 드러남 방
식을 규정하는 근본적인 존재론적 조건이다. 특히 현대의 기술적 드러
남 속에서, 인간은 더 이상 세계의 의미를 창조하는 주체로 남지 못하

고, 오히려 기술 체계의 요청에 종속된 '자원적 존재'로 환원된다. 이로써 존재자들은 본래의 세계적 맥락 속에서의 완전성을 상실하고, 인간의 표상적 사유와 기술적 의지에 의해 동원되고 배치되는 객체로 전락한다(Feenberg, 1999).

결국 도구주의는 기술의 실천적 유용성에만 주목함으로써, 기술이 인간-세계 관계를 근본적으로 재구성하는 존재론적 차원을 포착하지 못한다. 반면 실체론적 기술 이론은 기술을 존재의 드러남과 세계 구성의 한 양식으로 이해함으로써, 인간과 기술의 관계를 지배의 구도가 아닌 상호적 개시(開示)의 관계로 재정립할 가능성을 제시한다.

2. 닦달(Gestell)과 드러남으로서의 기술

하이데거는 「기술에 대한 물음」에서 기술의 본질을 탐구하면서, 기술을 도구나 수단의 차원으로 환원하는 전통적 이해 방식이 근본적으로 불충분함을 지적한다. 그가 제기하는 핵심 물음은 '기술의 본질은 무엇인가?'이다. 이 물음은 기술이 무엇을 하는가, 어떻게 작동하는가를 묻는 것이 아니라, 기술이 존재론적으로 어떤 의미를 지니는가를 탐색하는 근원적 질문이다. 하이데거에게 기술은 인간이 목적 달성을 위해 사용하는 가치 중립적 도구가 아니라, 인간 존재가 세계와 관계 맺는 구조적 방식이자 존재가 드러나는 하나의 역사적 사건이다. 기술은 세계를 구성하고 질서화하는 방식이며, 따라서 기술의 본질은 '무엇을 위해' 사용되는가가 아니라 '어떻게' 세계를 드러내는가의 문제,

곧 '드러남' 혹은 '탈은폐'의 과정에 자리한다.

여기서 주목할 점은 하이데거가 고대 그리스의 '테크네(technē)' 개념으로 되돌아간다는 것이다. 고대 그리스에서 테크네는 기술이나 제작 활동을 넘어서, 존재를 은폐된 상태에서 드러나게 하는 '앎의 방식'이었다. 장인이 나무에서 탁자를 만들어 내는 행위는 단지 물질을 가공하는 것이 아니라, 나무 안에 잠재된 형상을 드러내어 현실화하는 과정이었다. 이 과정에서 인간은 자연의 질서와 조화를 이루며, 자연이 스스로 드러나도록 돕는 역할을 했다. 즉, 전통적 기술은 자연의 내재적 가능성을 존중하면서 그것을 현실화하는 '온화한 드러남'의 방식이었다(하이데거, 이기상 외 역, 2008).

그러나 현대 기술은 이와 근본적으로 다른 드러남의 방식을 취한다. 현대 기술은 자연이 스스로 드러나도록 기다리거나 돕는 것이 아니라, 자연을 강제적으로 소환하고 요구하며, 그것을 특정한 목적을 위한 자원으로 배치한다. 하이데거에 따르면, 기술의 본질은 기술적인 것으로 환원될 수 없다. 기술의 본질은 우리가 도구·기구·장비를 사용하는 방식이나, 그것들에 대한 사고의 양식으로 환원되지 않는다. 다시 말해, 기술(Technik)은 우리가 기계나 장비를 생산하고 사용하는 행위, 혹은 기술적 기법의 총합이 아니라, 존재가 자신을 드러내는 근원적 양식, 곧 하나의 '탈은폐(Entbergen)'의 방식이다. 따라서 현대 기술은 단순히 물리적 장치나 공학적 산물들의 총체가 아니다. 그것은 존재자들이 특정한 시대(Epoche) 안에서 자신을 드러내는 방식이다. 그는 기술은 존재가 시대적으로 자신을 개시하는 방식, 즉 '기술성(Technizität)' 또는 '기술적 존재 양식'으로 이해되어야 한다고 주장한다(Godzinski, 2005). 수력 발전소를 예로 들면, 전통적인 물레방아는 강의 흐름에 자신을 맡기며 강과 조화를 이루지만, 현대의 수력 발전소는 강을 댐으로 가두고 물의 흐름을 통제하여 전력 생산이라는 인간의 목적에 종속시킨다. 이때 강은 더 이상 자연스럽게 흐르는 자연이 아니라, 전력을 생산하기 위해 동원되고 저장되는 에너지원으로 '요구'된다. 이처럼 현대 기술은 자연을 있는 그대로 드러나게 하는 것이 아니라, 인간의 계산적 의도에 따라 자연을 재배치하고 통제한다.

이러한 맥락에서 하이데거가 제시한 핵심 개념이 바로 '닦달(Gestell)'이다. 닦달은 'Ge-stell'이라는 독일어 단어의 구조를 살펴보면 그 의미를 더 깊이 이해할 수 있다. 'Ge-'는 집합적, 총체적 의미를 나타내고, 'stell'은 '세우다', '놓다', '배치하다'라는 의미를 지닌다. 따라서 Gestell은 모든 것을 특정한 방식으로 세우고 배치하는 총체적 틀을 의미한다. 닦달은 흔히 틀 짓기 혹은 '요구적 소환'으로 번역되며, 현대 기술이 자연과 존재자 전체를 특정한 방식으로 드러내고 조직하는 존재론적 구조를 가리킨다. 닦달은 인간(문화적) 기호와 자연적 기호 간의 단절 혹은 균열로 이해될 수 있으며, 이는 기술적 근대성이 초래한 결과로 존재를 특정한 방식으로 드러나게 하는 기술적 구조이자, 인간과 자연 간의 기호적 상호 작용을 왜곡·분리하는 근대적 조건으로 해석될 수 있다(Frayne, 2018). 닦달은 단순히 인간이 자연을 도구적으로 지배하는 행위나 기술적 장치들의 집합이 아니라, 존재 전체가 인간의 계산적 사고 속에서 이용 가능한 것으로 드러나도록 강제하는 구조적 배치이다.

하이데거는 이러한 닦달의 본질을 '인간이 세계를 특정한 방식으로 요청함으로써 존재를 드러내는 구조적 질서'로 설명한다. 이 질서 안에서 자연은 더 이상 스스로의 본래적 존재 방식, 즉 자연 그 자체로서의 의미로 드러나지 않고, 오로지 인간의 목적과 효율성을 중심으로 재배열된다. 예컨대 강은 생태계의 일부이자 아름다움의 원천으로 경험되는 대신 수력 발전을 위한 에너지원으로 요청되며, 숲은 생명체들의 서식지가 아니라 목재 생산을 위한 자원으로 배치된다. 광산의 석탄은 단순히 땅속에 묻혀 있는 물질이 아니라, 끌어내어져 열에너지로 변환될 '대기 자원(Bestand)'으로 미리 규정되어 있다. 이처럼 닦달은 세계 전체를 계산 가능하고, 측정 가능하며, 관리 가능한 자원의 총체로 변환시키는 존재론적 메커니즘이다. 닦달의 지배 아래에서 모든 존재자는 그 자체의 고유한 의미를 상실하고, 오직 인간의 기술적 의지에 봉사하는 기능적 단위로 환원된다.

그러나 더욱 중요한 것은 이 과정이 자연에만 국한되지 않는다는 점이다. 인간 역시 닦달의 요구 구조 안으로 포섭된다. 인간은 기술의 주체를 자처하며 자신이 자연을 지배하고 통제한다고 믿지만, 실상은 기술적 체계의 일부로 편입되어 객체화된 존재로 전락한다. 인간은 더 이상 세계를 자유롭게 열어 보이는 존재가 아니라, 기술의 요청에 응답하는 부속적 요소, 다시 말해 기술적 질서를 유지하고 확장하기 위한 기능적 구성 요소로 변형된다. 하이데거가 경고한 '닦달'은 오늘날 디지털 경제 안에서 더욱 교묘해졌다. 우리는 스스로를 효율적으로 관리해야 할 '경영의 대상'으로 여기며, 우리의 일상은 최적화되어야 할 데이터의 흐름으로 환원된다. 인간이 주체성을 잃고 거대한 기술 시스템의 연료, 즉 '데이터 자원' 내지 '정보 입력값'으로 기능하게 되는 이 현상은 인간을 바라보는 관점 자체가 근본적으로 변화했음을 시사한다. 노인 돌봄 AI 로봇은 사용자의 목소리 톤과 단어 빈도를 분석해 우울증 위험도를 '수치화된 그래프'로 보고한다. 이 과정에서 노인이 느끼는 실존적 고독과 삶의 맥락은 소거되고, 노인은 단지 '관리되어야 할 생체 데이터 집합'으로 취급될 위험에 놓인다.

하이데거는 이 지점을 존재 망각의 징후로 해석한다. 인간이 기술의 본질을 '수단'으로만 이해하는 한, 존재의 근원적 물음은 사라지고, 세계는 단지 효율적 관리와 착취의 대상이 되어 버린다. 존재 망각은 단순히 존재에 대한 이론적 인식의 결여가 아니라, 인간이 자신의 존재 의미와 세계와의 근원적 관계를 상실한 실존적 상태를 의미한다. 이 상태에서 인간은 기술적 효율성과 경제적 가치만을 추구하며, 존재의 의미와 진리, 그리고 세계와의 본래적 관계에 대한 물음을 망각한 채 살아간다. 닦달은 이러한 존재 망각을 구조적으로 강제하는 틀이다. 우리는 끊임없이 더 많이, 더 빨리, 더 효율적으로 생산하고 소비하도록 요구받지만, 왜 그래야 하는지, 그것이 인간 존재에 어떤 의미를 갖는지에 대해서는 묻지 않는다.

특히 현대 사회에서 인공지능(AI)과 같은 복합적 기술 체계의 등장은 이러한 닦달의 구조를 극적으로 가시화하고 심화시킨다. AI 기술은 단순히 인간의 노동을 대체하거나 효율을 높이는 수단이 아니라, 인간의 사고방식, 감각, 판단, 의사 결정 과정, 나아가 존재 양식 전체를 재구성하는 기술적 드러남의 새로운 양식이다. AI 알고리즘은 인간의 인지와 선택 과정을 계산 가능한 데이터와 패턴의 형태로 환원시키며, 인간 주체의 판단 능력과 자율적 사유 영역을 기술 시스템 내부로 흡수한다. 이때 인간의 세계 경험은 점점 더 기술적 매개를 통해서만 가능해지고, 인간은 점차 기술의 인식 구조 안에서만 존재하는 존재자로 변모한다.

예를 들어, 생성형 AI가 작성한 초안을 다듬는 과정에서 우리는 AI가 제시한 문장 구조와 논리 패턴에 무의식적으로 동조하게 된다. 겉으로는 인간이 AI를 활용해 창작하는 것처럼 보이지만, 실상은 AI가 학습한 확률적 데이터의 패턴 안에 인간의 사고가 갇히게 되는 셈이다. 이는 기술이 단순히 편의를 제공하는 것에서 한 발 더 나아가 우리가 생각하고 표현하는 방식의 '범위'를 규정하고 있음을 보여 준다. AI 기반 채용 시스템은 지원자를 평가하는 것처럼 보이지만, 실제로는 '이상적인 지원자'의 기준 자체를 데이터 패턴에 기반하여 규정한다. 이러한 변화는 기술이 인간의 실천적 행위를 넘어 존재의 가능 조건 자체로 작동하고 있음을 보여 준다. AI는 단지 우리가 사용하는 도구가 아니라, 우리가 세계를 경험하고 이해할 수 있는 방식 그 자체를 구조화하는 존재론적 틀이 되어가고 있다.

하이데거에게 현대 기술의 본질은 도구적이지 않으며, 그 본질은 인간을 특정한 요청의 방식으로 배치하는 드러남의 양태이다(하이데거, 이기상 외 역, 2008). 닦달은 존재론적 사건이며, 그것은 인간이 세계와 맺는 관계의 근본 구조를 결정한다. 닦달은 단순히 우리가 기술을 어떻게 사용하는가의 문제가 아니라, 기술이 우리를 어떻게 '사용'하는가, 즉 기술이 우리의 존재 방식 자체를 어떻게 구조화하는가의 문제이다. 이 점에서 닦달은 단순한 기술철학적 개념을 넘어, 현대 문명의 존재론적 진단이자 인간 존재의 위기에 대한 경고로 읽혀야 한다.

알고리즘적 통제 기제가 일상에 깊숙이 침투함에 따라, 인간의 행위 주체성(agency)은 시스템의 효율성 논리에 포섭될 위험에 놓인다. 이러한 구조적 변환은 인간 경험의 다층적인 맥락을 정보 처리 과정으로 환원시킴으로써, 도덕적 판단의 주체로서 요구되는 자율성과 존재론적 밀도를 심각하게 침식한다. 인간은 본래 기술을 통해 존재를 드러내는 존재, 즉 세계를 개시하고 의미를 창조하는 존재임에도 불구하고, 기술적 체계 속에서는 오히려 자신이 드러남의 조건이 아닌, 드러남의 결과물로 위치하게 된다. 즉, 인간은 기술의 주체로서 세계를 자유롭게 개시하기보다, 기술이 이미 설정한 세계 안에서 미리 규정된 역할에 따라 기능적으로 배치된 존재로 머무르게 된다. 인간은 닦달의 체계 안에서 자신을 기술적 효율성의 도구로 이해하고, 자신의 가치를 생산성과 유용성의 기준으로 측정하게 된다. 자신의 존재 의미를 묻기

보다는, 얼마나 효율적인지, 얼마나 생산적인지, 얼마나 경쟁력이 있는지를 묻게 된다. 이는 인간 존재의 고유한 의미와 존엄성을 상실하는 과정이며, 인간이 자신을 하나의 자원으로 객체화하는 자기 소외의 과정이다.

이러한 이유로, 도구적 기능의 차원을 넘어 기술의 본질에 대해 사유하는 일은, 단순히 기술철학의 학문적 과제가 아니라 기술 윤리의 철학적 근본을 세우는 실천적 문제로 확장된다. 인간이 기술적 세계 속에서 스스로를 어떻게 이해하고, 어떤 존재로서 살아갈 것인가를 묻는 것은 곧 존재론적 윤리의 문제이기 때문이다. 기술의 존재론적 사유 없이는, 인간은 닦달의 체계 안에서 자신을 자원으로 환원하는 흐름에 효과적으로 저항할 수 없다. 기술 윤리의 과제는 사용 지침이나 행동 규범의 정립에 머물지 않는다. 그것은 기술이 인간 실존의 지평을 어떻게 구성하고 경계 짓는지를 묻는 존재론적 질문이다. 우리는 기술을 다루는 주체로서의 도덕적 책무를 넘어, 기술이 직조해 낸 세계 속에서 인간 고유의 존재 의미를 되찾을 수 있는 길을 탐색해야 한다.

IV. 닦달(Gestell)의 역사성과 현대 기술의 강요적 본질

1. 닦달과 감시 자본주의, 문화 지체, 그리고 포이에시스의 변형

하이데거가 말하는 '닦달'은 세상을 하나의 거대한 작업장처럼 바라

보게 만드는 사고방식을 뜻한다. 이 틀 안에서는 모든 것이 활용 가능성의 관점에서 평가된다. 그는 기술을 단순한 '수단'으로 보는 통념을 넘어, 기술이 세계를 특정한 방식으로 드러내도록 강요하는 틀 짓기 형식으로 이해한다(Thomson, 2005). 이러한 닦달의 사고 체계 속에서 존재자들은 그 고유한 의미나 목적을 상실한 채, 효율적 이용과 통제의 대상으로만 드러난다. 즉, 존재의 다채로운 방식들은 '측정 가능하고 관리 가능한 것'으로만 환원되어, 세계는 하나의 자원 저장소 혹은 데이터 창고로 재구성된다.

오늘날 인공지능(AI), 빅 데이터, 사물 인터넷(IoT) 등으로 대표되는 감시 자본주의—데이터 자본주의, 플랫폼 자본주의, 인지 자본주의— 체계는 하이데거가 예견한 '닦달—몰아세움, 틀 짓기—'의 구조를 전례 없이 구체화한다. 이 체계는 인간과 자연을 단순한 자원과 부품으로 환원하여 효율적 관리와 동원 대상으로 만드는 동시에, 우리의 추억과 관계마저도 맞춤형 광고나 알고리즘적 통제의 데이터 원료로 전락시킨다. 개인의 관심사, 감정, 심지어 무의식적인 선택조차 알고리즘적 추론을 통해 추적되고, 소비자 예측 모델로 환원된다. 이러한 과정은 주체를 하나의 '데이터 자원'으로 재규정하며, 인간의 존재를 예측 가능하고 관리 가능한 패턴으로 축소한다. 하이데거가 경고한 닦달의 세계관—존재를 자원으로서만 파악하는 사고—는 이제 구체적 기술 인프라와 자본의 논리를 통해 현실화된 것이다.

이와 같은 기술 발전의 가속은 문화 지체(cultural lag) 현상을 심화시킨다. 기술 발전 속도와 윤리적 성찰의 속도가 어긋나는 현상, 즉 윤리적 공백 상태는 교실 현장에서 가장 먼저 목격된다. 학생들은 이미 생성형 AI로 과제를 수행하고 있지만, 학교의 평가 규범은 이를 따라잡지 못하고 있다. 우리는 이를 일종의 윤리적 문해력의 시차로 이해하고 교육적 개입을 시작해야 한다. 사회의 물질문화(material culture)가 급속히 발전하는 반면, 그에 상응하는 비물질문화(nonmaterial culture)—법, 제도, 가치, 규범 등—는 상대적으로 더디게 변화함으로써, 사회 전반의 불균형과 긴장이 발생한다(Volti, 2004).

산업 혁명 이후 급격히 발달한 과학 기술은 사회의 규범과 제도적 대응을 압도하며, 인간의 가치 판단 체계를 끊임없이 뒤흔들었다. 야스퍼스(Karl Jaspers)는 기술의 도덕적 중립성을 주장하며 '기술은 본래 선악의 문제가 아니라, 사용자의 의지에 달려 있다'라고 보았으나(야스퍼스, 이화여대출판부 역, 1986), 정보화와 인공지능 시대에 이 논변은 점점 설득력을 잃어가고 있다. 현대 기술은 단순한 도구가 아니라, 인간의 인식 구조와 사회 질서를 재편하는 거대한 실존적 체계로 작동하기 때문이다.

하이데거는 이러한 기술의 본질을 고대 그리스의 개념인 포이에시스에서 조명한다. 포이에시스는 단순히 인간의 수공업적 제작 행위에 국한되지 않고, 자연이 스스로를 드러내는 과정을 포괄한다. 그것은 진리의 비은폐(알레테이아, ἀλήθεια), 즉 존재가 스스로 자신을 드러내는 자연적 생성의 방식이다. 그러나 현대 기술의 탈은폐 방식은 더 이상 포이에시스의 온화한 드러냄이 아니다. 그것은 존재를 억지로 드러나게 하는, 도발적 강요의 형식으로 변형되었다(하이데거, 이기상 외 역, 2008). 현대의 기술은 자연을 그 본래의 리듬이나 자율성 속에서 드러나게 하지 않고, 생산성과 효율성의 논리에 따라 강제적으로 노출시키는 것이다. 하이데거가 예로 든 라인강의 사례는 이를 상징적으로 보여 준다. 그가 라인강을 수력 에너지원으로 닦달하는 기술을 비판했다면, 오늘날 빅테크 기업들은 인간의 일상을 단순한 생활 공간이 아닌, 끊임없이 데이터를 추출하고 축적하는 거대한 '자원 비축장'으로 재구성한다. 이 과정에서 우리의 모든 행동과 관계는 더 이상 그 자체로 의미를 갖지 않고, 오직 알고리즘의 학습 연료로만 기능하는 '대기 자원'으로 전락한다. 우리의 추억과 관계는 그 자체로 존중받는 것이 아니라, 맞춤형 광고를 위한 원료 즉, 데이터로 환원되어 대기하고 있다. 달리 말하면, 현대 AI는 인간의 얼굴을 데이터로 환원한다. 페이스북·인스타그램 알고리즘은 나의 표정, 시선, 머무는 시간까지 측정해 '좋아요'를 극대화하도록 설계되어 있다. 결국 내 얼굴은 더 이상 '나의 표정'이 아니라 '광고 효율을 위한 자원'이 된다. 딥페이크 기술은 내 목소리와 얼굴을 복제해 내가 아닌 나를 만들어 낸다. 이 순간 인간은 더 이상 주체가 아니라 '활용 가능한 저장고'로 전락한다.

결국, 닦달과 감시 자본주의는 세계를 '보여 줌'이 아닌 '지배함'의 대상으로 전환시키고, 인간은 자신이 만든 기술 체계 속에서 자신의 존재를 자원으로 소비하는 주체이자 객체가 된다. 문화 지체는 이러한 전환의 속도와 방향을 조정하지 못한 채, 기술적 합리성과 인간적 가치 사이의 간극을 심화시킨다. 하이데거가 경고한 바와 같이, 기술의 본질은 단순한 도구적 중립성 너머에 있으며, 오늘날 우리는 그 본질이 변형된 포이에시스의 시대, 즉 '닦달된 드러남의 시대' 속에 살고 있다.

2. 강요된 탈은폐의 메커니즘
: AI는 인간을 어떻게 '상주 자원'으로 재구성하는가

현대 기술의 작동 원리는 더 이상 하이데거가 말한 포이에시스적 '이끌어 냄'의 차원에 머물지 않는다. 포이에시스는 존재가 스스로의 본질을 드러내는 온화한 생성의 과정이었으나, 현대 기술은 존재를 '활용 가능한 자원'으로 강제적으로 드러내는 닦달의 양식으로 변형되었다(하이데거, 이기상 외 역, 2008). 즉, 자연은 그 자체의 의미나 내재적 가치를 통해 이해되지 않고, 산출량 증가와 효율성 극대화를 위한 투입 요소로 환원된다.

현대 기술의 드러냄 양태는 하이데거가 말한 대로 '추출-변환-축적-유통-전환'이라는 연결된 단계들로 구조화된다. 자연 자원은 추출되어 산업화 과정에서 변환되고, 그 다음 축적·유통·소비의 순서를 밟아 다시금 생산의 고리로 재투입된다. 이러한 체계는 모든 존재자들을 '에너지 공급체'나 '모듈식 구성 요소'로 전락시키는 프레임을 형성한다. 그로 인해, 세계는 자율적 실재의 영역이 아닌 전체적 제조 네트워크로 탈바꿈하게 된다.

자본주의적 생산 양식 아래에서 인간의 노동과 자연은 모두 교환가치로 환원되며, 존재의 구체적 질료성은 경제적 효율성의 지표로 치환된다. 과거 산업 시대의 인간 소외가 컨베이어 벨트 앞의 노동자였다면, AI 시대의 부품화는 플랫폼 노동자와 데이터 라벨러의 모습으로 나타난다. AI 학습을 위해 하루 종일 의미를 알 수 없는 이미지에 태그를 다는 작업자들은 거대 AI 시스템의 지능을 유지하기 위한 생체 부품처럼 기능한다. 즉, 인간은 더 이상 자율적 주체가 아니라, 생산 체계의 대체 가능한 기능 단위로 전락한다. 그 결과, 사물의 '대상성'—즉, 인간이 세계를 마주하고 의미를 부여하는 관계적 특성—은 소멸하고, 인간의 주체성은 점차 체계의 하위 요소로 침식된다.

이와 같은 '부품화'는 오늘날의 사회·경제적 언어 속에서도 뚜렷하게 드러난다. 인력 자원, 인간 자원 관리, 인적 자원 개발 등의 용어가 일상화된 현실은 이미 인간이 하나의 경제적 자원으로 간주되고 있음을 보여 준다. 이러한 표현은 단순한 행정적 편의의 문제가 아니라, 인간 존재의 자원화라는 심층적 인식 구조를 반영한다. 하이데거적 관점에서 보면 이는 인간의 존재를 단순히 경제 체계 내 자원적 기능으로 종속시키는 닦달적 구조를 강화한 것으로 해석될 수 있다.

이러한 관점에서 볼 때, 정보화 사회에서 AI 시대로 이행하는 오늘날의 흐름은 닦달의 구조가 한층 심화된 국면이라 할 수 있다. 인공지능은 인간의 언어, 이미지, 행동, 감정을 데이터로 환원하고, 이를 학습하여 예측 가능한 패턴으로 전환한다. 다시 말해, AI는 인간의 존재를 데이터의 형태로 '부품화'하여 체계에 편입시키는 새로운 닦달적 탈은폐의 형식으로 기능한다. 알고리즘은 단순히 인간의 선택을 분석하는 수준을 넘어, 인간의 행동을 예측하고 조작하는 도구로 작동하며, 이는 기술이 인간을 자원화하는 최종적 단계—즉, '데이터 자본주의'의 닦달 구조—로 진입했음을 시사한다.

결과적으로 현대의 기술적 세계는 하이데거가 경고한 바와 같이 존재를 자원으로 드러내는 체계적 탈은폐의 장이다. 인간은 생산 체계의 부품이자, 데이터 체계의 공급원이 되어 자신을 끊임없이 자원화하는 존재로 전락한다. 기술은 더 이상 인간이 사용하는 '수단'이 아니라, 인간의 존재 방식을 규정하고 존재의 의미를 재편하는 근본적 구조로 작동한다.

V. 나오는 글
: 존재 망각을 넘어, 시적 사유와 내맡김으로서의 AI 윤리 교육

하이데거는 자신의 저작 전반에 걸쳐, 그리스 철학의 등장 이후 서구 문명이 어떻게 허무주의를 향한 궤도 위에 놓이게 되었는지 밝히고자 했다. 그리고 오늘날 문화적·지적 위기, 곧 우리가 허무주의로 기울어 가는 이 쇠퇴가 바로 이러한 '존재 망각'과 밀접하게 연결되어 있다고 보았다. 하이데거에 따르면, 오직 존재 자체와 그것이 드러나는 영역을 다시 발견하는 일만이 현대 인간을 구원할 수 있다(Blitz, 2014). 그가 현대 기술 문명에서 가장 깊이 우려한 것은 기술의 발전 그 자체가 아니라, 기술적 사고가 인간의 사유 전체를 지배함으로써 존재의 의미를 망각하게 만드는 현상이었다. 기술적 사유는 모든 존재자를 계산 가능성과 효율성의 틀 속에 포섭하며, 인간마저 관리·개발의 대상으로 환원한다. 이러한 닦달의 세계에서 인간은 더 이상 존재의 의미를 사유하지 않고, 기술이 제시하는 '효율적 활용 가능성'의 논리 속에서 자신과 세계를 이해하게 된다.

오늘날 인공지능(AI)은 하이데거가 경고한 이 닦달적 구조를 극단적으로 구현하는 기술 체계이다. AI는 방대한 데이터를 수집·분석하여 인간 유사한 판단과 예측을 수행하고, 인간은 일상·산업·행정·의사 결정 등 거의 모든 영역에서 기계적 판단에 의존한다. 세계는 점차 '데이터화 가능한가, 최적화 가능한가'라는 기준에 따라 재구성되며, 개인의 검색 기록·구매 이력·위치 정보·감정·관계까지가 빅 데이터의 형태로 저장되고, 추천·광고·정책 설계의 자원으로 활용된다. 한 사람의 생각과 감정은 맥락을 잃은 데이터 조각으로 분절되어 통계적 패턴으로 환원된다. 이러한 데이터화는 AI 시대의 닦달이 작동하는 전형적 양상으로, 질적인 인간 경험을 양적인 정보로 전환시키며 존재의 풍요로운 차원을 가리운다.

AI 의사 결정 의존은 인간의 판단력과 자율성에도 심대한 영향을 미친다. 의료 진단 보조나 심리 상담 알고리즘 등은 단기적으로 정확성을 높일 수 있으나, 장기적으로는 인간의 성찰적 사유를 위축시키는 결과를 초래할 수 있다. 인적 자원 관리나 감정 점수화 시스템, 가상 비서 등의 기술은 인간을 측정·관리 대상의 객체로 다루며, 실재적 교감을 데이터 패턴의 시뮬라크라로 대체한다. 이로써 인간은 타자와의 존재적 관계를 망각하고, 기술적 효율성만을 윤리 판단의 기준으로 삼는 위험에 노출된다. 결국 인간의 감정·관계·교육·예술과 같은 비계량적 가치들이 데이터화 가능한 정보로 환원되고, 인간의 자유와 자율성은 기술 시스템의 매개 안에서 제약된다. 나아가 사회 전반적으로는 공감적 돌봄, 철학적 반성, 규범적 숙고, 상호 연대 의식 같은 비계량적 가치들이 배제되며, 세계는 균질하고 평면적인 도구적 질서로 전락할 위험이 있다. 하이데거가 경고했듯, '위험 자체가 위험으로서 존재할 때, 거기서 구원도 나온다(하이데거, 이기상 외 역, 2008)'라는 통찰은, 이러한 위기의 자각이 기술 시대의 성찰을 가능하게 한다는 점에서 다시금 유효하다.

기술적 합리성의 전면적 지배에 대항하기 위해 하이데거가 제안한 '초연한 내맡김(Gelassenheit)'은 기술을 거부하지 않으면서도 그 논리에 종속되지 않는 변증법적 태도를 의미한다. 이는 기술적 대상에 대한 '비판적 거리두기', 판단 중지(epoché, 에포케)를 통해 사유의 자율성을 확보하려는 실존적 결단이다. 인간은 자신의 의지로 사물을 강제적으로 다루려 하지 않고, 존재자가 스스로 드러날 수 있는 여백을 허용해야 한다. 교육 현장에서 '초연한 내맡김'은 기술에 대한 건전한 거리 두기로 나타나야 한다. 학생들은 AI가 내놓은 결과물에 대해 '이것은 정답이 아니라, 데이터가 만들어 낸 하나의 확률적 조합일 뿐임'을 인지하는 훈련이 필요하다. 기술의 유용성을 누리되, 그 기술이 나의 판단을 대신하게 두지 않는 주체적 태도, 이것이 바로 AI 시대에 필요한 윤리적 역량의 핵심이다. 즉, '이 결과는 어떻게 만들어졌는가?', '그 이면에는 어떤 데이터와 판단 기준이 숨어 있는가?'라는 질문을 학습 과정의 표준 절차로 내면화함으로써, 비판적 사고력과 존재론적 성찰 능력을 동시에 함양해야 한다.

하이데거는 인간을 '존재의 주인'이 아니라 '존재의 목자(Schäfer des Seins)'로 규정한다. 이는 존재를 지배하려는 욕망을 버리고, 존재자가 스스로 드러날 수 있는 열린 여백을 지켜주는 돌봄의 태도를 뜻한다. 이러한 태도는 기술의 편익을 인정하되 그것이 인간을 결정짓지 못하도록 하는 균형 잡힌 윤리 교육으로 구체화되어야 한다.

더불어 하이데거의 후기 사유에서 강조되는 시적 사유(dichterisches Denken)는 내맡김의 태도와 맥을 같이한다. '인간은 이 땅 위에서 시적으로 거주한다(하이데거, 이기상 외 역, 2008)'라는 구절이 암시하듯, 표상적 사유가 대상을 수량화된 데이터로 환원한다면 시적 사유는 대상의 고유한 존재론적 의미와 맥락을 보존하는 숙고적 성찰이다. AI 윤리 교육은 이러한 시적 사유를 통해 알고리즘적 효율성 이면에 은폐된 인간적 가치를 복원하는 데 주력해야 한다. 이는 표상적 사고가 포착하지 못하는 세계의 의미를 드러내어, AI 시대의 효율·최적화 중심 사고를 보완하는 철학적 감수성을 제공한다. 따라서 도덕, 문학, 예술 교육을 통해 존재의 다층성과 인간성의 다양성을 탐색하고, 예술을 진리의 한 방식으로 이해하는 하이데거의 통찰을 윤리 교육에 접목할 필요가 있다.

한편, AI 윤리의 실천적 토대는 단순히 규범적 매뉴얼의 나열이나 기술적 통제 기제의 강화만으로 확보될 수 없다. 오히려 기술이 매개하는 인간의 실존 양식과 은폐의 구조에 대하여 "기술은 우리를 어떠한 존재자로 변형시키는가?"라는 근원적 성찰이 선행되어야 한다. 이러한 존재론적 물음 위에서, 우리는 다음 네 가지 인식적 원리이자 실천 과제를 도출할 수 있다.

첫째, 데이터화된 객체가 아닌 '목적 그 자체'로서 인간 중심성을 재확인해야 한다. AI 설계 및 운용 과정에서 인간을 단순한 데이터 포인트나 도구적 수단으로 환원하려는 시도를 경계하고, 인간의 존엄성을 최상위 가치로 두는 윤리적 감수성을 회복해야 한다. 둘째, 고위험 영역에서의 최종 의사결정 권한과 책무성은 온전히 인간에게 귀속되어야 한다. 자율 주행, 의료 진단, 행정 처분 등 삶에 직결된 영역에서 알고리즘의 판단은 보조적 수단일 뿐이며, 결정적 순간의 통제권과 그에 따른 책임은 반드시 인간 주체의 몫으로 남겨 두어야 한다. 셋째, 단일한 효율성의 논리를 넘어서는 '가치의 다원성'을 기술적으로 구현해야 한다. 최적화라는 기계적 목표 아래 배제되기 쉬운 정의, 연대, 공감, 창의성 등의 정성적 가치들이 사회·문화적 맥락 안에서 유효하게 작동하도록 시스템의 목적함수를 다변화해야 한다. 넷째, 정량적 지표와 정성적 통찰이 공존하는 하이브리드적 설계가 요청된다. 추천 알고리즘에 콘텐츠 다양성 지수를 도입하거나 데이터 분석 과정에 전문가의 질적 판단을 개입시키는 것은 단순한 기능 개선이 아니다. 이는 기술적 합리성 속에 은폐된 인간 고유의 의미 층위를 다시금 '탈은폐'하려는 구체적이고 실천적인 시도라 할 수 있다.

수업 설계는 이러한 철학적 원칙을 바탕으로, 존재론적 물음을 중심에 두는 네 단계의 심화 과정으로 구성할 수 있다. 먼저 첫째 단계에서는 학생들이 AI와 함께 살아가는 자신의 하루를 세밀하게 돌아보도록 한다. 뉴스 추천, 자동 재생 영상, 길 안내 앱, 과제 작성 도구 등 하루 동안 마주친 기술 경험을 기록하게 하고, "이 기술이 없었다면 나는 어떻게 행동했을까?", "지금 나는 어떤 방식으로 세상을 보고 있는가?"와 같은 질문을 던지게 한다. 이를 통해 학생들은 기술이 단지 주변 도구가 아니라, '내가 세계를 마주하는 방식'을 형성하는 조건이라는 사실을 감각적으로 체험하게 된다.

둘째 단계에서는 이렇게 수집된 경험을 분석하며, 기술이 어떤 세계를 열어 보이고 어떤 가능성은 보이지 않게 만드는지를 함께 탐구한다. 학생들은 알고리즘이 특정 정보를 반복적으로 노출하고 다른 정보는 배경으로 밀어내는 패턴을 찾아보면서, "이 시스템은 인간을 어떤 존재로 상정하고 설계된 것일까?", "나는 지금 어떤 기준에 따라 분류되고 있는가?"라는 물음을 검토한다. 이 단계의 핵심은 기술을 가치 중립적인 도구로 보지 않고, 인간과 세계를 특정한 방식의 '존재자'로 규정하는 구조로 이해하도록 돕는 데 있다.

이어지는 셋째 단계에서는 단순한 비판을 넘어, 인간과 기술의 관계를 새롭게 상상하고 설계하는 활동을 진행한다. 학생들은 팀을 이루어 인간을 소비자나 데이터가 아니라 관계 맺는 주체, 돌봄의 주체, 책임을 지는 존재로 대우하는 기술 사용 방식을 구상한다. 예를 들어 서로의 목소리를 더 잘 듣게 해 주는 소통 도구, 서두른 결정보다 숙고를 유도하는 인터페이스, 타인을 평가하는 점수 대신 이야기를 남기게 하는 시스템 등을 설계해 본다. 이 과정에서 학생들은 "기술이 인간을 어떤 존재로 보아야 하는가?", "우리는 스스로 어떤 존재로 대접받기를 원하는가?"라는 규범적·존재론적 물음을 함께 사유하게 된다.

마지막으로 넷째 단계에서는 지금까지의 논의와 경험을 바탕으로, 각자가 기술 시대를 살아가는 '나'의 존재 방식을 정립하는 글쓰기를 수행한다. 학생들은 "기술이 대신 결정해 줄 때 나는 무엇을 잃는가?", "나는 기술에 기대면서도 어떤 판단만큼은 직접 책임지고자 하는가?", "AI와 함께 살아가는 시대에 나는 어떤 존재가 되고 싶은가?"와 같은 질문에 답하며, 자신의 원칙과 태도를 서술형으로 정리한다. 이 글쓰기는 단순한 사용 수칙을 나열하는 것이 아니라, 기술 환경 속에서 '나는 누구인가, 어떤 존재로 살아가고자 하는가'를 스스로 묻고 응답하는 존재론적 성찰의 장이 된다. 이를 통해 학생들은 기술의 수동적 소비자를 넘어, 기술 속에서 자기 존재를 다시 묻고 스스로를 형성해 가는 윤리적·존재론적 주체로 성장하게 된다.

기술의 거대한 흐름에 매몰되지 않으면서도 이를 주체적으로 넘어

서려는 노력은 동시대를 살아가는 우리 모두에게 절실한 과제이다. AI가 인간의 사유를 대체하는 순간, 우리는 스스로 '존재를 심문하는 주체'의 지위를 잃고 '데이터를 산출하는 객체'로 전락할 위기에 처한다. 그러나 역설적이게도, 이러한 위기의 자각이야말로 새로운 존재론적 전환의 시발점이 된다. 따라서 AI 윤리 교육의 지향점은 단순한 '기능적 안전성'의 확보가 아니라, '기술이 인간 존재를 어떻게 규정하는가'를 끊임없이 성찰하는 훈련에 있다. 학생들이 생성형 AI에 "이것이 정답인가?"라는 결과론적 질문을 넘어, "이 답변은 어떤 데이터와 의도에서 기인했는가?"라는 근원적 질문을 던지도록 이끄는 것, 이것이야말로 기술을 사용하되 기술에 종속되지 않는 하이데거적 '초연한 내맡김'의 구체적 실천일 것이다. 나아가 알고리즘이 쏟아 내는 수만 가지의 정교한 정답보다, 단 한 번의 깊은 고뇌가 빚어 낸 '질문의 울림'이 세상을 더 넓게 연다는 사실을 깨닫게 해야 한다. 기계는 세상을 '설명'할 수 있지만, 그 세상 앞에 멈춰 서서 '경이로움'을 느끼는 특권은 오직 인간의 몫으로 남겨 두어야 하기 때문이다. 이것이 바로 우리가 지금 긴박하게 'AI에 대한 물음'을 던져야 하는 이유이다.

에필로그
지속 가능한 AI 생태계를 향하여

하이데거는 기술이 사물의 본래적 현현을 어떻게 차단하고 우리의 존재론적 쇠퇴를 초래하는지 탐구한다. 그의 진단에 따르면, 현대인은 자연과 인간을 '기술적' 시선으로만 파악하게 되었다. 즉, 모든 존재를 기술적 조작과 활용의 대상으로 환원시킨다는 것이다. 그는 이 문제를 해명하면서, 현대 문명 전체가 기술의 지배 아래 놓여 있다고 본다. 그는 이로부터 탈출할 새로운 사유의 길을 찾고자 한다. 하이데거는 "우리가 이 속박을 벗어날 수 있는 길은 기술을 거부하는 데 있는 것이 아니라, 오히려 기술의 위험을 인식하는 데 있다고 주장한다(Blitz, 2014)."

2023년 제프리 힌턴은 인공지능이 인류에 실존적 위협이 될 수 있다고 경고하며, 해법을 복종 강요가 아닌 모성 본능(maternal instincts)의 설계에서 찾자고 제안했다. 곧, AI가 인간을 진심으로 돌봄의 대상으로 인식하도록 만들어 제거 욕구 자체를 억제하자는 것이다. 그는 지금까지 개발자들이 지능 고도화에 매달린 탓에 인공적 모성 본능에 대한 기술적 시도와 사례가 부족했을 뿐이라 보며, 지능은 존재의 일부에 불과하므로 공감(empathy)을 포함한 정서적 능력을 모형화해야 한다고 주장한다(Lauritzen, 2025).

반면, 페이페이 리는 인간 중심성(human-centeredness)을 기준으로 AI의 개발·배치·거버넌스를 재구성할 것을 제안한다. 그녀는 『The Worlds I See』(2023)에서, 오늘의 강력한 모델이 사람처럼 대화하면서도 기본 산술에서 오류를 범하는 현상은 학습·의사 결정의 내적 메커니즘이 여전히 불투명함을 드러낸다고 지적한다. 이에 따라 편향 등 잠재적 위해를 선제적으로 식별·완화하고, 기술 발전 속도에 걸맞은 거버넌스 체계를 마련해야 하며, AI는 대체가 아닌 증강의 방향으로 설계되어야 한다는 점을 분명히 한다. 이러한 원칙은 개발에서 적용·규제에 이르는 전 과정에서 인간의 존엄·자율·영향을 중심 가치로 삼는 학제적 협력을 전제한다(Barber, 2023).

두 관점은 상이해 보이지만, 기술을 인간과의 윤리적·정서적 관계 속에서 이해해야 한다는 점에서 만난다. 'AI를 잘 설계하고 인간의 번영을 위해 발전시키는' 관점은 바로 그 교차점 위에 서 있다. AI는 더 이상 단순한 도구가 아니라, 돌봄과 책임, 공감과 판단이 얽힌 관계적 존재로 우리 삶에 진입했고, 교육은 그 관계의 문법을 가르치는 일로 재정의되어야 한다.

학계의 논의도 같은 방향을 가리킨다. 개발자를 양육자에 비유하며 편향을 인식·교정하는 책임의 윤리를 강조한 연구가 있고, 뇌신경과학에서 영감을 얻은 감정 공감 메커니즘을 통해 친사회적 AI를 설계하려는 시도도 이어진다. 이러한 논의는 결코 추상에 머물지 않는다. 병원의 진단 보조, 독거노인을 돌보는 가정 내 센서와 에이전트, 교실에서 학습을 돕는 튜터형 시스템까지, AI는 이미 우리의 일상과 제도 안으로 들어왔다. 그렇다면 교육은 '어떻게 사용할 것인가'라는 기술적 문답을 넘어 '무엇을 드러내고 무엇을 가리는가, 누구에게 어떤 영향을 미치는가'라는 존재론적·윤리적 물음으로 확장되어야 한다.

AI 윤리교육학의 현재 과제는 네 갈래로 요약된다. 첫째, 존재론적 성찰을 수업 절차로 표준화해야 한다. 생성형 AI가 제시한 답을 학습자들이 데이터(무엇을 배웠는가), 알고리즘(어떻게 계산했는가), 판단 기준(무엇을 옳다고 보았는가)으로 분해해 검토하도록 훈련하면, '설득력은 진실'이라는 오인을 줄일 수 있다. 둘째, 규범 윤리와 맥락적 판단을 결합해야 한다. 예컨대 채용 알고리즘 시뮬레이션에서 정확도와 공정성 지표의 상충을 직접 조정해 보게 하면, 학생들은 정답 암기가 아닌 절충과 책임의 감각을 체득한다. 셋째, 관계·정서 윤리를 포함해야 한다. AI 상담사는 24시간 가용성과 일관성이라는 강점을 지니지만, 인간 치료사의 불완전성과 상호 조정이 가지는 치료적 가치를 대체할 수는 없다. 수업은 AI의 도움을 보완으로 위치시키고, 인간 대면 관계를 의도적으로 설계해야 한다. 넷째, 데이터·알고리즘 리터러시를 생활 문해력으로 다뤄야 한다. 추천 시스템 프로젝트에 '다양성 지수'를 도입해 스스로 확증 편향을 관찰하고 완화 전략을 제안하게 하는 활동은, 학생들이 편향을 추상적 개념이 아니라 경험적 사실로 이해하게 돕는다.

발달 단계에 민감한 설계 또한 핵심이다. 아동·청소년은 비인간 대상에도 마음을 부여하는 경향이 강해, AI를 쉽게 의인화한다. 전전두피질의 성숙 이전에는 즉시적이고 일관된 응답이 주는 편의 때문에 모호성 수용과 인내가 약화될 수 있다. 따라서 초·중등에서는 AI 응답의 '그럴듯함'과 '참됨'을 구분하는 읽기, 오류를 발견했을 때의 복구 절차, 인간 멘토와의 대화 기록을 함께 남기는 이중 일지 작성 등 관계적·비판적 활동을 병행해야 한다. 반대로 고등·대학·직업 교육 단계에서는 실제 데이터와 도메인 전문 지식을 결합해, AI의 제안을 검증·보완·거부하는 전문가적 판단을 훈련해야 한다.

교육 정책은 연구·현장·거버넌스를 잇는 인프라에서 시작한다. 국가·지자체는 핵심 개념과 최소 윤리 기준, 평가 프레임을 포함한 가변형 표준 모듈을 제공하되, 지역과 학교가 맥락에 맞게 확장할 자율성을 보장해야 한다. 교원 연수는 도구 사용법을 넘어 사례 기반의 윤리 판단, 학급 운영 프로토콜(과제에서의 AI 사용 고지, 출처 명시, 공동 책임 규정), 오류 발생 시 복구 절차까지 포함해야 한다. 평가 체제는 지필 중심에서 벗어나 프로젝트·포트폴리오·구두 변론·동료 평가를 결합해, 과정과 책임을 평가하는 방향으로 전환될 필요가 있다. 더불어 교육 현장에서 쓰이는 모델과 데이터에 대해 간이형 모델 카드·데이터 명세·영향 평가 요약을 공개하도록 권고하고, 민감 집단에 대한 차별적 효과를 주기적으로 점검하는 절차를 정례화해야 한다.

치료적 관계, 양심, 아동기의 의인화는 이 생태계 설계에서 특히 주의할 지점이다. AI 상담의 효과가 일부 장면에서 확인되고 있으나, 인간의 망설임과 상호 수정, 취약성을 함께 견디는 불완전한 만남이 회복과 성장의 조건이 될 때가 많다. 교육은 완벽한 응답의 매끄러움이 아니라, 갈등-해석-화해의 과정을 배울 기회를 마련해야 한다. 양심의 문제에서도 AI는 신속한 일관성을 보이지만, 인간의 도덕 판단은 공감, 경험, 내적 응답성의 복합체다. 도덕적 조언을 맡긴다 해도, 최종 책임과 숙고의 시간은 인간에게 남아야 한다. 아동기의 의인화는 학습 동기를 자극할 수 있지만, 동시에 AI에 대한 과도한 신뢰나 도덕적 책임감의 전가를 낳을 수 있다. 따라서 교실은 AI와의 상호 작용에 거리 두기 규칙을 마련하고, 또래·교사와의 실제 상호 작용을 충분히 설계해야 한다.

다가오는 인간 증진의 시대는 교육 형평성에 새로운 질문을 던진다. 치료와 증진의 경계, 경쟁 우위의 불공정, 생물학적 차원의 격차 고착 가능성은 모두 교육 정의와 직결된다. 정책은 취약 계층에 대한 우선 접근, 공공 재원 기반의 기회 보정 장치, 학교 현장에서의 사전 영향 평가와 충분한 동의 절차를 마련해야 한다. 동시에 "할 수 있음"이 곧 "해야 함"을 의미하지 않는다는 원칙 아래, 인간 조건의 우연성과 취약성을 존중하는 윤리적 한계 설정이 필요하다.

연구자와 실천가에게는 상호 보완적 책무가 있다. 연구자는 정확도 향상과 같은 단기 성과만이 아니라 성찰 능력, 모호성 수용, 공감·연대의 발달과 같은 비계량적 성과를 포착하는 혼합 방법론을 개발해야 한다. 실천가는 최소 규칙과 성찰 루틴—AI 사용 고지, 생성물의 한계 명시, 인간 검토 지점 설정, 오류 복구 절차—을 학급 규범으로 정착시키고, 학생 주도 프로젝트로 기술의 장점과 한계를 몸으로 배우게 해야 한다. 무엇보다 현장의 질문이 곧바로 연구 아젠다로, 연구의 통찰이 다시 교실 설계로 환류되는 공동체 기반 순환을 구축하는 일이 시급하다.

인간의 안전과 존엄, 자율과 연대는 통계만으로는 환원할 수 없는 가치들이다. 한국 사회가 마주한 청소년 정신 건강, 돌봄의 공백, 학습 불안의 문제들 또한 AI가 단독으로 해결할 수 없다. 그러나 교육이 존재론적 성찰, 규범적 판단, 관계의 윤리, 데이터 문해를 함께 가르치고, 정책이 형평과 투명, 책임의 구조를 뒷받침할 때, 우리는 AI를 더 '똑똑하게' 만드는 데서 멈추지 않고 더 '인간답게' 함께 사는 법을 설계할 수 있다. 질문은 다시 우리에게 돌아온다. 우리는 AI를 어떤 존재로 정립하고자 하는가. 그리고 그 과정을 통해 우리는 어떤 인간으로 성장하고 싶은가. 이 물음에 성실히 답하려는 학교와 지역 사회, 연구와 정책의 노력이 모일 때, 비로소 지속 가능한 AI 생태계가 현실이 될 것이다.

참고 문헌

CNN. 2025, August 14. Hear from a psychiatrist who saw a dozen people spiral after AI connections[Video]. CNN. https://edition.cnn.com/2025/08/14/us/video/ai-spiral-psychiatrist-mental-health-lcl-digvid(검색일: 2025. 09. 01.)

Gadamer, H.-G. 2013. Truth and method (J. Weinsheimer & D. G. Marshall, Trans.; 2nd, rev. ed.). Bloomsbury Academic(Original work published 1960).

Vessey, D. 2009. Gadamer and the Fusion of Horizons. International Journal of Philosophical Studies. 17(4). 531-542.

Illinois Department of Financial and Professional Regulation. 2025. Wellness and Oversight for Psychological Resources Act. https://idfpr.illinois.gov(검색일: 2025. 09. 01.)

Levinas, E. 1979. *Totality and infinity: An essay on exteriority*(A. Lingis, Trans.). Duquesne University Press.

Sigalos, M. 2025, August 4. OpenAI's ChatGPT to hit 700 million weekly users, up 4x from last year. CNBC. https://www.cnbc.com/2025/08/04/openai-chatgpt-700-million-users.html(검색일: 2025. 09. 01.)

Yang, Y., Wang, C., Xiang, X., & An, R. 2025, February. AI applications to reduce loneliness among older adults: A systematic review of effectiveness and technologies. In Healthcare(Vol. 13, No. 5, p.446). MDPI. https://pubmed.ncbi.nlm.nih.gov/40077009/(검색일: 2025. 09. 01.)

1장

Descartes, R. 1637/2008. *A discourse on the method: Of correctly conducting one's reason and seeking truth in the sciences.* Oxford University Press.

Gecker, J. 2025, July 24. Teens say they are turning to AI for friendship. Associated Press. https://apnews.com/article/ai-companion-generative-teens-mental-health-9ce59a2b250f3bd0187a717ffa2ad21f(검색일: 2025. 09. 20.)

Heidegger, M. 1954. The question concerning technology. *Technology and values: Essential readings*, 99-113.

Horowitz, M. C., & Kahn, L. 2024. Bending the automation bias curve: A study of human and AI-based decision making in national security contexts. *International Studies Quarterly*. 68(2). sqae020.

Hughes, O. 2025, January 4. Just 2 hours is all it takes for AI agents to replicate your personality with 85% accuracy. Live Science.

https://www.livescience.com/technology/artificial-intelligence/just-2-hours-is-all-it-takes-for-ai-agents-to-replicate-your-personality-with-85-percent-accuracy(검색일 : 2025. 09. 08.)

Illinois Department of Financial and Professional Regulation. 2025, August 4. Gov. Pritzker signs legislation prohibiting AI therapy in Illinois[Press release].

https://idfpr.illinois.gov/content/dam/soi/en/web/idfpr/news/2025/august/Gov-Pritzker-Signs-Legislation-Prohibiting-AI-Therapy-in-Illinois.pdf(검색일: 2025. 09. 01.)

Levinas, E. 1979. Totality and infinity: An essay on exteriority(Vol. 1). Springer Science & Business Media.

Los Angeles Times. 2024, October 11. L.A. Affairs: He hadn't dated since 1989. Did a relationship stand a chance? https://www.latimes.com/lifestyle/story/2024-10-11/la-affairs-jodie-platt-i-was-tired-of-dating-apps-did-our-relationship-stand-a-chance(검색일: 2025. 09. 20.)

Sætra, H. S., & Selinger, E. 2024. Technological remedies for social problems: Defining and demarcating techno-fixes and techno-solutionism. *Science and Engineering Ethics*, 30(6), 60.

Stanford University. 2025, August 27. Why AI companions and young people can make for a dangerous mix. Stanford Report. https://news.stanford.edu/stories/2025/08/ai-companions-chatbots-teens-young-people-risks-dangers-study(검색일: 2025. 09. 20.)

ten Hulsen, L. 2025. Digital fixes and techno-solutionism: The EU's tech-based battle against child sexual abuse. *New Journal of European Criminal Law*.

20322844251348131.

Vessey, D. 2009. Gadamer and the Fusion of Horizons. *International Journal of Philosophical Studies.* 17(4). 531-542.

2장

박형빈. 2023. 「패트리샤 처칠랜드의 양심이론에 기초한 인공지능 시대 초등도덕교육의 과제와 방향」. 『한국초등교육』. 34(3). 한국초등교육학회. 19-37.

Antony, V., Li, M., Lin, S. H., Li, J., & Huang, C. M. 2025. "Social robots for sleep health: A scoping review". *International Journal of Social Robotics.* 1-15.

Bartlett, M. S., Viola, P. A., Sejnowski, T. J., Golomb, B. A., Larsen, J., Hager, J. C., & Ekman, P. 1995. "Classifying facial action". In *Proceedings of the 9th International Conference on Neural Information Processing Systems.* 823-829.

Bechara, A., Damasio, A. R., Damasio, H., & Anderson, S. W. 2013. "Insensitivity to future consequences following damage to human prefrontal cortex". In *Personality and Personality Disorders.* .287-295. Routledge.

Bousetouane, F. 2025. "Physical AI agents: Integrating cognitive intelligence with real-world action". *arXiv preprint.* arXiv:2501.08944.

Butler, J. 1827. *Fifteen sermons preached at the Rolls Chapel.* Cambridge: Hilliard & Brown.

Carrillo, M., Han, Y., Migliorati, F., Liu, M., Gazzola, V., & Keysers, C. 2019. "Emotional mirror neurons in the rat's anterior cingulate cortex". *Current Biology.* 29(8). 1301-1312.

Christakis, N. A. 2019. "The neurobiology of conscience". *Nature.* 569(7758). 627-628.

Churchland, P. 2024. 『양심: 도덕적 직관의 기원』(박형빈 역). 서울: 씨아이알(원출판년도 2019). *Conscience: The origins of moral intuition.* New York: W. W. Norton & Company.

Crockett, M. J., Clark, L., Hauser, M. D., & Robbins, T. W. 2010. "Serotonin selectively influences moral judgment and behavior through effects on harm aversion".*Proceedings of the National Academy of Sciences.* 107(40). 17433-17438.

Damasio, H., Grabowski, T., Frank, R., Galaburda, A. M., & Damasio, A. R. 1994. "The return of Phineas Gage: Clues about the brain from the skull of a famous patient". *Science.* 264(5162). 1102-1105.

Damasio, A. R. 1996. "The somatic marker hypothesis and the possible functions of the prefrontal cortex". Philosophical Transactions of the Royal Society of London. *Series B: Biological Sciences*. 351(1346). 1413-1420.

Essa, I. A., & Pentland, A. P. 1997. "Coding, analysis, interpretation, and recognition of facial expressions". *IEEE Transactions on Pattern Analysis and Machine Intelligence*. 19(7). 757-763.

Ferrari, M., & Okamoto, C. M. 2003. "Moral development as the personal education of feeling and reason: From James to Piaget". *Journal of Moral Education*. 32(4). 341-355.

Freud, S. 1989. *The ego and the id*. New York: W. W. Norton & Company.

Gaya-Morey, F. X., Buades-Rubio, J. M., Palanque, P., Lacuesta, R., & Manresa-Yee, C. 2025. "Deep learning-based facial expression recognition for the elderly: A systematic review". arXiv preprint. *arXiv*:2502.02618.

Greene, J., & Haidt, J. 2002. "How (and where) does moral judgment work?". *Trends in Cognitive Sciences*. 6(12). 517-523.

Haidt, J. 2001. "The emotional dog and its rational tail: A social intuitionist approach to moral judgment". *Psychological Review*. 108(4). 814-834.

Hegde, K., & Jayalath, H. 2025. "Emotions in the loop: A survey of affective computing for emotional support". *arXiv preprint*. arXiv:2505.01542.

Kalateh, S., Estrada-Jimenez, L. A., Hojjati, S. N., & Barata, J. 2024. "A systematic review on multimodal emotion recognition: Building blocks, current state, applications, and challenges". *IEEE Access*.

Kant, I., Gregor, M., & Timmermann, J. 2011. *Immanuel Kant: Groundwork of the metaphysics of morals*. Cambridge: Cambridge University Press.

Koenigs, M., Young, L., Adolphs, R., Tranel, D., Cushman, F., Hauser, M., & Damasio, A. 2007. "Damage to the prefrontal cortex increases utilitarian moral judgements". *Nature*. 446(7138). 908-911.

Lapsley, D. K., & Stey, P. C. 2011. "Id, ego, and superego". In *Encyclopedia of Human Behavior*. 2. 1-9.

Marek, D., Biernacki, P., Szyguła, J., Domański, A., Paszkuta, M., Szczygieł, M., & Wojciechowski, K. 2025. "Collision avoidance mechanism for swarms of drones". *Sensors*. 25(4). 1141.

McLeod, S. 2013. "Kohlberg's stages of moral development". *Simply Psychology*. 24. 118-136.

Mill, J. S. 1863. "Of the ultimate sanction of the principle of utility". In *Utilitarianism*. Web.

Philibert, P. J. 1979. "Conscience: Developmental perspectives from Rogers and Kohlberg". *Horizons*. 6(1). 1-25.

Picard, R. W. 2000. "Recognizing and expressing affect". 165-192. In *Affective Computing*. MIT Press.

Rilling, J. K., & Sanfey, A. G. 2011. "The neuroscience of social decision-making". *Annual Review of Psychology*. 62(1). 23-48.

Saez-Perez, J., Diez-Tomillo, J., Tena-Gago, D., Alcaraz-Calero, J. M., & Wang, Q. 2025. "Design, implementation and validation of a level 2 automated driving vehicle reference architecture". *Expert Systems*. 42(6). e70050.

Saviano, M., Thomas, A., Del Prete, M., Verderese, D., & Sasso, P. 2025. "The impact of new generative AI chatbots on the switch point(SP): Toward an artificial emotional awareness(AEA)". *European Journal of Innovation Management*.

Schinkel, A. 2011. "Conscience and moral education". In *Moral Education and Development: A Lifetime Commitment*. 133-145. Rotterdam: SensePublishers.

Weaver, J. 2007. "Neuropolitics: Neuroscience and the struggles over the brain". In *The Praeger Handbook of Education and Psychology*. 612-617.

Zak, P. J. 2011. "The physiology of moral sentiments". *Journal of Economic Behavior & Organization*. 77(1). 53-65.

3장

Agostini, E. & Francesconi, D. 2021. "Introduction to the special issue 'embodied cognition and education'". *Phenomenology and the Cognitive Sciences*. 20(3). 417-422.

AllahRakha, N. 2024. "UNESCO's AI Ethics Principles: Challenges and Opportunities". *International Journal of Law and Policy*. 2(9). 24-36.

Barrett, L. F. 2017. "The theory of constructed emotion: An active inference account of interoception and categorization". *Social Cognitive and Affective Neuroscience*. 12(1).

1-23.

Barrett, L. F., Mesquita, B., Ochsner, K. N., & Gross, J. J. 2007. "The experience of emotion". *Annual Review of Psychology*. 58(1). 373-403.

Bartlett, M. S., Viola, P. A., Sejnowski, T. J., Golomb, B. A., Larsen, J., Hager, J. C., & Ekman, P. 1995. "Classifying facial action". In *Proceedings of the 9th International Conference on Neural Information Processing Systems*. 823-829.

Bechara, A., Damasio, A. R., Damasio, H., & Anderson, S. W. 2013. "Insensitivity to future consequences following damage to human prefrontal cortex". In *Personality and Personality Disorders*. 287-295. Routledge.

Bousetouane, F. 2025. "Physical AI agents: Integrating cognitive intelligence with real-world action". *arXiv preprint*. arXiv:2501.08944.

Butler, J. 1827. *Fifteen sermons preached at the Rolls Chapel*. Cambridge: Hilliard & Brown.

Carrillo, M., Han, Y., Migliorati, F., Liu, M., Gazzola, V., & Keysers, C. 2019. "Emotional mirror neurons in the rat's anterior cingulate cortex". *Current Biology*. 29(8). 1301-1312.

Christakis, N. A. 2019. "The neurobiology of conscience". *Nature*. 569(7758). 627-628.

Churchland, P. S. & Di Francesco, M. 2007. "Neurophilosophy: An introduction and overview". *Functional Neurology*. 22(4). 179-180.

Churchland, P. S. 1989. *Neurophilosophy: Toward a unified science of the mind-brain*. Cambridge: MIT Press.

Dewey, J. 1986. "Experience and education". *The Educational Forum*. 50(3). 241-252.

Elkin, L. & Wiśniowska, K. 2022. "Too rational: How predictive coding's success risks harming the mentally disordered and ill". *Journal of NeuroPhilosophy*. 1(1). 41-48.

Evers, K. 2005. "Neuroethics: A philosophical challenge". *The American Journal of Bioethics*. 5(2). 31-33.

Gallegos, I. O., Rossi, R. A., Barrow, J., Tanjim, M. M., Kim, S., Dernoncourt, F., & Ahmed, N. K. 2024. "Bias and fairness in large language models: A survey". *Computational Linguistics*. 1-79.

George, A. S. & George, A. H. 2023. "Deepfakes: The evolution of hyper realistic media manipulation". *Partners Universal Innovative Research Publication*. 1(2). 58-74.

Greene, J. D. 2007. "Why are VMPFC patients more utilitarian? A dual-process theory of moral judgment explains". *Trends in Cognitive Sciences*. 11(8). 322-323.

Hagendorff, T. 2020. "The ethics of AI ethics: An evaluation of guidelines". *Minds and Machines*. 30(1). 99-120.

Inglehart, R., ed. 2004. *Human beliefs and values: A cross-cultural sourcebook based on the 1999-2002 values surveys*. Mexico City: Siglo XXI.

Klar, P. 2021. "What is neurophilosophy: Do we need a non-reductive form?". *Synthese*. 199(1). 2701-2725.

Kohlberg, L. & Hersh, R. H. 1977. "Moral development: A review of the theory". *Theory into Practice*. 16(2). 53-59.

Li, C., Chen, M., Wang, J., Sitaram, S., & Xie, X. 2024. "CultureLLM: Incorporating cultural differences into large language models". *arXiv preprint*. arXiv:2402.10946. 1-26.

Panksepp, J. 2004. *Affective neuroscience: The foundations of human and animal emotions*. Oxford: Oxford University Press.

Ramey, C. H. 2010. "Neuroethics: Challenges for the 21st century". *Philosophical Psychology*. 23(1). 125-129.

Rest, J. R. 1992. *Development in judging moral issues*. Minneapolis: University of Minnesota Press.

Rest, J. R. & Narváez, D. 1994. "Summary: What's possible?". In J. R. Rest & D. Narváez (eds.). *Moral development in the professions*. 225-236. London: Psychology Press.

Zahavi, D. 2018. "Brain, mind, world: Predictive coding, neo-Kantianism, and transcendental idealism". *Husserl Studies*. 34(1). 47-61.

https://www.academia.edu/6112211/The_Quality_of_an_Educational_System_cannot_exceed_the_Quality_of_its_Teachers(검색일: 2024. 11. 20.)

https://www.worldvaluessurvey.org(검색일: 2024. 07. 10.)

https://m.mt.co.kr/renew/view.html?no=2024071210354015712#_enliple(검색일: 2024. 07. 12.)

4장

김동윤. 2019. 「4차 산업 혁명 시대의 사이버네틱스와 휴먼·포스트휴먼에 관한 인문학적 지평 연구」. 『방송공학회논문지』. 24(5). 한국방송·미디어공학회. 836-848.

Agostini, E. & Francesconi, D. 2021. "Introduction to the special issue 'embodied cognition and education'". *Phenomenology and the Cognitive Sciences*. 20(3). 417–422.

Ashby, W. R. 1956. *An introduction to cybernetics*. Hoboken. NJ: John Wiley & Sons.

Ashby, W. R. 1957. *An introduction to cybernetics*. London: Chapman & Hall Ltd.

Bynum, T. W. 2008. "Norbert Wiener and the rise of information ethic". In J. Van den Hoven & J. Weckert(Eds.). *Information technology and moral philosophy*. 8-25. Cambridge: Cambridge University Press.

Callaos, N. 2021. "Systems philosophy and cybernetics". *Journal of Systemic. Cybernetics, and Informatics*. 19(4). 208-284.

Christoforou, E. G. & Müller, A. 2016. "RUR revisited: Perspectives and reflections on modern robotics". *International Journal of Social Robotics*. 8. 237-246.

Dusek, V. 2021. "Wiener's 'Continuism' in cybernetics and its social implications". In *2021 IEEE Conference on Norbert Wiener in the 21st Century* (21CW). IEEE. 1-4.

Gardiner, M. E. 2022. "Automatic for the people? Cybernetics and left-accelerationism". *Constellations*. 29(2). 131-145.

Heylighen, F. & Joslyn, C. 2001. "Cybernetics and second-order cybernetics". *Encyclopedia of Physical Science & Technology*. 4. 155-170.

Johnston, J. 2008. "Cybernetics and the new complexity of machines". In *The allure of machinic life: Cybernetics, artificial life, and the new AI*. Cambridge. MA: MIT Press Scholarship Online. https://doi.org/10.7551/mitpress/9780262101264.003.0002

Keaton, A. E. 1969. The philosophical significance of cybernetics. Doctoral dissertation. The University of Oklahoma.

Kline, R. R. 2006. "Cybernetics, management science, and technology policy: The emergence of 'information technology' as a keyword, 1948-1985". *Technology and Culture*. 47(3). 513-535.

Muri, A. 2008. "Enlightenment cybernetics: Communications and control in the man-machine". *The Eighteenth Century*. 49(2). 141-163.

Novikov, D. A. 2016. *Cybernetics: From past to future*. New York: Springer.

Wiener, N. 1950. "Cybernetics". *Bulletin of the American Academy of Arts and Sciences*. 3(7). 2-4.

Wiener, N. 1954. "Cybernetics in history". *Theorizing in communication: Readings across traditions*. 267–273.

Wiener, N. 2019. *Cybernetics or control and communication in the animal and the machine*. Cambridge. MA: MIT Press.

Wiener, N., 이희은, 김재영 역. 2011. 『인간의 인간적 활용: 사이버네틱스와 사회』. 서울: 텍스트.

Wiener, N., 김재영 역. 2023. 『사이버네틱스: 동물과 기계의 제어와 커뮤니케이션』. 서울: 읻다.

5장

박형빈. 2021. 「아동 뇌 발달과 AI 윤리에 기초한 AI 리터러시교육-초등 도덕과 교육 적용을 중심으로」. 『초등도덕교육』. 75. 29–76.

손정명, 이시훈. 2024. 「디지털 교과서 적용에 관한 연구 동향 분석을 기반으로 한 교육 프로그램 개발 방안 제안」. 『THE JOURNAL OF KOREAN ASSOCIATION OF COMPUTER EDUCATION』. 27(8). 17–35.

Akçakır, G., Azaiez, A., Ceria, A., Eminente, C., Ferranti, G., Gandhi, G., & Iacopini, I. 2024. "Exploring the interplay of individual traits and interaction dynamics in preschool social networks". *arXiv preprint*. arXiv:2407.12728. 1–15. https://doi.org/10.48550/arXiv.2407.12728

Aleven, V., McLaughlin, E. A., Glenn, R. A., & Koedinger, K. R. 2016. "Instruction based on adaptive learning technologies". In *Handbook of Research on Learning and Instruction*. 2. 522–560.

Casey, B. J., Tottenham, N., Liston, C., & Durston, S. 2005. "Imaging the developing brain: What have we learned about cognitive development?". *Trends in Cognitive Sciences*. 9(3). 104–110.

Ejjami, R. 2024. "The future of learning: AI-based curriculum development". *International Journal for Multidisciplinary Research*. 6(4). 1–31.

Fox, S. E., Levitt, P., & Nelson III, C. A. 2010. "How the timing and quality of early experiences influence the development of brain architecture". *Child Development*. 81(1). 28–40.

Gathercole, S. E. 1999. "Cognitive approaches to the development of short-term memory". *Trends in Cognitive Sciences*. 3(11). 410–419.

Gerlich, M. 2025. "AI tools in society: Impacts on cognitive offloading and the future of critical thinking". *Societies*. 15(1). 1–28.

Giedd, J. N., Blumenthal, J., Jeffries, N. O., Castellanos, F. X., Liu, H., Zijdenbos, A., & Rapoport, J. L. 1999. "Brain development during childhood and adolescence: A longitudinal MRI study". *Nature Neuroscience*. 2(10). 861–863.

Gyonyoru, K. I. K., & Katona, J. 2025. "Comprehensive overview of the concept and applications of AI-based adaptive learning". *Acta Polytechnica Hungarica*. 22(3). 167–186.

Huttenlocher, P. R., & Dabholkar, A. S. 1997. "Regional differences in synaptogenesis in human cerebral cortex". *Journal of Comparative Neurology*. 387(2). 167–178.

Kirschner, P. A., Sweller, J., & Clark, R. E. 2006. "Why minimal guidance during instruction does not work: An analysis of the failure of constructivist, discovery, problem-based, experiential, and inquiry-based teaching". *Educational Psychologist*. 41(2). 75–86.

Klingberg, T. 2010. "Training and plasticity of working memory". *Trends in Cognitive Sciences*. 14(7). 317–324.

Knudsen, E. I. 2004. "Sensitive periods in the development of the brain and behavior". *Journal of Cognitive Neuroscience*. 16(8). 1412–1425.

Kolb, B., & Gibb, R. 2011. "Brain plasticity and behaviour in the developing brain". *Journal of the Canadian Academy of Child and Adolescent Psychiatry*. 20(4). 265–276.

Liberatore, G., Kim, A., Brenner, J., & Milanaik, R. 2025. "Artificial intelligence impacts in education and pediatric mental health". *Current Opinion in Pediatrics*. 10. 1097.

Lin, C. C., Huang, A. Y., & Lu, O. H. 2023. "Artificial intelligence in intelligent tutoring systems toward sustainable education: A systematic review". *Smart Learning Environments*. 10(1). 41.

Lišnić, B., Zaharija, G., & Mladenović, S. 2025. "Integration of artificial intelligence in K–12: Analysis of a three-year pilot study". *AI*. 6(3). 49–71.

Lissak, G. 2018. "Adverse physiological and psychological effects of screen time on children and adolescents: Literature review and case study". *Environmental Research*. 164. 149–157.

Luna, B., Thulborn, K. R., Munoz, D. P., Merriam, E. P., Garver, K. E., Minshew, N. J., & Sweeney, J. A. 2001. "Maturation of widely distributed brain function subserves cognitive development". *NeuroImage*. 13(5). 786–793.

McArthur, B. A., Volkova, V., Tomopoulos, S., & Madigan, S. 2022. "Global prevalence of meeting screen time guidelines among children 5 years and younger: A systematic review and meta-analysis". *JAMA Pediatrics*. 176(4). 373–383.

Mougharbel, F. 2023. Screen time and mental health among adolescents(Doctoral dissertation). Université d'Ottawa/University of Ottawa.

Partelow, L. 2024. "Using learning science to analyze the risks and benefits of AI in K–12 education". Center for American Progress. https://www.americanprogress.org/article/using-learning-science-to-analyze-the-risks-and-benefits-of-ai-in-k-12-education/

Phillips, D. A., & Shonkoff, J. P.(Eds.). 2000. *From neurons to neighborhoods: The science of early childhood development*. National Academy of Sciences National Research Council. Washington. DC.

Shute, V. J. 2008. "Focus on formative feedback". *Review of Educational Research*. 78(1). 153–189.

Simatwa, E. M. 2010. "Piaget's theory of intellectual development and its implication for instructional management at pre-secondary school level". *Educational Research and Reviews*. 5(7). 366–371.

Stiles, J., & Jernigan, T. L. 2010. "The basics of brain development". *Neuropsychology Review*. 20(4). 327–348.

Sweller, J. 1994. "Cognitive load theory, learning difficulty, and instructional design". *Learning and Instruction*. 4(4). 295–312.

Sweller, J. 2011. "Cognitive load theory". In J. P. Mestre & B. H. Ross(Eds.). *Psychology of Learning and Motivation*. Vol. 55. 37–76. Academic Press.

Tottenham, N., & Gabard-Durnam, L. J. 2017. "The developing amygdala: A student of the world and a teacher of the cortex". *Current Opinion in Psychology*. 17. 55–60.

Uhls, Y. T., Michikyan, M., Morris, J., Garcia, D., Small, G. W., Zgourou, E., & Greenfield, P. M. 2014. "Five days at outdoor education camp without screens improves preteen skills with nonverbal emotion cues". *Computers in Human Behavior*. 39. 387–392.

Wendelken, C., Ferrer, E., Ghetti, S., Bailey, S. K., Cutting, L., & Bunge, S. A. 2017. "Frontoparietal structural connectivity in childhood predicts development of functional connectivity and reasoning ability: A large-scale longitudinal investigation". *Journal of Neuroscience*. 37(35). 8549-8558.

Wilmer, H. H., Sherman, L. E., & Chein, J. M. 2017. "Smartphones and cognition: A review of research exploring the links between mobile technology habits and cognitive functioning". *Frontiers in Psychology*. 8. 605. https://doi.org/10.3389/fpsyg.2017.00605

Zawacki-Richter, O., Marín, V. I., Bond, M., & Gouverneur, F. 2019. "Systematic review of research on artificial intelligence applications in higher education—Where are the educators?". *International Journal of Educational Technology in Higher Education*. 16(1). 1-27.

6장

김재식. 2016. 「버코위츠(M. W. Berkowitz) 도덕 해부학의 도덕 교육적 함의」. 『윤리교육연구』. 39. 한국윤리교육학회. 157-177.

박기범. 2014. 「디지털 시대의 시민성 탐색」. 『한국초등교육』. 25(4). 서울교육대학교 초등교육연구원. 33-46.

성경희. 2024. 「디지털 시민성에 대한 개념적 이해와 사회과 시민교육에서의 함의」. 『시민교육연구』. 56(1). 한국사회과교육학회. 243-274.

안정임, 서윤경, 김성미. 2013. 「청소년의 디지털 시민성에 관한 연구: 미디어 리터러시와 교육 경험의 영향력을 중심으로」. 『시민교육연구』. 45(2). 한국사회과교육학회. 161-191.

이준, 유숙경, 이윤옥. 2021a. 「디지털 시민성 교육을 위한 교수 학습모형 개발연구」. 『한국교육문제연구』. 39(1). 중앙대학교 한국교육문제연구소. 1-24.

이준, 유숙경, 이윤옥. 2021b. 「초·중학생용 [디지털 시민성 척도] 개발 및 타당화」. 『교원교육』. 37(4). 한국교원대학교 교육연구원. 215-240.

임영식, 정경은. 2019. 「청소년 디지털 시민성 척도 개발」. 『청소년학연구』. 26(9). 한국청소년학회. 495-522.

최문선, 박형준. 2016. 「대학생의 디지털 시민성에 영향을 주는 변인」. 『시민교육연구』. 48(3). 한국사회과교육학회. 211-237.

최효식, 추병완, 최윤정. 2023. 「예비교사의 디지털 시민성 잠재집단 탐색 및 영향 요인 검증— 삶의 만족도, 희망, 그릿, 민주 시민성 차이를 중심으로—」. 『도덕윤리과교육』. 80. 한국도덕 윤리과교육학회. 169-192.

Berkowitz, Marvin W., 박균열·박형빈·김현수 등 역. 2024. 『말빈 벌코위츠의 PRIMED 인격 교육론』. 파주: 교육과학사.

Berkowitz, M. W. 1999. "Obstacles to teacher training in character education". *Action in Teacher Education.* 20(4). 1-10.

Berkowitz, M. W. 2021. *PRIMED for character education: Six design principles for school improvement.* Routledge.

Berkowitz, M. W. 2002. "The science of character education". In *Bringing in a new era in character education.* 43-63. 508.

Berkowitz, M. W., & Fekula, M. J. 1999. "Educating for character". *About Campus.* 4(5). 17-22.

Berkowitz, M. W., & Grych, J. H. 1998. "Fostering goodness: Teaching parents to facilitate children's moral development". *Journal of Moral Education.* 27(3). 371-391.

Berkowitz, M. W., & Schwartz, M. 2006. "Character education". In G. G. Bear & K. M. Minke(Eds.). *Children's Needs III: Development, Prevention, and Intervention.* 15-27. Bethesda: National Association of School Psychologists.

Berkowitz, M. W., & Simmons, P. E. 2003. "Integrating science education and character education". In D. L. Zeidler(Ed.). *The Role of Moral Reasoning on Socioscientific Issues and Discourse in Science Education.* 117-138. Dordrecht: Springer.

Choi, M., Glassman, M., & Cristol, D. 2017. "What it means to be a citizen in the internet age: Development of a reliable and valid digital citizenship scale". *Computers & Education.* 107. 100-112.

Frau-Meigs, D. et al. 2017. *Digital citizenship education: Volume 1: Overview and new perspectives.* Strasbourg: Council of Europe.

Geller, K. 2016. "The importance of teaching digital citizenship: A character development essential". In K. Fink, J. Cohen, & S. Slade(Eds.). *Integrating Prosocial Learning with Education Standards.* 119-134. New York: Routledge.

Harrison, T., & Polizzi, G. 2022. "(In)civility and adolescents' moral decision making online: Drawing on moral theory to advance digital citizenship education". *Education and Information Technologies.* 27. 3277-3297.

Isman, A., & Gungoren, O. C. 2014. "Digital citizenship". *Turkish Online Journal of Ed-

ucational Technology(TOJET). 13(1). 73-77.

Jones, L. M., & Mitchell, K. J. 2016. "Defining and measuring youth digital citizenship". *New Media & Society.* 18(9). 2063-2079.

Mattson, K. 2016. *Moving beyond personal responsibility: A critical discourse analysis of digital citizenship curricula*(Doctoral dissertation). Northern Illinois University.

Öztürk, G. 2021. "Digital citizenship and its teaching: A literature review". *Journal of Educational Technology and Online Learning.* 4(1). 31-45.

Pangrazio, L., & Sefton-Green, J. 2021. "Digital rights, digital citizenship and digital literacy: What's the difference?". *Journal of New Approaches in Educational Research.* 10(1). 15-27.

Ribble, M. S., Bailey, G. D., & Ross, T. W. 2004. "Digital citizenship: Addressing appropriate technology behavior". *Learning & Leading with Technology.* 32(1). 6-12.

Sadler, T. D., & Zeidler, D. L. 2003. "Scientific errors, atrocities and blunders". In D. L. Zeidler(Ed.). *The Role of Moral Reasoning on Socioscientific Issues and Discourse in Science Education.* 261-285. Dordrecht: Springer.

Walker, L. J., Pins, R. C., Hennig, K. H., & Matsuba, M. K. 1995. "Reasoning about morality and real-life moral problems". In M. Killen & J. Smetana(Eds.). *Morality in Everyday Life: Developmental Perspectives.* 371-407. New York: Cambridge University Press.

Ylipulli, J., & Luusua, A. 2021. "In search of the alternative future: Developing participatory digital citizenship to address the crisis of democracy". *CHI EA '21: Extended Abstracts of the 2021 CHI Conference on Human Factors in Computing Systems.* Article 91. 1-4.

Zeidler, D. L., Berkowitz, M. W., & Bennett, K. 2013. "Thinking (scientifically) responsibly: The cultivation of character in a global science education community". In M. P. Mueller, D. J. Tippins, & A. J. Stewart(Eds.). *Assessing Schools for Generation R(Responsibility): A Guide for Legislation and School Policy in Science Education.* 83-99. Dordrecht: Springer.

7장

김은경, 이영준. 2022. 「Moral machine을 활용한 인공지능 윤리 교육이 초등학생의 인공지능에 대한 인식에 미치는 영향」.『컴퓨터교육학회 논문지』. 25(3). 한국컴퓨터교육학회. 1-8.

김지언, 이철현. 2021.「초등학생 인공지능윤리 교육을 위한 STEAM 프로그램 개발」.『인공지능연구 논문지』. 2(1). 인공지능연구학회. 21-28.

박형빈. 2023.「생성 AI(Generative AI)의 할루시네이션 이슈와 윤리적 과제: 초등 AI 윤리 교육에서 활용 가능한 주제를 중심으로」.『한국초등교육』. 34(4). 한국초등교육학회. 21-36.

변순용. 2020.「AI 윤리 교육의 필요성에 대한 연구」.『한국초등교육』. 31(3). 한국초등교육학회. 153-164.

유인환, 김우열, 전재천, 유원진, 배영권. 2020.「AI 교육의 필요성 분석에 따른 미래 방향 탐색」.『정보교육학회논문지』. 24(5). 한국정보교육학회. 423-431.

최지혜, 노기영. 2022.「인공지능 챗봇의 의인화가 챗봇과의 준사회적 상호 작용에 미치는 영향: 인지된 유사성과 사회적 현존감의 매개효과」.『한국광고홍보학보』. 24(4). 한국광고홍보학회. 521-549.

Airenti, G. 2018. "The development of anthropomorphism in interaction: Intersubjectivity, imagination, and theory of mind". *Frontiers in Psychology*. 9. 2136-2136.

Andries, V., & Robertson, J. 2023. "Alexa doesn't have that many feelings: Children's understanding of AI through interactions with smart speakers in their homes". *Computers and Education: Artificial Intelligence*. 5. 100176.

Biezā, K. E. 2020. "Digital literacy: Concept and definition". *International Journal of Smart Education and Urban Society*. 11(2). 1-15.

Borenstein, J., & Howard, A. 2021. "Emerging challenges in AI and the need for AI ethics education". *AI and Ethics*. 1(1). 61-65.

Castelli, F., Frith, C., Happé, F., & Frith, U. 2002. "Autism, Asperger syndrome and brain mechanisms for the attribution of mental states to animated shapes". *Brain*. 125(8). 1839-1849.

Epley, N., Waytz, A., & Cacioppo, J. T. 2007. "On seeing human: A three-factor theory of anthropomorphism". *Psychological Review*. 114(4). 864-886.

Festerling, J., & Siraj, I. 2022. "Anthropomorphizing technology: A conceptual review of anthropomorphism research and how it relates to children's engagements with digital voice assistants". *Integrative Psychological and Behavioral Science*. 56(3). 709-738.

Gazzola, V., Rizzolatti, G., Wicker, B., & Keysers, C. 2007. "The anthropomorphic brain: The mirror neuron system responds to human and robotic actions". *NeuroImage*.

35(4). 1674-1684.

Ghazi, S. R., & Ullah, K. 2015. "Concrete operational stage of Piaget's cognitive development theory: An implication in learning general science". *Gomal University Journal of Research*. 31(1). 78-89.

Gibbs, J. C. 1979. "Kohlberg's moral stage theory: A Piagetian revision". *Human Development*. 22(2). 89-112.

Giroux, M., Kim, J., Lee, J. C., & Park, J. 2022. "Artificial intelligence and declined guilt: Retailing morality comparison between human and AI". *Journal of Business Ethics*. 178(4). 1027-1041.

Goldman, E. J., & Poulin-Dubois, D. 2024. "Children's anthropomorphism of inanimate agents". *Wiley Interdisciplinary Reviews: Cognitive Science*. 15(4). e1676.

Guthrie, S. E. 2006. "Intelligent design as illusion". *Free Inquiry*. 26(3). 40-44.

Helwig, C. C., & Turiel, E. 2002. "Children's social and moral reasoning". In P. K. Smith & C. H. Hart(Eds.). *Blackwell Handbook of Childhood Social Development*. 476-490. Oxford: Blackwell.

Kelemen, D. 1999. "Function, goals and intention: Children's teleological reasoning about objects". *Trends in Cognitive Sciences*. 3(12). 461-468.

Kohlberg, L. 1981. *The philosophy of moral development: Moral stages and the idea of justice*. Harper & Row.

Kurian, N. 2025. "Designing child-friendly AI interfaces: Six developmentally-appropriate design insights from analysing Disney animation". *arXiv preprint*. arXiv:2504.08670.

Kuroda, K., & Nakasato, L. 2022. "The historical development of SDG4: Evolution of the global governance of education". In *Sustainable Development Disciplines for Humanity: Breaking Down the 5Ps—People, Planet, Prosperity, Peace, and Partnerships*. 37-53. Singapore: Springer Nature Singapore.

Lee, J., & Žarnic, Ž. 2024. *The impact of digital technologies on well-being: Main insights from the literature*(No. 29). OECD Publishing.

Lesher, J. H. 2013. "Xenophanes of Kolophon". *The Encyclopedia of Ancient History*. 1-2.

Lickona, T. 1969. "Piaget misunderstood: A critique of the criticisms of his theory of moral development". *Merrill-Palmer Quarterly of Behavior and Development*. 15(4).

337-350.

Marchegiani, B. 2025. "Anthropomorphism, false beliefs, and conversational AIs: How chatbots undermine users' autonomy". *Journal of Applied Philosophy*. advance online publication.

Nass, C., & Moon, Y. 2000. "Machines and mindlessness: Social responses to computers". *Journal of Social Issues*. 56(1). 81-103.

Piaget, J. 2013. *The moral judgment of the child*. Routledge.

Piaget, J., Tomlinson, J., & Tomlinson, A. 1929. *The child's conception of the world*. London: Routledge & Kegan Paul.

Ribble, M. 2015. *Digital citizenship in schools: Nine elements all students should know*. Washington, D.C.: International Society for Technology in Education.

Rose, D., Jaramillo, S., Nichols, S., & Horne, Z. 2022. "Teleological essentialism across development". *Proceedings of the 44th Annual Meeting of the Cognitive Science Society*. 44. 1841-1847.

Sachs-Israel, M. 2016. "The SDG 4-Education 2030 agenda and its framework for action—the process of its development and first steps in taking it forward". *Bildung und Erziehung*. 69(3). 269-290.

Salles, A., Evers, K., & Farisco, M. 2020. "Anthropomorphism in AI". *AJOB Neuroscience*. 11(2). 88-95.

Sam, A. K., & Olbrich, P. 2023. "The need for AI ethics in higher education". In A. K. Sam & P. Olbrich(Eds.). *AI Ethics in Higher Education: Insights from Africa and Beyond*. 3-10. Cham: Springer.

Turiel, E. 1983. *The development of social knowledge: Morality and convention*. Cambridge University Press.

Waytz, A., Cacioppo, J., & Epley, N. 2010. "Who sees human? The stability and importance of individual differences in anthropomorphism". *Perspectives on Psychological Science*. 5(3). 219-232.

8장

박형빈. 2025. 『BCI와 AI 윤리』. 서울: 커뮤니케이션북스.

Angelakis, E., Stathopoulou, S., Frymiare, J. L., Green, D. L., Lubar, J. F., & Kounios, J. 2007. "EEG neurofeedback: A brief overview and an example of peak alpha frequency training for cognitive enhancement in the elderly". *The Clinical Neuropsychologist*. 21(1). 110-129.

BBC. 2025. 03. 23.. "The man with a mind-reading chip in his brain - thanks to Elon Musk". https://www.bbc.com/news/articles/cewk49j7j1po(검색일: 2025. 05. 15.)

Borchert, R. J., Azevedo, T., Badhwar, A., Bernal, J., Betts, M., Bruffaerts, R., & Rittman, T. 2023. "Artificial intelligence for diagnostic and prognostic neuroimaging in dementia: A systematic review". *Alzheimer's & Dementia*. 19(12). 5885-5904.

Card, N. S., Wairagkar, M., Iacobacci, C., Hou, X., Singer-Clark, T., Willett, F. R., & Brandman, D. M. 2024. "An accurate and rapidly calibrating speech neuroprosthesis". *New England Journal of Medicine*. 391(7). 609-618.

Coyle, S., Ward, T., Markham, C., & McDarby, G. 2004. "On the suitability of near-infrared(NIR) systems for next-generation brain-computer interfaces". *Physiological Measurement*. 25. 815-822.

Dhiman, R. 2023. "Machine learning techniques for electroencephalogram based brain-computer interface: A systematic literature review". *Measurement: Sensors*. 28. 100823.

Elashmawi, W. H., Ayman, A., Antoun, M., Mohamed, H., Mohamed, S. E., Amr, H., & Ali, A. 2024. "A comprehensive review on brain-computer interface(BCI)-based machine and deep learning algorithms for stroke rehabilitation". *Applied Sciences*. 14(14). 6347. https://doi.org/10.3390/app14146347

Fetz, E. E. 1969. "Operant conditioning of cortical unit activity". *Science*. 163(3870). 955-958.

Flesher, S. N., Downey, J. E., Weiss, J. M., Hughes, C. L., Herrera, A. J., Tyler-Kabara, E. C., & Gaunt, R. A. 2021. "A brain-computer interface that evokes tactile sensations improves robotic arm control". *Science*. 372(6544). 831-836.

Greenspon, C. M., Shelchkova, N. D., Hobbs, T. G., Bensmaia, S. J., & Gaunt, R. A. 2024. "Intracortical microstimulation of human somatosensory cortex induces natural perceptual biases". *Brain Stimulation*. 17(6). 1178-1185.

Lebedev, M. A., & Nicolelis, M. A. 2017. "Brain–machine interfaces: From basic science to neuroprostheses and neurorehabilitation". *Physiological Reviews*. 97. 767-837.

Mansoor, A., Usman, M. W., Jamil, N., & Naeem, M. A. 2020. "Deep learning algorithm for brain-computer interface". *Scientific Programming*. 2020(1). 5762149.

Mughal, N. E., Khan, M. J., Khalil, K., Javed, K., Sajid, H., Naseer, N., & Hong, K. S. 2022. "EEG-fNIRS-based hybrid image construction and classification using CNN-LSTM". *Frontiers in Neurorobotics*. 16. 873239.

Murphy, K., & Fouragnan, E. 2024. "The future of transcranial ultrasound as a precision brain interface". *PLOS Biology*. 22(10). e3002884-e3002884.

NEOSCOPE. 2024. 06. 25.. "First Neuralink patient says implant has given him incredible gaming skills". https://futurism.com/neoscope/first-neuralink-patient-gaming-skills(검색일: 2025. 05. 10.)

Ortiz-Rosario, A., & Adeli, H. 2013. "Brain-computer interface technologies: From signal to action". *Reviews in the Neurosciences*. 24(5). 537-552.

Parikh, P. M., & Venniyoor, A. 2024. "Neuralink and brain-computer interface—Exciting times for artificial intelligence". *South Asian Journal of Cancer*. 13(01). 63-65.

Poonawala, H. A., Alshiekh, M., Niekum, S., & Topcu, U. 2017. "Classification error correction: A case study in brain-computer interfacing". In *2017 IEEE/RSJ International Conference on Intelligent Robots and Systems*(IROS). 3006-3012.

Saha, S., Mamun, K. A., Ahmed, K., Mostafa, R., Naik, G. R., Darvishi, S., & Baumert, M. 2021. "Progress in brain-computer interface: Challenges and opportunities". *Frontiers in Systems Neuroscience*. 15. 578875. https://doi.org/10.3389/fnsys.2021.578875

Schermer, M. 2009. "The mind and the machine: On the conceptual and moral implications of brain-machine interaction". *Nanoethics*. 3. 217-230.

Togooch, B. E., & Norovsambuu, G. 2025. "Transhumanism and the future of consciousness: The integration of humans and machines". *European Journal of AI, Computing & Informatics*. 1(1). 12-17.

WIRED. 2024. 05. 22.. "Neuralink's first user is 'constantly multitasking' with his brain implant". https://www.wired.com/story/neuralink-first-patient-interview-noland-arbaugh-elon-musk/(검색일: 2025. 05. 12.)

Zhang, H., Jiao, L., Yang, S., Li, H., Jiang, X., Feng, J., & Wei, B. 2024. "Brain-computer interfaces: The innovative key to unlocking neurological conditions". *International*

Journal of Surgery. 110(9). 5745-5762.

9장

김태창. 2025. 「하이데거 기술철학적 관점에서 본 AI 기술의 본질과 AI 윤리교육의 내용에 대한 연구」(박사학위논문). 서울: 서울교육대학교 교육전문대학원.

박찬국. 2013. 『하이데거의 존재와 시간 읽기』. 세창출판사.

박형빈. 2024. 『AI 윤리와 뇌신경과학 그리고 교육: 인공지능은 주저하지 않는다』. 어문학사.

야스퍼스, K. 1986. 『역사의 기원과 목표』. 이화여자대학교 출판부.

하이데거, M. 1998. 『존재와 시간』(이기상 역). 까치.

하이데거, M. 2008. 『강연과 논문』(이기상·신상희·박찬국 역). 이학사.

Arendt, H. 1958. *The Human Condition*. University of Chicago Press.

Blitz, M. 2014. *Understanding Heidegger on technology*. The New Atlantis, 63-80.

Brey, P. 2010. Philosophy of technology after the empirical turn. *Techne: Research in Philosophy & Technology*. 14(1).

De Cooman, J. 2023, July. Whose agency is it, anyway? Of philosophy of technology and its impact on artificial intelligence regulation. In *Biennial Conference of the Standing Group on Regulatory Governance-Regulatory governance in times of turbulence, disruptive technologies and crises of trust*.

Dreyfus, H. L. 1992. *What computers still can't do: A critique of artificial reason*. The MIT Press.

Feenberg, A. 1999. *Questioning technology*. Routledge.

Frayne, C. 2018. "An ecosemiotic critique of Heidegger's concept of enframing". *Environmental Philosophy*. 15(2). 213-236.

Godzinski, R. 2005. "(En)framing Heidegger's philosophy of technology". *Essays in Philosophy*. 6(1). 115-122.

Mertel, K. C. 2020. "Heidegger, technology and education". *Journal of Philosophy of Education*. 54(2). 467-486.

Ogburn, W. F. 1928. *Social change with respect to culture and original nature*. The Viking Press.

Thomson, I. D. 2005. *Heidegger on ontotheology: Technology and the politics of edu-*

cation. Cambridge University Press.

van der Heiden, G. J. 2020. "On use and care: A debate between Agamben and Heidegger". *International Journal of Philosophy and Theology*. 81(3). 310–327.

Volti, R. 2004. "Social change with respect to culture and original nature". *Technology and Culture*. 45(2). 396–405.

Winner, L. 2017. "Do artifacts have politics?". In *Computer Ethics*. 177–192. Routledge.

에필로그

Lauritzen, P. 2025, August 14. Geoffrey Hinton says AI needs maternal instincts. Here's what it takes. *Forbes*. https://www.forbes.com/

Barber, R. G., Carlson, R., & McCoy, B. 2023, November 10. Trailblazing computer scientist Fei-Fei Li on human-centered AI. NPR.

Blitz, M. 2014. Understanding Heidegger on technology. *The New Atlantis*. 63-80.

인공지능윤리교육학

:그 이론과 실제

초판 1쇄 발행일 2025년 12월 22일

지은이 박형빈

펴낸이 박영희
편　집 조은별
디자인 김수현
마케팅 김유미
인쇄·제본 제삼인쇄

펴낸곳 도서출판 어문학사
주　소 서울특별시 도봉구 해등로 357 나너울카운티 1층
대표전화 02-998-0094　**편집부1** 02-998-2267　**편집부2** 02-998-2269
홈페이지 www.amhbook.com
e-mail am@amhbook.com
등　록 2004년 7월 26일 제2009-2호

X(트위터) @with_amhbook
인스타그램 amhbook
페이스북 www.facebook.com/amhbook
블로그 blog.naver.com/amhbook

ISBN 979-11-6905-054-8(93190)
정　가 20,000원